外戚庾亮當政 × 陶侃討伐叛亂 × 冉閔孤軍抗胡，
從蘇峻之亂到後趙內訌，家族興衰與王朝危局的壯闊史詩

譚自安 著

晉朝權謀錄

—— 名士、叛軍與梟雄的時代 ——

清談與浮華的背後，一個時代的悲劇與詩意！

建康淪陷、庾氏興衰、桓溫滅蜀、苻健崛起……

內亂與背叛不斷，亂世豪傑們以血淚書寫的最後抗爭

目錄

內容簡介

第一章　蘇峻之亂

　　第一節　庾亮當政……………………………………………010

　　第二節　菜鳥的布局…………………………………………020

　　第三節　建康淪陷……………………………………………028

　　第四節　陶侃心裡還有氣……………………………………036

　　第五節　猛將毛寶……………………………………………044

　　第六節　劉矅終於玩完………………………………………057

第二章　都忙於內亂

　　第一節　亂子終於平定………………………………………068

　　第二節　繼續和稀泥…………………………………………074

　　第三節　石勒也老了…………………………………………087

　　第四節　石勒也死了…………………………………………098

　　第五節　你亂我也亂…………………………………………106

第三章　權力永遠是大亂的根源

　　第一節　向晉朝靠攏…………………………………………120

　　第二節　陶侃的那些事………………………………………126

目 錄

　　第三節　連鎖反應⋯⋯⋯⋯⋯⋯⋯⋯⋯⋯⋯⋯⋯⋯⋯⋯⋯⋯132

　　第四節　石虎開始消沉⋯⋯⋯⋯⋯⋯⋯⋯⋯⋯⋯⋯⋯⋯⋯⋯142

　　第五節　統一東北⋯⋯⋯⋯⋯⋯⋯⋯⋯⋯⋯⋯⋯⋯⋯⋯⋯⋯148

　　第六節　父子成仇⋯⋯⋯⋯⋯⋯⋯⋯⋯⋯⋯⋯⋯⋯⋯⋯⋯⋯155

　　第七節　蜀中之變⋯⋯⋯⋯⋯⋯⋯⋯⋯⋯⋯⋯⋯⋯⋯⋯⋯⋯160

　　第八節　絕地反擊⋯⋯⋯⋯⋯⋯⋯⋯⋯⋯⋯⋯⋯⋯⋯⋯⋯⋯165

第四章　庾氏家族時代

　　第一節　庾亮又威風了起來⋯⋯⋯⋯⋯⋯⋯⋯⋯⋯⋯⋯⋯⋯174

　　第二節　毛寶之死⋯⋯⋯⋯⋯⋯⋯⋯⋯⋯⋯⋯⋯⋯⋯⋯⋯⋯180

　　第三節　又一次換屆⋯⋯⋯⋯⋯⋯⋯⋯⋯⋯⋯⋯⋯⋯⋯⋯⋯187

　　第四節　桓溫出場⋯⋯⋯⋯⋯⋯⋯⋯⋯⋯⋯⋯⋯⋯⋯⋯⋯⋯195

　　第五節　庾家開始衰落⋯⋯⋯⋯⋯⋯⋯⋯⋯⋯⋯⋯⋯⋯⋯⋯200

　　第六節　一對變態父子⋯⋯⋯⋯⋯⋯⋯⋯⋯⋯⋯⋯⋯⋯⋯⋯208

　　第七節　桓溫滅蜀⋯⋯⋯⋯⋯⋯⋯⋯⋯⋯⋯⋯⋯⋯⋯⋯⋯⋯212

第五章　後趙的衰敗

　　第一節　少年謝艾⋯⋯⋯⋯⋯⋯⋯⋯⋯⋯⋯⋯⋯⋯⋯⋯⋯⋯228

　　第二節　自相殘殺很暴力⋯⋯⋯⋯⋯⋯⋯⋯⋯⋯⋯⋯⋯⋯⋯236

　　第三節　石虎最後的日子⋯⋯⋯⋯⋯⋯⋯⋯⋯⋯⋯⋯⋯⋯⋯245

　　第四節　菜鳥是抓不住機會的⋯⋯⋯⋯⋯⋯⋯⋯⋯⋯⋯⋯⋯256

　　第五節　石家兄弟⋯⋯⋯⋯⋯⋯⋯⋯⋯⋯⋯⋯⋯⋯⋯⋯⋯⋯266

　　第六節　石閔，石閔！⋯⋯⋯⋯⋯⋯⋯⋯⋯⋯⋯⋯⋯⋯⋯⋯275

第六章　血性男兒

- 第一節　冉閔血腥登場……………………………284
- 第二節　亂世對英雄都是機會……………………291
- 第三節　苻健的崛起………………………………300
- 第四節　重振旗鼓…………………………………306
- 第五節　機會，機會………………………………317
- 第六節　冉閔啊冉閔！……………………………324
- 第七節　名士的北伐………………………………331

目 錄

內容簡介

隨著晉明帝之死,外戚庾亮當政,激起蘇峻、祖約之亂,建康淪於叛軍之手。名士庾亮隻身逃難。陶侃在各路人馬的勸說之下,起兵討亂,會合各路勤王之兵,終於平定蘇峻的叛亂。東晉王朝轉危為安。而北方局勢,依然戰亂不停。石勒建立後趙之後,也終於老死。後趙集團發生權力爭鬥。石勒養子石閔乘亂而起,剷滅石勒族人,恢復其漢人身分,建立漢族政權,下滅胡令,以一支孤軍獨抗北方諸胡,神勇無匹,戰無不勝,終因寡不敵眾,為慕容鮮卑所殺……

內容簡介

第一章
蘇峻之亂

第一章　蘇峻之亂

第一節　庾亮當政

　　司馬紹死的時候，只有二十七歲 —— 很多皇帝這個年紀時，都還處於待業階段，他卻走完了自己的人生之路。一個二十七歲的人，他的兒子當然就更小了。

　　如果照搬那個顛撲不破的傳統，不管接班人年紀多大，只要現任皇帝死翹翹，他就算是一個不到一個月的小小屁孩，更不管他願不願意，都得當上皇帝 —— 有時事情就是這樣，想不想當皇帝，都由不得你。其他位子，可以考察一下對方的「德能勤職」，或者考察一下他手中的現金、後臺，唯獨這個位子，看的是他是誰的兒子。

　　司馬衍就是現在的法定繼承人。這小屁孩在他出生的那年，他的爺爺就曾聽從郭璞的建議而改元 —— 而原因就是皇太孫出生了，皇家多了一個嶄新的成員，所以應該用新的年號，一派新年新氣象。

　　那時，雖然決策層裡沒一個唯物主義者，但在皇帝登基的時候，似乎都不看什麼黃道吉日。老皇帝今天一倒下，新皇帝第二天就上任。至於老皇帝的屍體，就先晾在一邊，也不怕哪個小偷偷走，大家先歡歡喜喜地過完登基大典，然後再化悲痛為力量，辦老皇帝的喪事，讓先皇的遺體入土為安。

　　司馬衍就是在司馬紹死後的第二天就任晉國第九任皇帝。這時，他五歲，還沒有到上小學的年齡。

　　司馬衍登基的這天，首席輔政大臣王導突然生病請假，沒有參加並主持登基大典。如果是在司馬睿時期，估計司馬睿會派人去慰問一下王導。可是司馬睿早就死了，卞壼一點也不給王導面子，當著大家的面前，炮轟王導：「王導還算什麼狗屁忠臣？先帝還沒有入土為安，繼承人還沒有正

第一節　庾亮當政

式就任，朝廷事情多得很，你身為大臣，還能請病假？」

王導被卞壺扣上這樣的帽子，身上冷汗直流，趕忙帶病坐著轎子過來，參加大典。

司馬衍即位後，按例大赦，尊他的母親庾文君為皇太后，文武官員都更新二等，個個皆大歡喜，估計會有不少人心裡這麼想：司馬紹早就該死了。弄得老子今天才加薪！

大家都認為，皇帝年紀太小，公章都還拿不穩，就請皇太后依照後漢鄧太后的前例，先主持中央，等以後司馬衍長大了，再讓他主政。

庾太后假裝推辭了好幾次，但最後一次，終於採納，說，那就聽大家的話吧！

到了九月九日，晉國高層才拿出時間和精力來處理司馬紹的屍體，把他埋在武平陵。九月十一日，年輕的寡婦庚太后正式臨朝稱制。

她這時也沒多大年紀，從政的經驗也跟個應屆大學生沒什麼差別，因此她就任命王導為錄尚書事，跟她的哥哥中書令庾亮以及尚書令卞壺一起主持政務。不過，在重大決策上，庾亮是最後下決定者。還任命郗鑒為車騎將軍，陸曄為左光祿大夫，而且還任命庾亮氣得要命的司馬宗為驃騎將軍、那個虞胤為大宗正。很多人都覺得，庾亮對司馬宗和虞胤氣得要命，這時居然還把這兩個傢伙狠狠地提拔了幾個等級，實在有點不可思議。其實，這是庾亮的聰明之處。司馬宗和虞胤此前可是掌握著皇家警衛部隊，牢牢地控制著京城裡的槍桿子——以前八王之亂時，成功的人都是靠這支武裝的支持才笑到最後的。這兩個人在警衛部隊裡經營多年，天天培養心腹，讓皇家的警衛部隊差不多變成了他們的私家衛隊了。如果再讓他們這樣下去，那就不好處理了。所以，庾亮先提拔了他們。這個提拔其實是別有用心，是要讓他們無法施展拳腳。

第一章　蘇峻之亂

庾氏家族就這樣，成為當朝最有權勢的家族，完全可以跟王家相提並論。幸虧王導這個人厚道，看到自己手中的權力像小孩子手裡的大餅一樣，不斷地縮小，嘴上卻半句話也沒有，依然盡職，不越位、不添亂，讓庾亮拍板拍得很乾脆，沒有一點阻力，否則，從今往後，晉國就進入王庾兩家爭權奪利的時代。

在晉國進入庾亮時代時，時間也進入新的一年。

這年的二月，晉國宣布大赦，這次大赦是因為晉國換了皇帝，紀年也從太寧四年變更為咸和元年。

咸和之意其實就是希望大家都一片和諧。

這個願望當然十分美好。可現實情況卻一點都不美好。

王導是個政壇老鳥，拿手好戲就是攏絡人心，讓大家心服口服，不管做好做壞，大家都高聲叫好，人氣很旺。而庾亮在這方面就差了很多，他一當權，心態就浮躁起來，沒幾天，內部就出現了矛盾。

矛盾首先來自於基層。

這年的六月五日，晉國的徐州刺史劉遐死了 —— 如果在平時，就是幾個刺史同時掛掉也沒什麼，這個刺史死了，下一個刺史頂上去，只要還有人，刺史就不會缺。

可是近期以來，中央的權力已大為削弱，很多強勢地方官一直打著中央的旗號，自己卻在不斷地經營著家族的權力，為自己的下一代著想，因此，很多刺史一死，接班的都是他的兒子，而且中央政府對那些鞭長莫及的強人也沒有辦法，就不得不認可這個做法，最後補發一張委任狀，讓這個繼承人合法化 —— 就像西北的張氏家族一樣。

劉遐是徐州刺史，是在中央的眼皮底下辦公，有什麼動靜，對中央的影響很大。中央高層當然不會讓他的後代把他的轄區當成劉家的自留地，

第一節　庾亮當政

因此，在他死後，馬上讓那個從河南狂奔過來的郭默當北中郎將、監淮北諸軍事，接管劉遐的權力和部隊。

劉遐曾經在平定王敦事件中立了大功，他的部下也很想把這個地區變成劉家的天下，尤其是他的妹夫田防和部將史迭，都有著讓劉遐的兒子劉肇當上老大的強烈願望——因為，劉肇現在還年輕，他們可以任意擺布。這些人說，我們怎麼接受一個從來不相關的人的領導？於是，就發動軍事政變，叫劉肇接過老爸的位子，對他說，從今天起，你就是我們的老大。

如果這個故事發生在東、西北那一帶，誰也管不著，最後肯定按既成事實來處理。可這是什麼地方？高層能允許這個情節繼續下去嗎？

田防他們一宣布奪權，監淮太守劉矯就帶著大軍向劉遐的司令部發動突襲，只一戰就把這次動亂的頭號人物田防搞定。據說，劉矯這次能夠迅速解決田防的動亂，主要是得到了劉遐那位未亡人的大力幫助。劉遐是一個強人，他的老婆是邵續的女兒，做事很爽快果斷，比劉遐更為強悍。有一次，劉遐被石勒軍包圍，已經到了最危險的時候，他的老婆拿起武器，單槍匹馬，只帶著幾個騎兵，像羅貫中筆下的趙子龍一樣，衝進包圍圈，一陣大砍大殺，居然把絕望中的劉遐救了出來——如果當時不那麼重男輕女，讓這個美女當上將軍，她這輩子肯定戰功卓著、戰果輝煌。

紹氏不但打仗很強，政治眼光也不錯，她知道憑田防的能力，肯定做不了大事，如果她不跟這個傢伙劃清界限，到頭來她的兒子就會通通跟著人頭落地，因此，在田防準備舉事時，她就極力勸阻。

可田防能聽她的話嗎？

邵氏看到田防不把她的話當話，馬上就採取行動，做好響應劉矯的準備。在劉矯進攻的時候，她在城內製造了一場大火災，這個火災發生在武器庫，把武器都燒得差不多了。田防的士兵就成了徒手部隊，哪擋得住劉矯部的猛烈攻擊？

第一章　蘇峻之亂

邵氏的這個行為，殺死了田防，但卻救了劉氏一門。中央高層最後不但沒有把她兒子列入亂國賊黑名單中進行處置，反而下詔讓劉肇繼承他老爸的爵位──泉陵公，以後吃喝賭嫖的費用完全可以足夠。

田防的動亂規模算不了什麼，只一個劉矯就徹底擺平了，可另一個動亂的規模就非同小可了。

按照歷史的記載，動亂的主要原因是庾亮當政後，堅決依法治國，一點也不講情面。可當時的社會情況是一個什麼樣的情況呢？大家都追求名士風度，講的是私下交情，看的是情面，只要你好我好大家就好，法律是做給老百姓看的，不是用來實行的。王導對這個社會風氣很了解，因此在當權時，就來個一團和氣，能寬則寬，能放就放，大家都覺得王導大人很好講話啊，都堅決擁護他。

大家在這個風氣下生活了多年，這時突然看到庾亮要扭轉這個風氣，都在心裡有意見。有了意見之後，庾亮就成了「不得人心」的人物了。

先是那個祖約心裡很不滿。這傢伙靠他的哥哥發家致富，成為當時的強人之一，可能力卻菜得很，祖逖拚掉老命才打下的資產，沒幾天就被弟弟全部玩完，跟個敗家子沒什麼區別。可祖約卻認為自己厲害得很，認為不管是論資排輩，還是人氣榜上的人氣，自己都可以跟郗鑒和卞壺同在一個等級。可現在怎麼樣？在託孤的遺詔中，那兩個傢伙的名字都在裡面閃閃發光，自己的名字連邊都沒沾上。

祖約越想心裡就越不平衡，拍著腦門想著把這個損失補回來。可託孤遺詔是前任皇帝寫的，現在他早已歸西了，你總不能追到地府裡讓他幫你補上「祖約」這兩個字吧？他後來想了個辦法，要求中央給他一個「開府儀同三司」的待遇。可現在主政的這幾個人不是豬頭，哪能無緣無故地給你這個待遇？你要是得了這個待遇，別人會怎麼說？因此朝廷堅決不同意。

第一節　庾亮當政

　　祖約看到這個要求又被否決得乾乾脆脆，心裡就更不高興了。可他又沒有別的辦法，那個腦袋一天到晚就盼望著，要是再亂一次，那多好啊，老子就可以乘亂得利了。你看看，這許多年來，這些登上權力最高峰的，誰不是因為動亂而得到權力的？就是司馬睿祖孫三代人，能成為皇帝，也是因為動亂啊！要是沒有八王之亂，這三個傢伙恐怕現在還混不過自己呢！

　　除了祖約心裡不爽之外，陶侃這時的心裡也很不舒服。按照資格來講，他現在是全國最有人望的強人，可遺詔中提拔的人，居然也沒有他的名字。他和祖約就認為，這個遺詔肯定是由庾亮起草的，庾亮一定故意把他們的名字刪掉。

　　這樣，他們對庾亮就越來越不滿了。

　　這兩個人的不滿，還只是埋在心裡，偶爾發點無關痛癢的牢騷，但沒做出什麼激烈的動作。

　　那個蘇峻就不一樣了。

　　這傢伙當年響應號召，帶著部隊狂奔過來，保衛中央，保衛皇帝，最後成功地搞定沈充和錢鳳，光從戰功而言，只有劉遐可以跟他同一個級別。從那以後，他的人氣狂漲，手下部隊有一萬多人，武器裝備最為精良，中央把長江以北地區的任務都交給他。

　　蘇峻看到自己的力量越來越強悍，心態也就發生了變化，覺得中央這幾個高層算什麼，每天就會在那裡叫喊幾句，按時吃吃喝喝，共同把吹捧發揚光大，自我感覺良好，可一旦出事，沒一個有用，如果沒有他這樣的強人幫忙，這幾個傢伙現在早就完蛋了。這個心態一出現，他就不把中央放在眼裡了，開始把長江以北地區當自己的管轄範圍來經營。

　　他開始按照自己的想法，積極工作，努力擴軍。沒多久，他的部隊人

第一章　蘇峻之亂

數就狂漲，而這傢伙又不像當年祖逖那樣，部隊的人數雖然越來越多，但在供養方面，都能自己動手，豐衣足食，從不向中央伸手要錢，給政府添麻煩。蘇峻只管擴大軍隊的人數，卻一點也不管後勤，所有開支，全部要求中央撥款，一分不能少，要是稍微拖欠幾天，他那張嘴裡就全是粗話。弄得運輸的船隻每天都浩浩蕩蕩。

庾亮不是呆子，更不是那種委曲求全，夾著尾巴低調做人的性格。他看到祖約、陶侃以及蘇峻這個態度，心裡就知道，這個世界又不能平靜了。可他更知道，陶侃雖然對中央的態度不怎麼好，但他對荊州人民卻好得很，是目前最得人心的高級官員。你要是動他一根汗毛，可能就會挑起民怨。

但又不能不防。

庾亮只得像以前對付王敦那樣，另外培植一個防護系統，用自己絕對放心的人來保衛中央。

溫嶠是一個絕對可以放心的人。

八月，庾亮調溫嶠任都督江州諸軍事、兼江州刺史，到武昌上班，又任王舒為會稽內史，以便出現情況時，呼應溫嶠。而且還在首都展開備戰，大力修築石頭城工事，強化建康的防衛能力。

在庾亮大刀闊斧，賣命地做這些工作時，還是有不看好他的人。丹陽尹阮孚看到這個情況，就認為，這是典型的內宮掌權、外戚當道，自古以來，都沒有好下場，而庾亮這時還年輕，做事魄力雖夠，但經驗不足，就對親信說：「我們南遷的時間還沒多久啊，腳跟才剛剛放下，我們的皇上還是個小屁孩，困難本來就重重了，而庾亮年紀又輕，資格還淺得很，什麼基礎也沒有打牢，誰也不服他，但卻拿著最大的權力。我敢預言，沒過多久，大亂又要發生了，首都這個政治中心又要變成動亂中心了。還是想辦法閃人為妙。」他就上書放棄丹陽尹這個肥缺，去當廣州刺史。

第一節　庾亮當政

　　心裡最不平衡的是那個司馬宗。這哥兒們被提拔當了驃騎將軍之後，才發現這個驃騎將軍原來只是薪資比以前高，權力卻下降了好幾個級別——以前他雖然官不大，但因為是皇帝的紅人，誰都得看他的臉色辦事，誰對他都恭恭敬敬，一天到晚總在他面前拍馬屁，讓他心情愉快得不得了。可現在，他只在自己的家中過日子，雖然不愁吃，不愁穿，但虛榮心卻一點也滿足不了——這個驃騎將軍，如果在正常年代，可是個中央軍事級別的大官，是可以調動軍隊的。可現在是什麼年代？地方的部隊都是各地的強人掌握著，從來不把中央的話當話。

　　司馬宗知道，自己被庾亮陰險地玩了一把。

　　於是，司馬宗的心態也像祖約那樣，盼望著這個天下再狠狠地亂一次，他好威風一下。

　　司馬宗在這方面一點不像他的老爸。他跟蘇峻是哥兒們，就打算跟蘇峻聯合起來，搞定庾亮，然後由他們掌握大權，那才叫過癮。

　　可他才剛有這個想法，具體步驟還沒有計劃好，庾亮卻已經向他開刀了。

　　庾亮早就把司馬宗恨得想吃掉他的五臟六腑，以前因為司馬紹保著他，讓他沒機會也沒能力下手，現在很多事已經安排妥當，大權也穩穩地拿在手上，就開始著手進行這件事，而且異常堅決。

　　他叫御史中丞鍾雅向中央寫信揭發司馬宗謀反。這封舉報信一呈上來，庾亮就迅速以此為理由，命令右衛將軍趙胤去逮捕司馬宗。

　　司馬宗果然不是個軟腳蝦，帶著自己的衛士拚命反抗。這種反抗當然只有死得更快。

　　庾亮在處理這事時，帶著明顯的個人情緒，做得很不細膩很不圓滑，風風火火，絲毫沒有考慮到社會的觀感。

　　他搞定司馬宗後，屁股還沒有擦乾淨，就擴大打擊面，說司馬宗是皇

第一章　蘇峻之亂

　　族中的敗類，一定要把他的子孫們永遠從皇族中除名，因此強迫司馬宗的三個兒子把姓改為「馬」：司馬綽改為馬綽、司馬超改為馬超、司馬演改為馬演，從今天開始，你們跟皇家無關，跟街頭巷尾的平民百姓一樣，要靠自己的雙手養活自己，養不活就去死。接著打擊面還繼續擴大，這次擴大到了太宰西陽王司馬羕的頭上，把這個哥兒們的級別降為弋陽縣王。

　　司馬羕不但是皇族中的大佬，而且還是司馬睿的太傅，只因他是司馬宗的親兄弟，最後也跟著司馬宗受罪。人家看到庾亮這麼做，都覺得他有點過分了。不但別人覺得過分，就是那個小屁孩皇帝司馬衍後來知道這事後，問他的這個國舅：「常日白頭公何在？」以前經常來的那個白頭髮的老大爺，現在怎麼不見了？庾亮說：「呵呵，他因為謀反，所以被殺了。」司馬衍說：「現在舅舅說人家謀反，然後就把人家殺了；如果哪天，人家也說舅舅謀反，那該怎麼辦？」搞得庾亮冷汗直流。

　　卞壺倒沒受到很大的打擊，只是免了大宗正，然後趕出首都，去當桂陽太守，算起來，還是不錯的。

　　庾亮的經驗顯然是不夠豐富的，他在搞定司馬宗之後，如果迅速頒布幾個好政策，穩定一下局面，然後再作其他打算，也許還有點作為。可他在搞定司馬宗之後，心態浮躁，馬上把矛頭公開指向最危險的人物蘇峻。

　　原來，司馬宗被殺之後，他的一個親信卞闡逃了出去，投奔蘇峻。

　　庾亮立刻正式發文，要求蘇峻把逃犯卞闡押回建康。

　　可蘇峻卻只把這個公文丟到一邊，對卞闡說：「不要怕。你就在老子這裡待著。老子當你的保護傘！」讓卞闡在他那裡繼續過上幸福生活。

　　庾亮除了鬱悶，一點辦法也沒有。

　　庾亮繼續執行他錯誤的政策。

　　這年十一月，後趙汲郡內史石聰向壽春發動軍事行動。

第一節　庾亮當政

　　壽春是祖約的老巢。這個祖約很會向中央提要求，但打仗的能力早已擺在那裡，是一點不行的，受到敵人攻擊之後，唯一的辦法就是向中央請求支援。

　　如果是在正常情況下，中央肯定會派出大軍，去援救祖約。可現在庾亮主持的中央，一看祖約被打得灰頭土臉，那可是好事一樁啊——最好石聰能把祖約一刀砍死，免得以後我們動手。居然一個士兵也不派出去。

　　石聰一看，馬上知道原來晉國權力中心還有重重的黑幕呢！難得敵人的決策層這麼配合自己，就更加放開膽子，在大力打擊祖約的同時，還派出部隊對浚遒、阜陵兩地大肆攻掠，屠殺和俘虜了五千人，連建康都受到極大的震動——因為阜陵與建康的直線距離只有六十里。再不出兵，只怕現任政權就要完蛋了。

　　晉高層這才知道，祖約一完，建康也危險了，庾亮當然也不敢再堅持下去了，決定任命王導為大司馬、假黃鉞、都督中外諸軍事，把司令部設在江寧，負責軍事指揮。

　　蘇峻派出部將韓晃攻擊石聰，終於把後趙侵略者趕出國門。

　　相較於庾亮，王導就有經驗多了，石聰一退走，他馬上就要求解除自己大司馬的職務。這職務一解除，他就安全得很，而且現在庾亮越來越不得人心。王導是江東基業的創始人，功勞能力明擺著，雖然王敦跟他是堂兄弟，但他還是成功地劃清了界線，不但保住了自己的政治前途，還讓整個家族繼續興旺發達。他現在清醒得很，如果跟庾亮靠得越近，就越危險。王導肯定預料到庾亮是又一場動亂的根源——連阮孚都能料到的事，他哪能沒有這個先知先覺？不過，他絕對不用像阮孚那樣，一感覺到危險臨頭，就捲起包袱趕緊逃跑。他只是什麼也不做，繼續在官場上平平淡淡地混著，過著他的名士生活。只等庾亮一玩完，他這個德高望重的老臣就會又被推到幕前，再掌大權。

第一章　蘇峻之亂

在石聰退走之後，晉中央又作出了一個決定，鑑於首都無險可守，就修建一個「塗塘」，製造一個天險。而這個天險的範圍正好在祖約的勢力範圍裡。弄得祖約大喊大叫：「這不是想讓老子跟中央脫鉤是什麼？想讓老子單獨在這裡當炮灰？老子再不生氣，簡直是沒有理由了。」

這時，後趙和晉國的邊界衝突也越來越頻繁，而晉內部這些年來老是把動亂當作正常生活，官員都變得沒有一點信念了，只覺得道路越來越曲折，前途越來越黑暗。那個濟岷太守殺掉下邳內史夏侯嘉，投奔後趙，而且還把下邳獻給石勒。石瞻又向邾城發動軍事行動。守在這裡的是晉國的河南太守王瞻。這個傢伙的名字雖然跟敵人的指揮官沒差別，但軍事能力卻不在一個級別上，沒幾天他的根據地就被石瞻「拔之」。

石瞻在把邾城拿到手後，又向蘭陵石城進軍。據守在這裡的那個劉續同樣不是石瞻的對手，沒幾天就把地盤讓給了敵人。

晉國這段時期以來，不但對外全採取守勢，一點進攻的欲望也沒有，而且老是被人家欺負。如果說石勒力量雄厚，派部將帶兵過來練一下，你打不過，那還有點理由。可那個成都的李雄部隊也敢拿晉國練兵。

咸和二年的正月，李雄部下的將領羅恆與晉國的朱提太守楊術對戰，把楊術殺死在戰場。

第二節　菜鳥的布局

而掌握著晉國前進方向的庾亮，仍然不把邊關事務當事務。石聰退去之後，他馬上把那不情願的目光又收回來，再次瞄準蘇峻。

他認為，蘇峻最終會像王敦一樣，舉兵打到建康來改朝換代，因此必

須盡快解決這個問題。他的預感沒有錯，但他的智力無法完成解決問題的任務，他只是下了一定要把蘇峻拉下馬的決心，但卻沒有想到一個好辦法。他準備以皇帝的名義，提拔蘇峻到中央當高級官員。這是什麼年代？還在玩這種明升暗降的老把戲？蘇峻要是上這個當，蘇峻就不會這麼可怕了。

不過，庾亮這次終於民主了一回，很虛心地向德高望重的王導諮詢了這個想法。

王導是什麼人？當然知道這個小兒科的把戲一上演，將會百分之百的搞砸，說：「蘇峻這個傢伙不是一般的凶狠，看到這個詔書，馬上就會跳出來跟中央對抗。不如先擱置一段時間，以後再說。」

庾亮的這次民主，只是想來王導這裡尋求支持，而不是真的要聽取他的看法，這時看到王導不贊同自己的做法，就直接對大家說：「今天，我們來研究解決蘇峻的辦法。我認為，蘇峻的野心已經完全暴露，離最後犯上作亂的地步已經沒有多遠了，因此，必須對他採取措施，把他的兵權拿下來。他就算不服從這個命令，馬上與中央對抗，但危害的程度還不算大。如果再過幾年，他的實力會更加雄厚，那時他發起難來，就不好對付了。」

大家都知道庾亮的性格，看到他那麼咬牙切齒，態度堅硬得像石頭，你再怎麼說也是沒用的，因此個個沉默，有反對意見也只放在心裡。

只有卞壺強烈反對：「現在蘇峻的武裝部隊是最強悍的，而且離首都不遠。他要是採取行動，只用一天的時間，就可以打到建康，誰也阻止不了。所以，這事應該小心，不到萬不得已，先不要攤牌。」

庾亮一聽，沒一個跟中央保持高度一致，在大事面前都是膽小鬼，難怪做不了什麼大事。根本不理卞壺的話。

卞壺看到庾亮的這個態度，知道嚴重後果就要來到了，寫信給溫嶠：

第一章　蘇峻之亂

「元規召峻意定，此國之大事。峻已出狂意，而召之，是更速其禍也，必縱毒惹以向朝廷。朝廷威力雖盛，不知果可擒不；王公亦同此情。吾與之爭甚懇切，不能如之何。本出足下以為外援，而今更恨足下在外，不得相與共諫止之，或當相從耳。」

溫嶠也贊同卞壺和王導的意見，不斷地寫信給庾亮，請他聽從王導和卞壺的意見。

但庾亮一點不把這些話當一回事。

蘇峻知道庾亮的這個決定後，派人去建康面見庾亮，轉達他的話：「討賊外任，遠近唯命，至於內輔，實非所堪。」這話是說，如果叫老子去打仗，不管什麼地方，只要命令一下，老子都招之即來，來之能戰。不過，想叫老子去中央任職，老子的這個能力，是做不了的。

庾亮仍然不答應，什麼做不了？我說你行你就行。

庾亮當然也做了一些防範，提拔郭默為後將軍，兼屯騎校尉，任命他的弟弟庾冰為吳國內史——兩人的任務都是防備蘇峻。

他釋出這個任命之後，覺得蘇峻也不怎麼可怕了，蘇峻要是不聽話，有郭默和庾冰這兩個傢伙可以對付他，就以皇帝的名義對蘇峻下詔，在詔書的開頭，把蘇峻狠狠地表揚了一下，說不提拔這樣的有功之臣，是對國家不負責的，所以現在提拔蘇峻為大司農、侍中，還有個「特進」的待遇。這個「特進」其實沒什麼實惠，只是在上朝時，讓你的位置緊緊挨著三公，完全是一種虛榮。至於蘇峻原來的部隊，就由蘇峻的弟弟蘇逸全面指揮。

庾亮以為自己這一招很高明，讓他弟弟接他的權，他應該上當了吧？

蘇峻這時雖然不把中央高層的那幾個無聊人士放在眼裡，但還不敢真的與中央對抗到底，就退了一步，上表：「昔明皇帝親執臣手，使臣北討

第二節　菜鳥的布局

胡寇。今中原未靖，臣何敢即安！乞補青州界一荒郡，以展鷹犬之用。」這幾句話是說，以前，明帝曾經握著我的手，說我的任務是討伐北方的胡人。現在中原還沒統一，我哪敢貪圖享受？請朝廷把我安排到北方去吧，即使到像青州那樣偏僻的窮地方，我也什麼意見都沒有。

可庾亮仍然不同意。

蘇峻還是沒有別的想法，就鬱悶地整頓行李，想到建康去。當然，如果這時沒有誰對他說什麼，後面那段歷史故事就不會發生。

可歷史就是這樣，關鍵時刻，總會有某個本來一點不關鍵的人物出來，說了一句很關鍵的話。這句關鍵的話足以擺動歷史的方向。

蘇峻在收拾行裝時，一臉的鬱悶，一點也不甘心就這麼離開他的軍隊。在他猶豫的時候，參軍任讓對他說：「老大，你只要求去青州那樣的地方，他們都不同意。這說明了什麼？如果老大一定要到首都去，只怕是大大的不妙啊！我看，不如集結部隊，做好防範，時刻準備戰鬥，這才是王道。」

阜陵令匡術這時也勸蘇峻有這麼雄厚的實力，為什麼一定要做人家的下手？不如做自己的事業。

蘇峻一聽，馬上熱血沸騰起來，你們說得太正確了。老子不進京，看你們奈老子如何？

到了這時，有點腦子的人都知道，蘇峻與中央對抗的決心已成，大規模動亂將不可避免。

溫嶠阻止不了庾亮，但他卻還是要求立即率軍從武昌東下，準備以武力保衛中央，而三吳（即吳郡、吳興郡、會稽郡）也都表示大起勤王之兵，要跟蘇峻對抗到底。

哪知，庾亮這傢伙的腦子進水不少，居然不讓溫嶠東下，寫信給溫

023

第一章　蘇峻之亂

嶠：「吾憂西陲，過於歷陽，足下無過雷池一步也。」庾亮的這封信，最大的貢獻就是製造了那個「不敢越雷池一步」的成語，而決策卻大大的失誤。這封信中的「西陲」指的是陶侃，而歷陽則指蘇峻。意思是說，我現在擔心陶侃比蘇峻還要厲害。你的任務就是防備陶侃，不要越雷池一步啊！雷池，也是個地名，在湖北黃梅縣一帶。

本來，現在晉國中央集權已經大為削弱，弄得遍地強人都在實行著高度自治，中央高層的任務就是逐步把大權收回來，而不是強硬剝奪，盡量使強人們團結。可庾亮卻一概將強人們當作防備的對象，從來不反省一下自己政策的失誤，處處打壓不同意見。這種少年得志的人魄力很大，可政治手腕太欠缺，最後只有把國家推向動亂。

這時，朝廷還派使者去說服蘇峻。

蘇峻說：「臺下云我欲反，豈得活邪！我寧山頭望廷尉，不能廷尉望山頭。往者國家危如累卵，非我不濟；狡兔既死獵犬宜烹。但當死報造謀者耳！」這話的意思是說，你們現在都已經一口咬定老子在謀反，我現在是死定了。老子也把話挑明了。我現在是寧願站在山頭看著監獄，也不願坐在監獄裡看山頭。以前國家到了最危險的時刻，沒有老子，肯定度不了難關。現在難關過去了，狡兔已經死光光，我們就成了那隻準備被烹吃的獵狗了。告訴你，老子就是死，也要先把庾亮這傢伙搞定。

蘇峻跟祖約的關係也不錯，知道祖約現在對中央也很有意見，一點也不服庾亮的領導，因此，也把祖約當作拉攏的對象，派參軍徐會去面見祖約，大力讚美祖約，把祖約吹捧得飄飄然像雲端裡的神仙之後，表示要兩人聯合起來，共同打倒庾亮，再踏上一隻腳，讓他永世不得翻身。

祖約本來對庾亮的意見已經比天還大，老早就恨不得庾亮的人頭落地，但對自己的實力沒有信心，因此只是天天發牢騷，這時看到蘇峻來約，當場高興得要死。連他的姪兒祖智和祖衍也都舉雙手贊成。

第二節　菜鳥的布局

譙郡內史桓宣認為不能跟蘇峻綁在一起，對祖智說：「我們現在的任務是討伐強悍的胡人。你的叔叔如果想當天下最強的人，就應該跟中央保持高度一致。現在卻跟蘇峻一起造反。這能玩得多久呢？」

祖智這時滿腦子裡都是造反即將成功的幻想，哪聽得進這樣的話？

桓宣還不死心，又要求直接面見祖約，要苦口婆心地勸他、把形勢分析得更加透澈一點，可祖約不是呆子，知道桓宣要來勸他，要他懸崖勒馬、回頭是岸，因此就拒絕跟他見面。桓宣知道這傢伙是在往死裡硬闖，到頭肯定回不了頭，因此，也宣布與祖約劃清界限。

祖約越來越積極，決定動員祖家全部力量，投入這場動亂，要在這場動亂中建功立業。他派他的姪兒沛國內史祖渙、女婿淮南太守許柳帶大軍南下，跟蘇峻會師。

許柳的姐姐就是祖逖的老婆，她大概跟著祖逖久了，目光也變得遠大，知道祖約這麼做，會把祖家和她的家都推向深淵、走向死路，就勸他的弟弟說，千萬不要冒這個險啊！

可許柳這時的心態也跟祖智一個樣，正意氣風發得全身熱血沸騰，哪能接受這些打擊情緒的話？

庾亮看到祖約和蘇峻達成了聯合協議，也著手部署了一下首都的防衛：任命卞壺為尚書令兼右衛將軍；任命鄴稽內史王舒代揚州刺史；吳興太守虞潭為都督三吳諸郡軍事。由這三人負責對蘇、祖聯軍的軍事行動。

你一看這個方案，就知道是一個菜鳥方案。因為，這三個人的政治能力是沒有問題的，口才一流，在朝廷上跟人爭權，那是很氣勢磅礡的，不留給對手半點餘地。可現在對付蘇峻，靠的不光是政治頭腦，更不是一流的口才，靠的主要是軍事能力。卞壺連王導做錯了事，都敢當面把話說得一點不留情面，對庾亮這樣絕對算不得心慈手軟的當權派，也敢提出反對

第一章　蘇峻之亂

意見，可還沒有過帶兵打勝仗的紀錄。至於王舒，雖然早就跟王導一起反對王敦，堅定地站在中央一邊，可卻是一個膽小鬼，連王應那個小屁孩也不看好他，這樣的人能當什麼大任？

但庾亮卻毫不猶豫地把最重的擔子交給這樣的人。

庾亮的魄力無窮大，可看人的眼光永遠只是「有限公司」，放得一點都不遠。

如果是下棋，眼光看不了幾步，就是輸得再慘也沒什麼大不了，可一個主宰國家前途命運的人，眼光只能跟老鼠在同一個等級，後果就嚴重多了。

本來，按照現在雙方力量的對比，建康的部隊戰鬥力遠不是蘇祖聯軍的對手，但如果策略戰術運用得當，戰場指揮官用對人，要支撐一段時間是沒有問題的。只要能拖過一段時間，各地的勤王之兵會從四面八方趕到，最後勝利也是沒有問題的。

而且，這時取勝的時機不是沒有。

尚書左丞孔坦和司徒司馬陶回就看出機會，向王導建議：「現在戰爭的爆發已經是不可避免了。我們認為，應該在蘇峻發動戰爭之前，先派部隊守住阜陵和江西當利等渡口，讓蘇峻的部隊過不了長江。他們的人少，我們的兵力多，如果一次會戰，他們肯定討不到什麼便宜。當然，如果蘇峻不發動攻擊，我們就向前推進，轉被動為主動。要是不搶先下手，等蘇峻的部隊打到首都城下了，人心就會動搖，我們還有什麼機會。這就是戰機啊！」

王導覺得這個分析很不錯，這個時機應該狠狠地抓住。他趕忙去找庾亮，向庾亮說明了這個建議。

可庾亮卻不接受，這傢伙像很多上級一樣，覺得職務大才是最有能力的。老子認為那不是機會，那肯定不是機會。你們以為你們的能力比我

第二節　菜鳥的布局

高？那為什麼你們不能當上級？

機會是說過去就會過去。

在庾亮毫無理由地把機會像丟掉一隻破鞋地丟掉之後，蘇峻他們開始行動了。

十二月一日，蘇峻命令他的將領韓晃和張健帶著部隊殺氣騰騰地渡過長江，一舉攻占姑蘇，奪到大量的物資。

庾亮這才知道，自己錯過了戰機，在一個大大的危機面前，犯了一個大大的錯誤。

更要命的是，庾亮這時候雖然大大地後悔，可卻一點積極的辦法也沒有。可是後悔能有什麼用？

在這樣的人的帶領下，局面只能越來越糟糕。

十二月二日，彭城王司馬雄、章武王司馬休又突然宣布，跟以庾亮為首的中央決裂，從此與蘇峻成為同一戰壕裡的同袍。

十二月十日，司馬衍宣布京城戒嚴，並任庾亮為都督征討諸軍事、持節，全面指揮對蘇峻的軍事行動。

在韓晃部隊大肆掠奪時，徐州刺史郗鑑知道首都危急，準備帶兵入衛京城。哪知，庾亮這時仍然把他的「大局觀」表現得很到位，下令郗鑑不要感情用事，不要衝動，不得離開防地，你的任務是對付石勒。

郗鑑只得對全軍來個懸崖勒馬。

第一章　蘇峻之亂

第三節　建康淪陷

　　咸和元年正月，溫嶠看到情況越來越不像話，而庾亮的腦袋還混沌如故，也不再管庾亮要他防範西陲的命令了，帶著大軍從武昌東下，抵達尋陽。

　　蘇峻的死黨韓晃也開始進入他囂張的高峰期，在掠奪到大量物資之後，又向慈湖進攻。

　　據守慈湖的是左將軍司馬流。這個司馬流雖然是個將軍，身上穿著高品質的軍裝，可卻是一個既沒有膽子，更沒有能力的傢伙。聽說敵人大舉來犯，就怕得全身每個地方都在發抖，怕戰爭一開始，自己就光榮犧牲，因此趕快叫人做他平時最愛吃的烤肉來，免得死了成餓死鬼。可由於過度緊張，吃烤肉時，居然放不進嘴巴，塞來塞去，不是進鼻子，就是滑到下巴。

　　你想想，這麼一個軟腳蝦，當個欺負老百姓的將軍，那是很優秀的，可當一個跟敵人決戰的將軍，就只有死路一條了。在他把那塊烤肉好不容易放到嘴巴、還沒來得及下嚥時，就被韓晃砍了他的腦袋。

　　韓晃這些天的行動，其實只是蘇峻賽前的熱身運動。

　　正月二十八日，蘇峻才下令全軍向建康出發，他帶著祖約派來跟他合股的祖煥和許柳的二萬部隊渡過長江，在牛渚登陸。政府軍雖然不斷地出擊，可不斷出擊的結果是不斷地打敗，根本不能阻攔蘇峻大軍前進的步伐。

　　二月一日，蘇峻大軍以不可阻攔之勢來到覆舟山。

　　直到這時，庾亮仍然還有一個很好的機會。

　　而且這個機會也被陶回清楚地看到，並很及時地向庾亮作了報告：「蘇

第三節　建康淪陷

峻知道石頭城有重兵把守，肯定不會正面進攻的⋯⋯」

庾亮一看到這個陶回就覺得不順眼，他不會正面進攻，那他會從什麼地方進攻？

陶回說：「我認為，他們會繞道從小丹陽那裡，從東南方向進攻我們。我們可以在半路上設下埋伏，把他們狠狠地夾擊一下，肯定大獲全勝，說不定能把蘇峻一把抓獲歸案，這事就全部搞定了。」

庾亮一聽，天下居然還會有你這樣天真的菜鳥。蘇峻會上這個當嗎？你能想到的事，他會想不到？你以為只有你的腦袋有用，人家的腦袋都不能運轉了？別再來打亂我的思路了。

這傢伙徹底忘記了他前段時間的後悔了。庾亮雖然叫人家不要打亂他的思路，其實現在他那個腦袋瓜只有進水，沒有思路。

蘇峻果然像陶回說的那樣，繞道小丹陽。只是這傢伙想做得隱祕，選擇在夜間行動，又沒有找到好嚮導，走著走著，居然分不清方向，弄得迷了路，行軍了大半夜，走得兩腿都痠麻起來，還找不到目的地，大家的情緒就波動起來，部隊都成了無組織無紀律的亂軍，蘇峻也根本控制不了──如果這時，伏兵四出、到處喊殺連天，蘇峻的部隊就只有徹底崩潰了。可他碰上庾亮這樣的對手，想崩潰一次都不容易。

第二天，庾亮得知這一情況，張大著嘴，除了心頭無比悔恨之外，什麼話也說不出來──一個事先不聽人家的建議，事後只有悔恨的人，是不宜當軍事指揮官的。如果是在其他朝代，估計早就換人了。可現在是庾亮說了算，誰敢換他？

這時，很多人對建康的前途已經徹底失望，紛紛把眷屬轉到東邊的安全地帶，只有那個左衛將軍劉超，硬是把老婆孩子帶進宮中，一來讓家人過幾天皇家生活，二來表示死戰到底。這傢伙的做法，可算是忠心耿耿，

第一章　蘇峻之亂

可如果放到現在來看，實在是個不以人為本的傢伙，老婆孩子憑什麼去當你忠心的陪葬品？

這時，司馬衍又按庾亮的意思，任命卞壺為都督大桁東諸軍事——其實就是朱雀橋東區的總指揮，和侍中鍾雅一起，帶著郭默、趙胤率軍與蘇峻在西陵決戰。如果叫卞壺去查查官員們鉅額財產的來歷、揪出大家都痛恨的腐敗分子，那是肯定優秀的，可跟敵人決戰，那絕對是他的弱項——而且現在是什麼時候？是人心惶惶的時候，絕對不是決戰的時候，他這麼大喊著衝出去，結果肯定是只有失敗。

在這場決戰中，卞壺毫無懸念地打了個大敗仗，直接損失一千多人。

二月七日，蘇峻向青溪柵發動進攻。

剛打大敗仗的卞壺一點也沒有懼色，帶著大家前去阻擊，可一點也沒有作用。

這時，南風大起，蘇峻下令火攻，一時之間，大火就燒了起來，順著風更深入地猛烈蔓延，不過片刻，政府各個辦公場地都被燒了個乾乾淨淨。

這時，卞壺還在拚死抵抗。他的背上剛生瘡，還沒有完全癒合，如果在平時，肯定還不能辦出院手續，可他仍然不下火線，最後累倒在地，被殺。他的兩個兒子也跟他一樣，全部戰死。這傢伙性格很直爽，如果在和平年代，肯定是個出色的政治家，可歷史卻在這個時候把他推向前線，讓他死在動亂的血泊中，實在是死得一點都不值得。

卞壺歷來是嚴以律己也嚴以律人的，不管是誰做錯了事，即使別人都默不作聲的時候，他也敢出來猛批，所以朝廷中的很多官員都怕他。他也是個勤儉節約的人，雖然當上高官，仍然住在舊房子裡，過著基本溫飽的生活。他的家教也很不錯，就連他的老婆也是一腔的愛國熱情。在他兩個兒子戰死後，他老婆撫摸著兒子的屍體，說：「父為忠臣，子為孝子，夫

第三節　建康淪陷

何恨乎！」十分感人。

那個從阮孚手裡接過丹陽尹肥缺的羊曼在龍門，與黃門侍郎周導、廬江太守陶瞻一起布防，可也擋不住敵軍的進攻，大戰一場之後，都成為烈士。

現在建康城裡，朝廷方面就只剩下庾亮最後還在支撐了。

庾亮帶著大家在宣陽門內擺開陣地，想與蘇峻作最後決戰。他雖然滿臉殺氣，可士兵們卻已經沒一點信心——此前，有那麼多的人、那麼多的機會，都還打不過人家，現在就憑我們這幾枝破槍？憑你庾亮這個菜鳥，能跟人家決一死戰？陣還沒有列成，不知誰叫了一聲，老子不打了。大家都一鬨而散。

全國軍隊最高統帥庾亮馬上就成了光桿司令。

庾亮這時的腦子一點不進水了，知道再不逃跑，就沒有逃跑的機會了，馬上對鍾雅說：「現在後面的事由你全權處理了。」

鍾雅一聽，以前你為什麼一點權也不分給我？當場說：「棟折榱崩，誰之咎也！」你先給我講清楚，造成今天這個局面是誰的責任？這傢伙在這個關頭居然也不忘記向庾亮來個質詢。

庾亮丟下這麼一句：「今日之事，不容復言。」——你先挺過今天，以後再說吧，就上小船向西邊逃跑。

這時政府軍都陷入無政府狀態，從正規軍變成了劫匪，看到庾亮的小船很豪華，就知道這船上油水不少，都抱著發大財的想法搶上船來。

庾亮命令衛士用弓箭射擊。哪知，庾亮的衛士在打仗方面，跟他是同一個水準。箭是射出去了，可方向卻射得一點都不對——敵人一個沒有倒下，倒是自己船上的掌舵船伕光榮地犧牲在自己人的箭下。

大家一看，靠這樣的人來保衛，我們還有命嗎？都爭著要逃跑。

第一章　蘇峻之亂

庾亮打仗雖然屬於鳥菜中的菜鳥，可心志卻非常堅定。看到這個情況，他一點也沒有跟著慌亂，而是一動不動地端坐在那裡，平靜地說：「此手何可使著賊！」——這種水準還真不能對付土匪啊！

大家看到老大這麼說，終於都鎮靜下來，齊心協力終於逃得性命。

庾亮一跑路，城內的抵抗就全部平息。蘇峻的部隊昂然進了首都。

王導這時還在城裡。這哥兒們因為是大名士，屬於左右逢源的人物，所以一點也不慌亂。他知道，蘇峻不會對他怎麼樣，因此，在庾亮狼狽而逃之後，馬上出來收拾殘局，發揮一下政壇老臣的偉大作用——這時也只有王導才能出來收拾這個殘局了。

他對侍中褚翜說：「現在是皇帝出面的時候了。請你馬上進去通報，快快請皇帝上殿。」

這時皇帝司馬衍才八歲，根本不知道他的工作是什麼——如果他這個也算工作的話，放在現在，絕對是個童工。褚翜跑進去，把他抱了出來，進入太極殿，把司馬衍放在皇帝的位子上。

王導帶著光祿大夫陵曄、荀崧、尚書張闓共登御床，把皇帝圍在中心，形成新的中央領導集團。這個新的中央領導集團當場任命劉超為右衛將軍，讓他跟鍾雅、褚翜保護小皇帝，任命孔愉為太常，去太廟那裡值班守護。

這時，其他官員都跑得一個不見，以前誰都想進來看一看的宮裡，現在什麼人也沒有，變得一片荒涼。

蘇峻的士兵衝進金鑾殿，大喊大叫，褚翜你站在這個鬼地方做什麼？快快給老子滾出去。

褚翜卻一點不怕，面對拿著凶器、滿臉凶相的士兵，繼續嚴肅認真地擺著他的譜，還大聲喝道：「你們是什麼東西？這是皇帝的地方。蘇峻不來見，卻讓你們到這裡發什麼瘋？」

第三節　建康淪陷

那幾個士兵顯然沒見過大世面，聽說這是皇帝的地方，居然被他唬住，不敢再衝上殿。不過這些人知道，皇帝雖然不能直接得罪，但進了這個地方，不撈點油水實在有點說不過去。便都改變路線，衝往後宮。這時那個稱制的庾太后還在宮中。這個平時權力最大的美女，這時跟其他亂世中的婦女一樣，什麼話也沒用了──她此前把她手中的權力全部交給他的哥哥庾亮，哪知，她的哥哥是個捅馬蜂窩的高手，又是個政壇菜鳥，馬蜂窩雖然成功地捅了出來，但卻一點也沒有收拾的辦法，只幾天的時間，就把繁榮昌盛的首都變成蘇峻部隊的屠宰場。

庾亮最後只顧自己跑了，卻把他的妹妹留在這裡，叫天天不應，叫地地不靈。

王導對庾亮這些年來的做法很不滿，這時也就不管庾太后了，只是把小屁孩皇帝保護起來──要是再保護那個庾太后，恐怕以後，他們這些老臣還得靠邊站，還得天天看庾亮的臉色辦事。現在他們保護皇帝，等於把皇帝控制在手裡，只等動亂結束，他們是大大的功臣──在危險時刻，庾亮他們跑得路都不見，只有他們幾個還臨危不懼，用他們的智慧，讓皇帝度過難關。從這方面來說，庾亮就差多了。王導再一次抓住機會讓大家知道，沒有王導就沒有司馬氏的天下。

士兵們這時心裡都塞滿了發財的欲望，哪管那麼多？只要覺得值錢的就搶、看到異性就抓。庾太后跟廣大宮女的待遇一樣，也成了被劫掠的對象。

蘇峻對中央的這些官員早就很看不起，這時帶兵入城，覺得正是折磨這些無能官員的良機，因此把抓到的文武官員都集中起來，讓他們全部享受一下奴隸的待遇，天天勞動。還記得那個王彬吧？他現在的職務是光祿勳，這時也被抓起來當農工使用，每天被人家一邊用皮鞭抽打，一邊挑著東西爬上鍾山，成為職業挑工。

第一章　蘇峻之亂

蘇峻部隊的殘暴跟當年進入洛陽的張方差不多。他們進城之後，一點也不宣布自己是威武之師、仁義之師，只要碰到人，不管性別年齡都抓起來，通通剝下衣服，讓他們裸體站在一起，面面相對。很多人只得找來破席之類的東西，把敏感的部位包一包，沒有找到能遮掩的東西，就坐在地上或都跳到泥地裡，讓下半身泡到泥土中。

京城裡現在最多的聲音，就是哭叫聲。

還記得那個孔坦吧？

這傢伙的官職不大，但智商很高，以前向高層建議把守渡口，把蘇峻部隊擋在長江對岸，可庾亮卻把他的建議當成小兒科的計謀，一點不採納。他後來沒有再出聲。在城破時，很多官員都怕被亂箭射中，趕緊穿上鎧甲。他卻說，我不是軍人，不穿軍裝。等蘇峻的部隊進來時，穿軍裝的人都成為被砍殺的對象，反而穿平民服裝的都沒有受很大的傷害。

蘇峻把皇宮裡的東西全部劃到自己的名下，連司馬衍的吃飯也成了問題。皇宮裡的大廚只好找來一點陳化米做飯，讓這個被人家推到歷史舞臺又被逼到死角的小皇帝填一下肚皮。

蘇峻雖然勇於發兵攻占首都，在皇帝面前囂張無比，可卻沒什麼遠大理想，走的仍然是「八王之亂」的老路，除了縱兵擄掠做得特別用功之外，沒有別的作為。如果是別人，肯定會把士兵好好地約束，如果條件許可，就把這個皇帝當了，如果實在不行，就把皇帝控制在手，好好經營，當不了皇帝，也可以當一下曹操。而且控制皇帝和拉攏民心兩手抓──當然，這是需要大智慧的。蘇峻只有殘暴，沒有大智慧。這就決定了這個傢伙只能被歷史定位為「亂臣賊子」，最後仍然逃不掉徹底失敗的命運。

蘇峻現在還沒有當皇帝的勇氣，因此，他很想做一做曹操──先把皇帝當成自己的招牌，為自己服務。他以小皇帝的名義宣布大赦。不過，這個大赦還有個附加條款，就是誰都可以赦，唯獨庾家兄弟不能赦。蘇峻

第三節　建康淪陷

雖然威風，可內心裡居然也有點名士情結，雖然把其他官員都拉去當農工，可對王導卻仍然特別尊重，讓他繼續當原來的官，而且排名在自己的前面，是臺面上的第一大臣。蘇峻也跟其他叛亂分子一樣，大權成功拿到手之後，第一步就是把自己人好好地提拔一下。他讓那個積極響應他舉事的祖約當了侍中、太尉，他自己當驃騎將軍、錄尚書事，許柳為丹陽尹，馬雄為左衛將軍，祖煥為驍騎將軍。

蘇峻這次動亂其實只是占領了首都，全國其他地方都還牢牢地控制在其他強人的手中。這些強人中有陶侃、溫嶠、郗鑑、祖約，以及庾亮的一些殘餘勢力。這些勢力中，溫嶠和郗鑑是他最堅強的的反對派，而勢力最強的陶侃，雖然此前對庾亮牢騷滿腹，可絕對不是蘇峻的同盟——何況，蘇峻在攻打首都時，頭腦發熱，連陶侃的兒子陶瞻也不放過，一把殺掉——這一刀砍下去很爽快，卻直接為日後的失敗打下了堅實的基礎。只有祖約是蘇峻堅定不移的盟友。可祖約又是個戰場菜鳥，不給他添麻煩已經不錯了。因此，蘇峻在占領建康之後，馬上就發現，自己雖然在這裡喊打喊殺，威風凜凜，一天到晚可以按自己的意圖，釋出各種最高命令，其實是處於敵對勢力的包圍當中。如果不掃除這些包圍，沒幾天，這個好日子就過完了。

他首先派兵去攻擊吳國。吳國內史就是庾亮的老弟庾冰。庾冰的作戰能力跟他的哥哥沒什麼差別，戰鬥一打響，就支持不住，然後向他哥哥學習，棄城而逃。

他的逃跑過程跟他哥哥的驚險程度差不多。不過，他的情節更具有傳奇色彩。

他跑到會稽時，蘇峻的懸賞通緝布告已經到處張貼了。

庾亮能逃得性命，靠的是臨危不亂，而庾冰能活下來，靠的卻是一個機智的衛士。

第一章　蘇峻之亂

　　庾冰這時不但已經無路可走，而且也已經頭腦發暈，不知該往哪個方向才安全了。他的衛兵卻一點不慌張，把他帶到一條小船上，然後用蘆葦編的蓆子把他蓋住，之後，一面吹著口哨，像個清早起來去撒網的漁民一樣，一面划著船，順著江水向東而去。每次經過檢查的地方，他都用木棍敲打著蓋住庾冰的蓆子，說：「你們是不是要抓庾冰？聽說抓到庾冰，會得到很多現金呢！他就在這裡，你們給我現金，我就把庾冰送給你。」

　　庾冰在蓆子下面，嚇得屁不敢出，緊張到最高點。可那些檢查站的工作人員都是豬頭，沒一個相信衛士的話，都把衛士當瘋子──憑你這個模樣也能抓到庾冰？也能發這個大財？你連庾冰長得什麼模樣都沒見過呢──其實倒是他們沒見過庾冰長什麼樣。庾冰靠著衛士的這個小兒科的騙術，終於逃得性命。

　　蘇峻打敗庾冰後，馬上任蔡謨出任吳國內史，讓自己的勢力範圍又擴大了一點。

第四節　陶侃心裡還有氣

　　這時，那些忠於司馬氏的強人們也開始著手組織力量，對蘇峻進行反擊。

　　溫嶠得到建康被破的消息後，大哭起來，連在坐的人也跟著落淚。

　　沒幾天，庾亮灰頭土臉地來到尋陽。

　　他到尋陽做的第一件事就是以皇太后的名義，任命溫嶠為驃騎將軍，開府儀同三司，任徐州刺史郗鑑為司馬。從這個任命書上，我們仍然可以看到庾亮是一個缺乏大局觀的憤青，是一個永遠也駕馭不了國家命運的政

第四節　陶侃心裡還有氣

客。他現在仍然沒有弄清，在目前的形勢下，哪個強人手裡有足夠的力量把蘇峻徹底打倒。他把全部希望只放在溫嶠和郗鑑身上——這兩個傢伙的政治立場，絕對沒有問題，軍事能力也不差，可他們的力量實在太薄弱，要打起來，實在難以對抗蘇峻軍。

現在真正有能力有實力跟蘇峻決一勝負的只有陶侃！

可庾亮那顆只講政治的腦子裡，歷來把陶侃劃為自己的對立方，完全沒有把陶侃從政以來的經歷作一次全面的評估，看看陶侃是一個什麼樣的人，一開始就把陶侃排斥在外。此前導致他徹底失敗的策略，就是來自於他這種毫無遠見的目光和對人的認知。現在，他仍然按這個思路進行下去。

這是個從失敗走向失敗的想法。

幸虧溫嶠是個頭腦冷靜的人，在庾亮釋出這個「太后詔書」時，說：「現在，打倒蘇峻才是第一要務。我現在沒一點功勞，卻得到這麼大的提拔，實在說不過去。」堅決拒絕了這個任命。

不過，溫嶠對庾亮向來很尊重，這時庾亮雖然剛被打得眼睛都睜不開，隻身逃出來——跟裸奔而來沒有什麼區別，已經處於一窮二白的狀態，但溫嶠還是分出部分軍隊給他，讓他把面子保住。

在庾亮還以皇太后詔為號召的時候，皇太后庾文君卻於三月初死去。當然，如果按她的年齡和身體狀況，還遠不到應該死去的時候。她的死因，史書上說，「後見逼辱，遂以憂崩」。至於受了什麼逼辱，沒有挑明，更沒有細節描寫，留下了無限的想像空間——想想，蘇峻是什麼人，縱兵在美女如雲的後宮中掠奪，難道僅僅是搶了財物？對美女們一概當著臭皮革看待？再加上，蘇峻對庾家的憤恨，更不會只是搶了一下那怒氣就息火的。如果只是受到搶劫，損失點現金、首飾和化妝品，庾太后就會「以憂崩」？

第一章　蘇峻之亂

晉國開國以來，皇后這個職位都不算是好職業，很少有皇后能過上安穩生活。司馬炎的大老婆雖然得以善終，但卻是付出了短命的代價。她的妹妹接過她的班，卻跟她一樣，不斷地做錯蠢事，最後，居然被兒媳婦一把搞定，死得很慘，司馬衷的幾個老婆就更不用說了。那個賈氏一當上皇后，就走上了自絕於人民的道路，最後也不得好死。至於羊皇后也不用多說了，在當晉國的國母期間，不斷地被人家廢來廢去，皇后生涯竟成為苦難的生涯，幸虧後來變成劉曜的老婆，轉手之後，命運才得以改變。

這個庾太后說起來，人品也不算差，雖然被逼著走上臺前，但從沒有專權。表面看起來，她的死，是蘇峻逼的。可細算起來，這個後果應該是她自己造成的。假如她不把大權交給庾亮，讓庾亮成為實際最高領導人，最後捅出這個馬蜂窩，而是讓有能力的人來當政，也許不會造成今天這個局面，她也就不會有這個命運了。

總之，一個弱勢王朝的第一夫人還不如一個大財主的情婦好當。

蘇峻這時也做好應對，準備抵抗各路勤王部隊的進攻，把部隊集結在湖縣。

這時，蘇祖聯軍的另一個大股東祖約的日子卻不好過。

咸和三年的四月，後趙的石堪向宛城發動攻擊，晉國的南陽太守王國頂不住，宣布投降。石堪接著向祖約的駐地淮南進軍。這個祖約本來就不是打仗的料，就是面對面地打，估計也是敗逃的結果。而這時他的部將陳光又來個臨陣叛變，要割下他的頭去向石勒邀功、以便升官發財，把下半輩子的生活過得更幸福美滿。

在內外夾攻之下，祖約就只有逃跑的份了。這傢伙逃跑的能力很菜，可命卻好得很。不知是他早有預謀，還是偶然的事，他的貼身警衛閻禿的相貌長得跟他一模一樣，完全可以當祖約的替身演員，弄得連陳光的部隊也分不清，抓到閻禿之後，就嘎嘎大笑，說老子這功立得太容易了。祖約

第四節　陶侃心裡還有氣

跳牆而逃，這才保住性命。

祖約的這一次被痛扁，不光是他倒了大楣，就是對蘇峻的事業也大有影響。

庾亮和溫嶠繼續把全部精力投入到討伐蘇峻的事業中。兩人商量著向建康進軍。可因為道路不通，消息不順暢，不知道現在的建康是什麼樣的情況，因此不好做最後的決定，弄得兩人每天都搓著雙手相對著，不知如何是好。恰在這時，有個叫范汪的人過來，對他們報告了建康的情況，說：「現在首都亂得要命，蘇峻一點責任心也沒有，號令也不統一，官員腐敗，雖然到處掛著政府的大旗，其實跟無政府沒什麼兩樣。他們的武裝部隊雖然看過去很強悍，但其實已沒什麼戰鬥力。你們應該趕快出兵討伐他。」

溫嶠對蘇峻這個人還是比較了解的，聽到這個報告後，認為范汪的話沒有錯，就讓范汪當他的參護軍事，下了討伐蘇峻的最後決心。

溫嶠想讓庾亮當老大。這時，庾亮也知道自己不是當老大的料了，說還是溫兄當老大穩妥。兩人互相推讓著，誰也不當老大。

幸虧兩人的相讓是真誠的，否則，這兩人中有一個假裝謙虛幾句，之後就坐上老大的位子，後果就很嚴重——因為，憑他們現在手中的實力，根本打不過蘇峻。

在他們推讓當中，溫嶠的堂弟溫充說：「我認為，現在只有讓陶侃來當這個老大才行。現在陶侃不但職務高，而且兵力雄厚，只有他才可以成為打倒蘇峻的中堅力量。沒有他的參與，我們是玩不了幾天的。」

溫嶠一聽，哇！這話還真有道理。當場停止跟庾亮的推讓，派督護王愆期前往荊州轉達他們請陶侃當老大的意思。

哪知，陶侃已經不是以前的陶侃，他這時的心態跟祖約差不多，對那份顧命遺詔中沒有他的名字很生氣，這時看到庾亮他們被痛扁，心裡沒有一點同情心——你們不是很厲害嗎？是國家的棟梁？朝廷的萬里長城？

第一章　蘇峻之亂

怎麼現在連一個蘇峻都對付不了，還來求老子了？老子才不管你們的事呢！你們人品也不比蘇峻好到哪裡去。以前作威作福時，還知道有老子這個人嗎？現在倒好，被人家打倒了，才想到我，讓老子幫你們撐腰。老子可以撐別人的腰，但堅決不撐這個腰。

在王愆期把話完之後，陶侃說：「吾疆場外將，不敢越局。」我只不過是一個只能在戰場上打拚的人，只知道在自己的轄區裡工作，不能跨地界一步，哪能管這些分外的事？我的態度很明確，你們捅出的婁子，你們自己收拾。

溫嶠又派人去說服。可陶侃的態度還是沒有軟化。

後來，溫嶠只得派人對他說：「那你在這裡留守吧。我先出發到建康了。」

這個傳話的人向荊州走了兩天，平南參軍毛寶才出差回來，知道了這回事，覺得溫嶠這樣處理問題，會大大的不妙，立即去找溫嶠，說：「做大事不是哪個人的義務，只有讓天下人都踴躍參與，才能取得成功。要取得戰爭的勝利，靠的是什麼？靠的是大家團結一致，共同奮戰。現在我們這邊的陣營團結了嗎？即使陶侃的想法不純粹，有私心，我們也要包容，假裝什麼也不知道。現在我們的做法是什麼？是再一次把他踢出團隊。他要是不跟我們的立場保持一致，後果如何不用說了吧？趕快把那個送信的傢伙叫回來，強烈要求他出兵才對。」

幸虧現在是溫嶠拿主意，如果決策權還控制在庾亮手中，肯定會對毛寶的話又來個一票否決。溫嶠聽了這話，馬上就知道自己犯了個天大的錯誤，當場命令把使者叫回來，再寫一封信，送給陶侃。

陶侃畢竟不是祖約，到了這時，氣消了很多，同意跟溫嶠他們合作，派督護龔登帶著部隊去跟溫嶠會合。

而溫嶠手中的兵力只有七千人，不到一個師！

第四節　陶侃心裡還有氣

　　溫嶠得到陶侃的支持，信心馬上大增。大家一致推舉陶侃為討伐蘇峻的帶頭大哥，聯名釋出布告，控訴祖約和蘇峻的罪行，要求全國、全軍齊心協力，堅決跟祖約和蘇峻抗爭到底。然後，溫嶠登船出發。

　　可就在這時，陶侃不知是哪根神經發生故障，又後悔起來，想從討伐聯盟中抽身：老子不分這個紅利了，這個紅利跟黑利差不多。就叫龔登帶兵回荊州。

　　溫嶠一看，啊。你們要是撤了，我們這幾千人過去，那不等於送死是什麼？趕緊寫了一封長長的信給陶侃，說你這麼一離開，不但聯盟破產，只怕國家也得倒閉了。你不心痛國家，不管我們這些人的死活，也要想到你的那個兒子是怎麼犧牲的吧？這話說得已經無奈到極點了。

　　王衍期也對陶侃說：「你到現在難道還看不透蘇峻的嘴臉嗎？這傢伙一旦拿住大權，地位得到鞏固，恐怕就沒有你的立足之地了。」他的原話是這樣的：「蘇峻，豺狼也，如得遂志，四海雖廣，公寧有容足之地乎！」

　　這話把陶侃的心頭肉狠狠地刺了一下，他知道，庾亮不是什麼好人，可蘇峻更不是什麼好東西。如果現在不把他搞定，將來他就會搞定自己，一拍桌子，老子決定了！換上軍裝，登船出發。

　　這時，他的那個烈士兒子陶瞻的屍體正好運到荊州，他也不顧了，繼續前進，以最快速度順流東下。

　　另一個強人郗鑑這時屯兵廣陵墓。這傢伙雖然軍人出身，是晉國高層中少有會打仗的一個軍事人才，可一直處於孤城之中，在沒有後方支援的情況下，時時刻刻面對著後趙的大軍，糧草越來越緊張，守城的信心已經差不多歸零了。這時正好接到溫嶠發出的討伐蘇峻的文告，馬上集結軍隊，誓師南下──大家守著這個孤城，守得已經差不多崩潰了，這時聽說可以南下了，心情猛然激動起來，士氣直線高漲。

041

第一章　蘇峻之亂

郗鑑還派夏侯長去面見溫嶠，提出了一個很有遠見的策略建議，應當在東方一帶建立一個根據地，做好抗打能力超強的工事，死死守住險要的關卡，一來可防止蘇峻失敗後逃跑；二來也可切斷蘇峻的後勤供應，號召敵占區的人民都堅壁清野，讓蘇峻的軍隊沒有吃沒有穿，不久就會軍心瓦解。

溫嶠認為，這個建議太正確了，當場同意。

陶侃的大軍終於來到尋陽。

這時已經是五月了。

在陶侃聲勢浩大地來到尋陽時，一個傳言也迅速傳播。

這個傳言就是，陶侃準備殺庾亮以謝天下。說是以謝天下，其實是要狠狠地報復一下這個傢伙。

庾亮一聽，嚇得門都不敢出。他在拿著大權時，確實只顧自己的感受，不管人家的情緒，得罪了這些強人。現在自己手上什麼也沒有了，強人們一威風起來，要收拾他，容易得跟放屁一樣。

溫嶠知道後，趕緊出來打圓場，叫臉色慘白的庾亮去見陶侃。

庾亮按照溫嶠的教導，一見陶侃，一個招呼還沒有打，就趕緊雙膝一跪，那顆憤青的頭就猛磕到地面，向陶侃不停地叩拜。

陶侃突然看到這個畫面，一時也摸不著頭緒，叫道：「庾元規乃拜陶士行邪！」哪有庾亮向陶侃叩拜的道理？這話看過去，很有點讓人摸不著頭緒。原來，陶侃的出身太草根，而庾亮卻是公子哥兒出身的，按當時的習慣，貴族人士一般是看不起草根的。陶侃現在雖然老早就遠離了草根，比很多貴族還要貴族，但草根心態卻還沒有全部丟掉，一看到這個大貴族突然向自己行了大禮，馬上就說了這麼一句話來。

庾亮趁機向陶侃認錯，把一切責任都歸到自己的頭上，說自己太不對不起國家、對不起人民、更對不起陶侃，現在願意改正錯誤，真心實意地

第四節　陶侃心裡還有氣

向陶老大道歉，陶老大要是不肯接受，就是不原諒我了。

庾亮雖然跟卞壺一樣，歷來鄙視名士，可卻也是個氣質很好的人，這一翻話雖然是向陶侃道歉，可舉止卻十分得體，再加上這哥兒們雖然能力不高，但跟歷史上那些視個人利益高於一切的外戚畢竟有著本質的區別。他上臺主政後，只是憤青情緒特別嚴重，心態極端浮躁，老子天下第一的思想占據了心頭，聽不得人家的意見，這才鬧到今天這個地步，總而言之，政治能力很垃圾，人品還不十分低下。陶侃看到他這時態度誠懇、說話也得體，還算討人喜愛，心頭原來累積的那些憤恨也就慢慢地消失了，哈哈一笑，說：「庾亮啊，你原來花經費修築那個石頭城，主要是用來防備老子。現在卻還請老子去那裡打攻堅戰？要考老子也不要出這個題目啊！」

陶侃馬上吩咐身邊人員擺好酒好菜，跟庾亮邊喝邊談。兩人就這樣談了整整一天，原來的不愉快也就消失得渣也沒有了。

陶侃和庾亮和解之後，就跟溫嶠一起，率軍四萬部隊直指建康，隊伍前後連綿七百餘里，戰鼓之聲，震天動地。

蘇峻得到消息後，把部隊從姑蘇撤回，準備在石頭死守，抵抗陶侃軍。

蘇峻把石頭城當作抗擊勤王軍的前線，自己也在石頭城裡長住，而且還把小皇帝也帶去。

五月十八日，他宣布要把司馬衍帶到石頭時，王導表示堅決反對。可蘇峻沒有把王導的反對當一回事，下令皇帝去也得去，不去也得去，現在是老子說了算，而不是別人說了算。

司馬衍看到要離開家門，也跟很多小孩子一樣，哭了起來。可蘇峻仍然讓人把他抱起來上車。當時，右衛將軍劉超和侍中鍾雅跟在皇帝的身邊。司馬衍上車後，他們步行跟在車子的後面。蘇峻這時還把他們當人看，叫身邊的人安排兩匹馬給他們。哪知，這兩個傢伙卻硬是不領情，不

第一章　蘇峻之亂

但不騎馬,反而一邊走,一邊痛罵蘇峻,而且越罵越來勁,一路罵得慷慨激昂——就是別的人也會被罵得怒火中燒,更何況是蘇峻?蘇峻氣得要命,可居然沒有對他們怎麼樣。

到石頭城後,蘇峻就任命他的心腹許方等幾個為司馬督和殿中監,說是加強對皇帝的保衛,其實是用來防備劉超他們搞鬼。

劉超絕對是個優秀員工,對老闆肯定是百分之百忠心。這時跟在司馬衍的身邊,雖然環境越來越惡劣,但仍然以皇家的利益為第一。

蘇峻把司馬衍放在一個破舊的倉庫裡住著,又潮溼又黑暗,但劉超仍然跟著住在裡面,不讓小皇帝感到孤單。而且還免費當小皇帝的家庭教師,義務替他講解《孝經》和《論語》。

這時,那個曾多次為庾亮看準機會的孔坦,也為自己找到了個機會,逃了出來,直接投奔到陶侃旗下。陶侃知道這傢伙是個難得的人才,馬上任命他為長史。

蘇峻這時把全部精力都用來防範陶侃,卻沒有想到他的後院現在並不安全。

第五節　猛將毛寶

這個在後院進行祕密破壞的人就是王導。

王導雖然在表面上沒有跟蘇峻進行公開激烈地衝突,但內心絕對是堅定的反對派,只要一有機會,就會做出對蘇峻不利的動作。在蘇峻囂張的時候,他就透過祕密管道,向三吳地區的人民下達了一個命令,要求三吳人民團結起來,有力出力,有錢出錢,與蘇峻作殊死的搏鬥,救出晉朝皇

第五節　猛將毛寶

帝司馬衍。

會稽內史王舒是王導的堂兄弟，當然首先響應號召，任命庾冰為代奮武將軍，率一萬人渡過錢塘江，向建康方向出發。當地的地方勢力看到庾冰軍來到，信心馬上高漲了起來。吳興太守虞潭、吳國內史蔡謨等人也都紛紛響應。

蘇峻看到三吳地區突然冒出這麼多反對派的武裝力量，天天高喊打倒蘇峻，當然不能任其發展下去，然後與陶侃軍對他來個東西夾擊。

他派管商、張健、弘徽三個部將帶兵去對付虞潭他們，不管怎麼樣，一定要把他們死死攔住。

雙方馬上展開對攻，連續打了幾場，都是勝負不分。虞潭他們一步也前進不了。

陶侃的部隊雖然數量不少，戰鬥力不弱，但這時也很小心，並沒有急著進軍。

溫嶠認為，蘇峻部隊都是北方來的，善於在陸地上衝鋒陷陣，打打殺殺，而他們的部隊是南方的，相當於以前的周瑜部隊，在水裡作戰是高手，但陸上難以取勝，就做了個揚長避短的決策，向部隊下了個命令：「將士有上岸者死！」

大家一聽，當然都躲在船裡，讓波浪把戰艦輕輕地搖，年輕的水兵頭枕著波濤，睡夢中露出幸福的微笑。

這個命令剛下不久，還新鮮得冒著騰騰熱氣，蘇峻派後勤部隊送給祖約的一大批糧食隆重來到，祖約的部將桓撫前來接收。

溫嶠的先鋒毛寶一見，這不是肥肉一大塊嗎？這時還不眼紅，什麼時候才眼紅？

他對他的部下大叫：「兵法，『軍令有所不從』，豈可視賊可擊，不上

045

第一章　蘇峻之亂

岸擊之邪！」

他替自己找了個違反軍令的理由之後，就帶著部隊衝上岸去，向桓撫的部隊發動進攻。

這個桓撫也跟他的老闆一樣，是個特級菜鳥，手下的部隊比毛寶多了好幾倍，卻硬是只把自己的任務定位為接收糧食，而不是來打仗的，一點戰鬥準備也沒有，看到敵人長矛大刀衝上來，只是大叫著：「不是說只有運糧食嗎？怎麼還有這麼多的敵人？任務不明確，害死人啊！」撒腿就跑，一點也不抵抗，被毛寶殺了個屍橫遍地，糧食全部被搶，還損失了幾萬人。更要命的是，從此祖約的部隊就陷入了糧食緊張，更加難以有效地支援蘇峻了。

毛寶的這一場襲擊戰，不管從哪個角度上看，都可以說是一次輝煌的勝利。溫嶠不但沒有處分他，反而向中央推薦他當了廬江太守。

為了便於統一指揮，陶侃任命王舒為監浙東軍事、虞潭為監浙西軍事，郗鑑為都督揚州八郡諸軍事。以後王舒和虞潭都接受郗鑑的領導。

這個命令下達後，郗鑑率部渡江南下，跟陶侃在茄子浦會師。這時，雍州刺史魏該也率其部抵達茄子浦，使得討伐蘇峻的聲勢越來越浩大。

不久，陶侃的水軍向石頭城出發。到達蔡州之後，陶侃駐查浦、溫嶠則駐在沙門浦。

蘇峻聽說陶侃大軍來到，就登上城頭的烽火樓來看。陶侃哪來這麼多軍隊？比傳說中還要多。大家看到蘇老大的臉色有點發白，懼怕的神態想擋也擋不住。

誰也不敢說話。

最後，蘇峻長嘆了一口氣，說：「老子早就知道那個溫嶠會攏絡軍心。只是他做得也太強悍了。」

第五節　猛將毛寶

在大軍的撐腰下，庾亮的浮躁情緒又迅速地冒出頭來，想搶個頭功，挽回一點面子，就派督護王彰帶著本部戰士，去向蘇峻的部將張曜挑戰。哪知，菜鳥永遠是菜鳥，一開戰就被打了個大敗。

庾亮終於知道自己不是戰場上的料，臉面就發熱起來，去向陶侃道歉，然後把那根「節符」也上繳給陶侃。

陶侃卻笑著說：「以前那個曹沫都有過三連敗的紀錄，最後還取得勝利。你現在才兩連敗，還差得遠呢！現在是什麼時候？非常時期啊，不要動不動就辭職，對軍心有影響啊！」

其實不光庾亮浮躁，很多將領也都覺得自己的兵力占這麼大的優勢，而且又是正義之師，威武之師，還這麼怕蘇峻？紛紛要求出戰，早日把蘇峻徹底打倒，救出皇帝。

可陶侃卻不同意，說：「現在蘇軍的士氣正強，正是打仗的最佳時期。我們要是跟他們一決死戰，肯定討不到一點便宜。我們現在要做的是等待時機，靠的是謀略來取勝。」

事實還真的讓陶侃說中了。討伐大軍連續跟蘇峻對戰，果然一點便宜也沒有撈到。

監軍李根也看出，這場戰爭不是短時間能解決的，就向陶侃提了個建議，要求修建白石壘來防範敵人。陶侃立即同意。

李根絕對是個很講效率的人，得到批准後，夜裡就開工，叫大家拚命砌牆，到天亮時，工程就全部結束。大家站在白石壘上，遠遠地聽到蘇峻部隊在城裡把戰鼓打得越來越響，號令聲越來越頻繁，都怕蘇峻就要派部隊過來攻打白石壘，就有點害怕起來。

孔坦卻一點不在乎，說：「不會有這個事發生的。蘇峻是不會向白石壘發動攻擊的。攻打白石壘不是說想攻打就攻打，而是需要條件的。這個

第一章　蘇峻之亂

條件就是要利用東北風。因為這樣一來，我們的船隊才不能去支援啊！今天天氣好得很，他們肯定不敢出來。即使他們要出來，也會從江乘出擊，在京口一帶搞點小動作。」

後來情節的發展，完全跟他說的沒差別。

陶侃分出兩千部隊，讓庾亮帶著，守住白石壘。

沒多久，蘇峻帶一萬多部隊四面圍攻白石壘，使盡了全部的力氣，卻沒收到一點效果。

蘇峻雖然有點怕陶侃的部隊，但對三吳地區的那幾支敵對軍事力量卻一點都不怕。

王舒和虞潭雖然不斷地進攻，可結果卻是不斷地失敗，形勢越來越嚴峻。如果東邊的這幾支力量一宣布破產，蘇峻就沒有了後顧之憂，就可以全力來對付西邊的討伐大軍了。這樣一來，前途就不很樂觀了。

陶侃知道，必須解決這個問題，絕對不能讓東邊的力量消失。

孔坦說：「我們此前就犯了個錯誤。這個錯誤就是，本來我們這邊的力量已經夠了，可還是把郗鑒叫到這邊來。郗鑒一到這裡，這邊的力量是雄厚了，可東邊就什麼也沒有了。而這邊又不需要這麼多力量。雖然現在把郗鑒調回東邊，有點晚了，但總比讓他留在這裡強多了。」

陶侃同意。馬上派郗鑒跟郭默一起，以最快的行軍速度，趕回東邊，據守在京口，而且大興基礎建設，修築了大業、曲阿、陳亭三座大營，用來製造聲勢，分散蘇峻的兵力。

祖約前次被毛寶狠狠地扁了一頓，損失巨大，心裡很不爽。這傢伙外戰是鐵定不行的，但他又自以為，外戰不行，不代表內戰不行，也許透過來一次內戰，找到打仗的感覺，以後就戰無不勝了。他派祖渙和桓撫去襲擊溢江，要求桓撫這次要打出威風來。

第五節　猛將毛寶

兩人當然都把胸脯拍得差點成了三級地震，表示不把陶侃兵打得找不著北，絕不收兵。

陶侃聽說這兩個傢伙來襲擊溢江，就下令出戰，而且要身先士卒一次，當當全軍的模範。

可那個剛把桓撫打得落花流水的毛寶說：「老大現在是全軍的核心。大家都還靠你的領導，哪能輕易出動？這個任務讓我來完成。沒完成任務，我就死在戰場上。」

陶侃一看，好，同意你出戰。

祖渙和桓撫對這場戰鬥十分有信心。他們本來的任務是進攻溢江，可覺得只拿下溢江，算不了什麼本事，得超額完成任務才能算厲害。因此在率軍經過皖縣時，就心頭靈光一閃，眼睛跟著發亮起來，決定打個順路仗，順手先把這個地方拿下來，然後再拿下溢口。

駐守在皖的是譙國內史桓宣，一看敵軍來得太多，實在不是對手，馬上到處求救。

毛寶知道後，也不管自己的兵力比對方少了許多，馬上狂奔過去，要把桓宣救下來。

可由於這一次桓撫明確了自己的任務，不再像前次那樣沒戰鬥力了，跟祖渙一起向毛寶反擊。把毛寶打敗。

這次戰鬥比毛寶想像的要激烈得多，不但打了敗仗，而且自己也中了一箭。這個射手確實厲害，這支箭從毛寶的腿直穿過去，直穿馬鞍。人家一看，都覺得疼痛。可毛寶好像一點都不痛，叫人手拉著箭尾，腳踏馬鞍，把箭拔出，鮮血一下跟著湧了出來，使得他的靴子裡全是鮮血。

可毛寶一點也顧不上──他知道，他要是再分心去管這些，他這次就徹底完蛋，不但無法完成任務，還要把性命丟在這個地方。他大喊大叫

第一章　蘇峻之亂

著帶兵反擊。

跟很多次歷史上的戰例一樣，主將有了超常的表現，士兵們也會跟著不怕死，戰鬥力會在突然間快速上漲。祖渙和桓撫突然看到敵人再次猛衝上來，個個都像瘋子一樣，只顧砍殺別人，全不管人家砍自己，一時都被嚇住了——誰跟瘋子能打到底啊？主帥都是這種心態，士兵們哪還能支撐下去？居然在勝利的情況下，被毛寶來個反敗為勝。祖渙和桓撫最後落荒而逃，桓宣被救了出來，到溫嶠那裡去了。

毛寶繼續前進，攻打東關，奪取了祖約合肥外圍的陣地。溫嶠叫毛寶不要戀戰。毛寶這才回到石頭。

毛寶雖然放過了祖約，不再對祖約採取什麼行動。可祖約的部將們卻不放過他們這個菜鳥老大。他們覺得祖約只會造自己國家的反，跟自己的上級過不去，別的能耐都等於零，跟他到現在已經對得起他了，再跟下去就沒意思了，就開了個祕密會議，一致決定，如果後趙軍再來攻打，就跟他們裡應外合，搞定祖約，並把這個意思透過祕密管道，傳達給後趙。

石勒一接到這個情報，馬上派石聰抓住時機，向壽春發動進攻。

石聰和石堪得令之後，立刻帶兵南下，渡過淮河，直取壽春。

按祖約的那個能力，就是大家團結一致，要取勝都還是難上加難，更何況現在是裡應外合？他能夠順利逃得性命已經是超水準發揮了，哪能擋得住人家的進攻？這年七月，祖氏兄弟承包經營多年的壽春就這樣成了後趙國的地盤，祖約狂奔到歷陽，這才收住逃跑的腳步。幸虧這時後趙沒有把南方當成重點投資對象，而是把主要精力放在與前趙的的對戰中。得了一點便宜之後，沒有繼續擴大戰果。只是按照慣例，把壽春的二萬多戶居民都帶回自己的地盤裡安置。

這一仗，不但祖約的資本差不多見底了，對蘇峻部的心理打擊也不小。蘇峻的死黨路永、匡術、賈寧等幾個人聽說祖約破產之後，都認為前

第五節　猛將毛寶

途已經不妙了，勸蘇老大乾脆把王導這幾個傢伙殺了，然後另立中央。可蘇峻卻不同意，這傢伙那雙眼睛誰也看不上，可偏偏把王導當成自己的偶像，對王導敬重得很。

路永看到蘇峻一點不把自己的話當話，就生氣起來，你把王導當偶像，老子就不把你當老大了。這個念頭一起，就想找個機會跳槽。

他找機會，王導也找機會。

王導知道路永的心思後，馬上派參軍袁耽去找正處於搖擺狀態的路永，叫路永要改變現在的做法，堅決站到朝廷這邊，這才是唯一的出路。路永表示從今之後，一切行動聽從王導的指揮。

九月三日，王導找到了個機會，帶著兩個兒子和路永，一起跑到白石壘，順利地脫離了蘇峻的控制。

雖然現在蘇峻的部下一點不看好蘇峻、天天活在緊張的情緒中，但是很多討伐將領們的想法也越來越消極。他們消極的原因是，近期以來，他們跟蘇峻面對面對峙了這麼久，仗也打了不少，小勝不斷，可連一場決定性的勝利都沒有打出，倒是蘇峻部隊不斷地出城掠奪，今天在東邊，明天到西邊，成績很可觀，收穫不少，這些將領們覺得這樣下去凶多吉少，心裡也緊張起來。尤其是那幾個從建康逃出來的官員，這些天來，都沒有好日子過，馬上頹廢起來，說：「峻狡點有膽決，其徒驍勇，所向無敵。若天討有罪，則峻終滅亡；止以人事言之，未易除也。」說只有靠老天爺才能解決蘇峻了，我們這些實力恐怕難以把他搞定——這話離解散部隊、向蘇峻投降的建議就差那麼一點點了。

溫嶠哪聽得進這樣的話？馬上把這些人叫來，大罵：「諸君怯懦，乃更響賊。」這話用現在的話說就是，你們怕成這個樣子？一點也沒有膽子。這話不是長敵人威風是什麼？吃我們的飯，卻滅我們的志氣，你們還算是人嗎？

第一章　蘇峻之亂

他說過這話之後，又跟蘇峻打了幾仗，可一點進展也沒有取得，心裡也有點怕起來。

這時，溫嶠和陶侃又差一點發生了不愉快的事。溫嶠部隊的糧草就要沒有了，派人去跟陶侃借點口糧，度過難關。

哪知，陶侃卻突然發飆起來，大吼：「使君前云不憂無良將及兵食，唯欲得老僕為主耳。今數戰皆北，良將安在！荊州接胡、蜀二虜，當備不虞；若復無食，僕便欲西歸，更思良算，徐來殄賊，不為晚也。」這話就是說，以前你不是說，你手下有的是良將，有的是實力。只缺個帶頭大哥，號召力太弱，得請老子來當這個帶頭人。可現在怎麼樣？打一次敗一次，良將難道都人間蒸發了？荊州跟胡人和西川緊靠著，我們最應當提防。現在你又沒有了糧草。老子不如先退回荊州，等條件成熟了再來也不遲。

溫嶠這時很有耐心地說服陶侃。

溫嶠說了一大段話，大致內容就是這樣：部隊能打勝仗，靠的是團結一致。以前劉秀的昆陽之戰、曹操的官渡戰役，都是以少勝眾，就是因為真理掌握在他們手中。現在蘇峻和祖約算什麼人物？都是壞事做絕的小人，還怕不能把他們搞定？蘇峻這些天來，偶然取得勝利，現在正在勝利的喜悅裡驕傲自滿，就自以為天下第一，誰也不怕。對這樣的驕兵，我們完全可以一戰就把他扁死。為什麼到了快成功時而喪失信心，決定退走呢？現在皇帝被人家挾持，國家已到了最關鍵時刻，正是我們這些人拚命的時候。我與你都是國家官員，如果能夠成功，那我們與皇帝就可以繼續把幸福生活享受下去，如果不能成功，就只有死路一條。事情到了這個地步，絕不能走回頭路。老大要是獨自一個退回去，我們的人心必定瓦解。要是這事因此而搞砸，那麼大家就會把槍口轉向你了。

可陶侃不聽──這種狗屁大道理，老子說得比你更有水準。

第五節　猛將毛寶

還是那個毛寶，對一臉鬱悶的溫嶠說：「老大放心，我有辦法讓陶侃留下來。」

他跑過去對陶侃說：「老大是這次行動的總指揮，本來應該在蕪湖坐鎮，聲援南北各軍。可現在老大已經來到前線，就不能回去了。大軍行動，向來是有進無退。這不光是在告訴大軍，不惜拚死一戰，而且也因為一旦退回去，就沒有可以據守的地方了，最終必將自取滅亡。以前，那個杜弢強悍吧？可老大卻一把將他搞定。為什麼這個蘇峻你就打不過他呢？他們也怕死啊，也不是個個都勇敢能戰。你可以讓我去試試，讓我帶點部隊上岸去斷絕他們的糧草。如果我不成功，老大退兵，人家也沒有話說了。」

陶侃雖然突然發飆，但絕對不是個頑固不化的人，聽了毛寶的話，覺得有道理，就答應他的要求，任他為督護，讓他帶著部隊去執行斷敵糧草的任務。

在毛寶離開後，竟陵太守李陽又對陶侃說：「如果這事徹底失敗了，老大就是有再多的糧食，又有什麼用？難道還有老大吃的份嗎？」這話大大地把陶侃刺激了一下，馬上把五萬石米分出來，送給溫嶠。

毛寶的行動果然十分順利，一把火把蘇峻囤積在句容和湖孰的軍用物資燒了，使蘇峻的部隊出現了大面積的缺糧，局面跟官渡之戰後期的袁紹也沒有兩樣。

陶侃的信心得以加固，終於決定不再當逃兵了。

蘇峻知道，敵人西邊的兵力雄厚，難以打開局面，但東邊的敵人很薄弱，完全可以大做文章。就派部將張健、韓晃去猛攻大業大營。

大業大營的第一把手就是那個郭默。大業被圍沒多少時間，就斷了水。士兵們沒有水喝，居然「人飲糞汁」，郭默的信心就徹底崩潰。敵人

第一章　蘇峻之亂

還沒有攻上來，他就抓緊時間逃得命都不要，只留下那些喝屎尿解渴的士兵們死守到底。

這時，郗鑑正守在京口大營裡。大家聽說郭默又跑了，心裡都慌張起來，軍心都像遇到股市暴跌的股民一樣，大幅度波動起來。參軍曹納對郗鑑說：「大業是京口的屏障，大業一失守，我們這裡就危險了。不如先撤退回廣陵，其他的以後再說了。」

郗鑑一聽，心頭大怒，把大家都召集起來，當眾猛批了曹納一頓，並當場判處曹納死刑！只是沒有立即執行。

陶侃絕對不是菜鳥，當然知道要是郗鑑被蘇峻搞定，他這邊就不好辦了，馬上決定派兵去援救大業。長史殷羨反對這個做法，說：「吾兵不習步戰，救大業而不捷，則大事去矣。不如急攻石頭，則大業自解。」只要我們加大對蘇峻攻擊的力度，他那兩個悍將肯定會回來救石頭城的。這就是當年「圍魏救趙」的翻版。

陶侃一聽，原來老子也太老實了，孫臏早就留下了這個版本，居然連抄襲一下也不會。

陶侃的這步棋一走，戰爭的形勢就產生了本質的變化。

陶侃下達了向石頭城發起總攻的命令。

庾亮、溫嶠、趙胤帶著一萬步兵從白石壘由南面攻上，準備向蘇峻挑戰。

蘇峻也不示弱，親率八千人出來迎戰，並派他的兒子蘇項和匡孝分兩路向趙胤進攻，把趙胤打得大敗，取得了揭幕戰的勝利。

蘇峻絕對不是個冷靜的人，看到部隊打了個勝仗，就驕傲起來，馬上下令對打勝仗的部隊進行一次盛大的慰問。當然對打勝仗的將士慰問一下，也沒有什麼錯，可錯就錯在他喝慶功酒喝得有點過頭了，大腦一被

酒精浸泡，就容易發熱——如果在別的時候發一點熱也許什麼都不會發生，可在這個時候讓大腦的溫度一升高，就鑄成了歷史性的大錯。

在蘇峻部隊還在大開慶功宴大喝慶功酒的時候，趙胤的部隊還在拚命狂逃，跑得路都不見。蘇峻雖然喝多了，但誰敵誰我，還分得很精確。他的眼睛一抬，就看到了正在狼狽而逃的敵人，突然眼睛一紅，大叫：「匡孝能破賊，我更不如邪！」匡孝是什麼東西？都能把敵人打敗，老子難道就不能？

他的熱血馬上就沸騰起來，大叫一聲，跨上戰馬，只帶了幾個貼身保鏢就衝了出來，向敵人的陣地殺過去，大家擦亮眼睛、認真看看，什麼叫做身先士卒，讓大家看看，是他厲害還是匡孝厲害。哪知，匡孝能做到，他卻未必能做得到。他衝了幾次，卻衝不進去。他這時還不算太醉，頭腦還清醒，知道再蠻幹下去，就會危及性命，於是馬上折回白木陂。可這時，那匹馬卻一點不爭氣，硬是被什麼東西絆倒在地，蘇峻也從馬上跌了下來。

在敵我交戰的地方，上演了這個馬失前蹄的小品，後果的嚴重性遠遠超出蘇峻的想像。

陶侃的部下彭世和李千一見，這是什麼機會？這是歷史性的機會，是蘇峻送上門來的好機會！兩個人迅速抓住這個機會，抓起長矛當著投槍向蘇峻射過去。這兩個傢伙投槍的本領還真不錯，雙矛齊中蘇峻，把這個威風凜凜了大半年的蘇峻一把搞定。

其他士兵看到都大叫：蘇峻死了啊！衝上去，舉刀亂砍，把他砍成肉醬，還把他的骨頭放到火裡一把燒成灰。大家突然之間，像集體吃了興奮劑一樣，大喊大叫。

本來，按目前的態勢，雙方還遠沒有到決勝負的最後時刻，蘇峻再支撐一段時間是沒有問題的——而且，討伐軍的人數雖然眾多，但人心並不那麼統一，時間一久，說不定還會生出其他變數，他未必就會徹底失

第一章　蘇峻之亂

敗。可現在他這麼聊發少年狂，等於主動把性命送到人家的手中，是自投羅網的另一種方式。蘇峻算起來，除了在打仗時兇悍一點外，其他能力都很菜，更要命的是，他手下的那些心腹也沒有幾個人才，能幫他貢獻點腦力、出點好主意。弄得他攻占建康、掌握皇帝之後，卻一點也不會收買人心，打造形象，而是發揚土匪傳統，硬是把壞事做絕，與人民敵對到底，因此造成了手裡拿著好牌，卻越來越被動的局面。他還活著的時候，可以勉強支撐下去，可以與陶侃保持對峙的形勢，可他這麼一掛，負面影響馬上就出現了，並急遽擴散。前線部隊當場崩潰。

蘇峻就這樣從勝利走向了失敗。

在蘇峻死掉之後，他的司馬任讓馬上召集幾個同夥過來，共同推舉蘇峻的弟弟蘇逸當了老大，然後緊閉城門，高掛免戰牌。

討伐大軍取得了這個輝煌的勝利後，信心和士氣都直線高漲。

溫嶠馬上宣布成立臨時中央政府，釋出文告，要求那些原來享受過二千石待遇的官員都到他的臨時中央報到。那些官員一看到這個消息，知道自己好吃好喝的好日子又來了，就都跑了過來，一時間「至者雲集」，臨時中央政府馬上就熱鬧起來了。

韓晃他們雖然在東邊很威風，打得討伐大軍的東路軍遍地找牙，日子越來越緊張。可在他們進展迅速的時候，蘇峻突然掛掉，就不敢把東邊的戰事擴大下去了，急忙把部隊帶到石城，先保住老窩才是當前的重中之重。

這時，蘇峻的另一支部隊正在管商攻打庱亭大營。卻遭督護李閎、輕車長史滕含猛烈反擊，被打得大敗。管商覺得老大都死了，核心已經完蛋，這個事業也沒有辦法開展下去了，就跑到庾亮的營中，向庾亮遞交了投降書。其他的部隊都去張健那裡歸他領導。

第六節　劉曜終於玩完

　　在晉國把全部精力都投入到內亂戰爭時，石勒仍然在堅持著他的既定方針。他在把敵對勢力排名時，顯然把劉曜的前趙當著第一對手。因此，雖然大家都知道晉國已經亂到內戰全面爆發，整個國家的危險程度已經到最後時刻了，卻仍然沒有在南方插上一腳——雖然前段時間把祖約打了一頓，打得祖約從此再也不能抬頭，不光在國際事務沒有話語權，就是在國內問題也徹底噤聲，表面上撈了不少好處，其實這反而幫了晉國討伐軍一個大忙，使得蘇峻事件得以早日平定，走向正軌。

　　石勒身為一個靠機會把事業做大的領導者，對機會是很敏感的。他肯定知道，這是搞定晉國的最好時機。可他仍然沒有下手，我認為，不是他不願下手，而是現在主力都投放到與劉曜的大戰中，實在抽不出手來。

　　更要命的是，現在他在與劉曜的較量中，不旦沒有占到什麼便宜，而且還被劉曜反咬一口，差點被對方玩完。

　　這年的七月，石勒手下最強的悍將石虎，帶著四萬部隊從軹關出發，拉開了前後趙全面大戰的序幕。前趙河東郡五十多個縣，看到石虎的部隊浩浩蕩蕩開來，就都紛紛宣布脫離劉曜的領導，加入石勒，使得石虎順利地直達蒲阪城下，向蒲孤發動進攻。

　　劉曜接到消息後，命令劉述帶著氐羌各部在秦州駐紮，防備張駿、楊難敵這兩個勢力的反撲，然後就來個御駕親征，親自帶著主力部隊去援救蒲阪。這傢伙不知是打仗打出了癮頭，還是不放心別人，或者是手下沒什麼得力人才，只要哪個地方戰火一點燃，他馬上就親自帶兵過去，跟人家戰場上見。中國歷史上那麼多皇帝，大概他是戰場上出鏡率最高的皇帝了。這種人，只宜當將軍，不宜當皇帝。而且，他的軍事能力發揮得極不

第一章　蘇峻之亂

穩定，有時打得很經典，有時打出的全是臭不可聞的菜鳥戰例，因此即使只當將軍，仍然不是個出色的軍事統帥。

劉曜的大軍渡過黃河，聲勢太大，把石虎也嚇了一跳。石虎本來也是個不怕死、勇於蠻幹的傢伙，可這時心裡也有點不穩定了，馬上下令以最快的速度撤退，誰落後誰就捱打，老子可不管了。

劉曜當然不放過石虎，下令猛追。

雙方一前一後，你追我趕，像兩群馬拉松賽的隊伍一樣，一直到八月初，劉曜的部隊終於咬住石虎的部隊。

雙方在高侯展開決戰。

由於劉曜的兵力數量確實太過龐大，而石虎又膽怯在先，戰鬥一拉開，石虎軍就只有被動挨打的份，被稱為當代軍事狂人的石虎不管如何也組織不起有效的戰鬥，被劉曜部隊一頓毫不留情地狂扁，連石瞻也逃脫不了致命一刀，被殺死在戰場上。劉曜這一仗的成績，史書上的記載是：枕屍二百餘里，收其資仗億計。從這個數據上看，居然以億為單位，顯然有灌水的巨大嫌疑，但劉曜取得巨大勝利是不容置疑的。

劉曜一戰把後趙最強的人打得沒有渣，信心也大為增長，命令部隊大踏步前進，從勝利走向勝利。接下來，劉曜從大陽渡過黃河，直達洛陽城下，向駐守在金墉城的石生部進攻，而且還果斷地下令，掘開千金堨，把正處於高漲期的洛水引出，猛灌石生的部隊，把石生的部隊灌得夠嗆。另外，他還派部隊攻擊汲郡和河內，都取得了勝利，迫得後趙滎陽內史尹矩、野王內史張進舉手投降。後趙的首都襄國也跟著震動起來。

這時有個小插曲，張駿看到劉曜帶著差不多所有家當去跟石勒決鬥，而且已深入後趙國境，首都長安一定很空虛，就想趁機出來，撈他一把再說。在張駿準備做戰鬥動員的時候，索詢對他說：「現在劉曜雖然遠征，

第六節　劉曜終於玩完

但他的兒子還守在長安，我們在短期內肯定搞不定長安的。到頭來，只能夠賺到點小利。這點小利的後果是什麼？劉曜說不定就會放棄東邊戰場，帶軍回來跟我們打到底。那時，結果如何，就不好說了。」

張駿一聽，有道理。還是當觀眾才是最安全的。

如果張駿這次真的採取行動，劉曜在首都告急的情況下，肯定率軍從兩趙前線反撲，不光可以把張駿狠狠地教訓一頓，他的命運也許又是另一番模樣了。

可惜張駿不是魯莽之徒，沒有走出這一步棋，使得劉曜繼續被暫時的勝利沖昏頭，繼續向徹底衰敗的路狂奔下去。

當然，現在他仍然占著絕對的優勢，死死地包圍著洛陽，讓後趙全國上下都生活在一片鬱悶之中。

到了十一月初，石勒終於決定帶領大軍，親自出場，與劉曜來個王見王。很多手下都勸他冷靜一點，那個接過張賓職務的程遐說：「劉曜懸軍千里，勢不支久。大王不宜親動，動無萬全。」石勒一聽這話，就覺得只有豬頭才說得出，現在洛陽危險得要命，你居然要等劉曜自覺撤軍？你以為劉曜是你啊？照你的觀點，老大一動就不能保萬全了？難道洛陽丟了，我們只躲在襄國這裡就萬全了？簡直是沒有譜的亂彈琴。他抓起寶劍，把這個右史罵了個狗血淋頭，然後喝令他出去。

他大罵程遐之後，把徐光叫了進來——前年，他曾因為徐光喝醉酒而把他的職務降了幾級，徐光心裡不平衡，說了一大堆埋怨的話，把石勒激得大怒，下令將徐光連同他的老婆一起關了起來。這時石勒看到程遐他們的表現太不像話了，遠遠不如徐光，就赦免了徐光，對徐光說：「劉曜乘一戰之勝，圍守洛陽，庸人之情皆謂其鋒不可當。曜帶甲十萬，攻一城而百日不克，師老卒怠，以我初銳擊之，可一戰而擒也。若洛陽不守，曜必送死冀州，自河已北卷而來。吾事去矣。程遐等不欲吾行，卿以為何如？」

第一章　蘇峻之亂

這話翻譯起來很囉嗦，其實主要內容就是問，徐光，可不可以親征？

徐光雖然有喝酒誤事的特長，可腦袋卻比程遐清醒得多，對局勢的掌握也到位得很，說：「劉曜乘侯之勢，不能進臨襄國，更守金墉，此其無能為可知也。以大王威略臨之，彼必望旗奔敗。平定天下，在今一舉，不可失也。」這話是說，劉曜這次雖然威風，可卻犯了個大得不能再大的錯誤。他早就應該乘高侯得勝之時，直接把矛頭指向襄國。現在卻把大軍投入到沒什麼作為的金墉城下。這種人的頭殼裡估計豬腦汁的比重占了很多，一點不可怕。以老大的智商和威望，直接出現在他的面前，他看到老大的旗號，就會逃得命都不要。平定天下，就全靠這次戰鬥了。丟掉這個機會就是個錯誤。而且是歷史性的錯誤。

石勒一聽，這才是知音！馬上下令全國戒嚴，誰再提反對意見，老子就砍他的腦袋。然後下命令石聰、石堪以及豫州刺史桃豹帶部隊到滎陽會師；叫石虎進到石門，然後他親自帶著四萬部隊從大堨渡過黃河，向金墉城進軍。

雙方最後決戰，已到一觸即發的地步。

這時，石勒信心很足，可劉曜卻一點動作也沒有。在石勒多路大軍呼嘯而來時，他卻沒有動靜。

其實他仍然有機會。

可他並不是一個善於抓住機會的人。以前，他已經喪失了很多機會，但那些機會沒有造成歷史性的損失。

但現在，這個機會對他而言，是生命中最後的機會。

石勒當然看出劉曜的機會，他對徐光說：「曜盛兵成皋關，上策也；阻洛水，其次也；坐守洛陽，此成擒耳。」

可是，劉曜硬是不知道他的機會是把部隊布置在成皋關，憑險把石勒

第六節　劉曜終於玩完

的大軍死死擋住，進退不得，而是按照石勒的願望，把部隊全部放在洛陽那裡。

石勒來到成皋關時，只見這個地方空蕩蕩的，沒有一個士兵，緊張的心情馬上興奮起來，大叫：「天也！」。老天就是這樣安排的！

十二月一日，後趙各路部隊全到成皋關集結，總兵力差不多九萬，其中步兵六萬，騎兵兩萬七千！

而劉曜對此居然一點不知情，對局勢的麻木已到了極點。

劉曜一丟掉機會，石勒就緊緊地抓住。他命令廣大士兵，「卷甲銜枚，詭道兼行」，繼續保持祕密行動，讓那個麻木的劉曜繼續麻木下去。石勒軍很快從小路穿插到鞏縣和訾縣之間。

劉曜估計是男性更年期到了，明明是在你死我活的戰場上，不但沒有一點作戰的激情，反而像在太平盛世一樣，把自己完全泡到頹廢的生活中，每天跟那幾個只知道溜鬚拍馬的親信在一起，以那些名士為榜樣，不是比賽喝名酒，就是拿麻將來賭幾個通宵。至於那些全天候在西北風裡為他站崗放哨的士兵，他一點不放在心上。

劉曜手下那幾個還保持一點清醒頭腦的人勸他要振作起來啊，現在是前線，血與火的考驗隨即就要到來。現在老大最重要的任務是帶領我們去打仗、打勝仗，而不是天天在作戰指揮部裡喝酒娛樂。這樣做是危險的。

只要是正常人，在這個時候，就是用屁股去分辨，也會認為這些話絕對沒有錯。可劉曜這時已經不正常了，已經忘記了他是前趙國的皇帝，正帶著舉國之軍與當代最強悍的石勒進行生死決戰。他現在眼裡只有那幾個馬屁高手，耳朵裡只裝得下那幾句奉承的話，其他話一概不聽。聽到這些話時，馬上大怒，叫人把這幾個神經不正常、在這裡妖言惑眾、動搖軍心的反動分子抓起來，一個不留地斬首。

第一章　蘇峻之亂

沒幾天，偵察兵跑來報告，說石勒的大軍已經渡過黃河。劉曜才勉強提起精神，開始過問一下當前的形勢，計劃派部隊去加強一下滎陽前線的力量，切斷黃馬關。

又過了不久，劉曜布置在洛水的巡邏部隊跟石勒的前鋒發生了一場遭遇戰，抓到幾個俘虜，送到劉曜那裡。

劉曜親自審問俘虜：「大胡自來邪？其眾幾何？」是你們老大親自來了？來了多少人馬？

這幾個俘虜根本不用嚴刑拷打，馬上就如實招供：「王自來，軍勢甚盛。」

劉曜一聽，果然像徐光說的那樣，臉上被白色從左到右刷新了一遍，內心高度緊張起來。馬上下令，撤出包圍金墉城的部隊，全部到洛水西岸集結，做好工事。十幾萬部隊連營十多里，看上去很壯觀——至於這樣做的目的是什麼，連劉曜也說不清楚。

可石勒一看，就嘎嘎大笑起來，劉曜這麼一安排，正好是他說的那個下策，他對部下說：「呵呵，你們可以準備肚皮，跟老子喝慶功酒了。」他一邊笑得狼牙外露一邊帶著四萬部隊進入洛陽城。

石勒進洛陽，當然不是只想在裡面喝洛陽名酒，泡洛陽美女，而是要在這裡準備與劉曜的大戰。因此，他進入洛陽之後，馬上就展開對劉曜的進攻。

這場歷史性的決戰，於十二月五日正式拉開。

石虎帶著四萬步兵從洛陽城出來，向西殺去，攻擊劉曜的中軍；石聰、石堪率騎兵八千攻打劉曜的前軍。

石勒對這場大戰高度重視，親自穿著軍裝從閶闔門出來，向劉曜部發動正面攻擊。

與石勒相比，劉曜就菜多了。

第六節　劉曜終於玩完

劉曜從小就愛喝酒，早已變成了一個專業酒鬼，年紀越大，酒癮越厲害。這時大戰已經打響，他就是在下達作戰命令後，還在那裡大叫「拿酒來」。「飲酒數斗」之後，才上馬去指揮戰鬥。哪知，他平時常坐的紅馬好像也受了酒精的影響一樣，腿腳突然抽筋起來。

劉曜沒有辦法，只得換了一匹小馬。他又覺得酒還沒有喝夠，又豪邁地叫身邊的人拿酒來，足足又給自己的肚裡猛灌了一斗酒，這才來到西陽門，噴著猛烈的酒氣，下令各路部隊進入戰鬥位置，準備打仗，消滅來犯之敵。

可他才下達命令，石堪已經抓住這個有利的時間，向他發起總攻。

前趙的部隊還沒有進入作戰位置，而且指揮系統的最高階又被酒精泡著，哪能應付得了？被石勒軍一陣猛攻，就全面崩潰了。

而這時，劉曜正在大醉之中，伏在馬背上，全身沒一個細胞是清醒的。那匹小馬倒不錯，知道掉頭就跑，可馬腿卻突然被石縫夾住 —— 如果是別的馬，大概還可以掙扎出來，繼續狂奔。可因為劉曜這些年來過得太好，人又能吃能喝，體重一直居高不下，那匹馬身小力弱，再也邁不開腳步，把劉曜摔下來，落到雪地上。

後趙的士兵們風一樣地衝了上來，各種兵器高高低低地舉起，全向劉曜的身上招呼。這個前趙皇帝的龍體馬上就產生了十多處傷口，其中穿透身體的有三處。而這傢伙居然沒當場死掉 —— 身體確實算是強壯了。

劉曜就這樣在大醉中指揮戰鬥，在大醉中徹底失敗，在大醉中成為石堪的俘虜。而他的士兵們在他大醉的帶領下，被石勒軍痛打一頓，殲滅五萬人。幸虧石勒在抓到劉曜後，釋出緊急命令：「所欲擒者一人耳，今已獲之。其敕將士抑鋒止銳，縱其歸命之路。」其他人這才保住性命。

劉曜雖然殺了很多人，從來不把別人的性命當命，可現在他的性命掌握在別人的手裡了，就非常希望石勒能放過他一馬，讓他每天無所事事地

第一章　蘇峻之亂

度過晚年生活。他對石勒說：「石王，頗憶重門之盟否？」石老大，你還記得當年我們倆在重門結拜的事吧？原來十八年前，石勒還當劉淵的手下時，與劉聰、劉曜、王彌一起圍攻晉國的河內，當時曾經舉行過結拜儀式。這種儀式一般都按三國演義的那幾句話當誓詞，就是不求同年同月同日生，但求同年同月同日死之類的話。

石勒已經記不得了，可劉曜在緊急關頭卻把這事背了一下，想讓石勒來個溫故知新。

石勒一聽，當時還真有這回事。一時之間，就說不出話來。

但他又不想讓劉曜恢復身分，從此以後跟他有福同享。他自己不好出面說什麼，就把徐光叫來，跟徐光把這件事敘述一遍，說：「現在交給你這個任務，去把劉曜擺平。」

徐光馬上去見劉曜，對他說：「劉老大，你過去是跟石老大結拜過。可現在局面已經如此，人要活在現實裡，是要與時俱進的，為什麼老提過去的事？」劉曜也沒話說了──就是有話說，也知道再說什麼也沒有用。

十二月十一日，石勒班師。

這次戰役石勒終於徹底搞定了一個勁敵，成為中原地區最有實力的老大。而且這場戰爭，是在對方得勝占優的情況下取得的。可惜劉曜雖然身經百戰，帶著全國的主力，居然連連失誤，一個戰場老鳥犯了一連串菜鳥級別的錯誤，最後輸得一點沒有面子。雖然雙方擺開架勢，從兵力和規模上看，完全可以打一場五十年不遇的大戰，可到頭來竟變成後趙部隊對前趙士兵單方面的屠殺，場面很血腥，但一點不精采。而劉曜更是泡在酒精裡，被人家俘虜了，還以為是做夢。

劉曜這時身負重傷，被放在擔架上抬回去，他的專職醫生還跟在他的身邊。

第六節　劉曜終於玩完

二十五日，石勒回到首都，把劉曜放在永豐那裡，還讓他享受高級俘虜的待遇，分配了幾個美女來陪伴他。石勒還讓劉曜那幾個老部下劉嶽、劉震幾個人帶著他們的家屬，穿上節日的盛裝，前來看望老上司劉曜。這幾個傢伙在當劉曜手下時，給石勒製造了很多麻煩——站在石勒的立場上說，是罪該萬死的人民公敵。

劉曜看到這幾個心腹，突然大發感慨，說：「老子以為你們都被殺了，早變成了肥料。哪想到，石勒居然這麼對待你們，全部放過你們，讓你們過著這麼好的生活。老子卻一刀殺死了石佗。對照起來，老子確實有點過分了。現在落得這個可恥的下場，也不能怪別人啊！」

這傢伙很善於自我反省，也算是個勇於承擔錯誤的人。可在這個世界上混，光有承擔錯誤的勇氣是遠遠不夠的。因為很多錯誤你是承擔不起的。

劉曜留他們在他那裡大吃大喝了整整一天，劉嶽他們這才告辭回去。

石勒這麼優待劉曜，當然不是看在當年結拜的份上——那種把戲只能騙小屁孩或菜鳥級別的人，石勒哪會把它當真。他這麼做，主要是想軟化一下劉曜，然後讓劉曜寫一封信給他的兒子、那位還守在長安的繼承人劉熙，要劉熙馬上投降。

劉曜雖然有點怕死，很想活下來，可在這個大是大非面前，態度堅決得很，只寫了這麼一句話給他的兒子：「與諸大臣匡維社稷，勿以吾易意也。」要求兒子一定要記住國家的利益高於一切，你老爸這條命算個屁。

石勒一看，這傢伙一點利用價值也沒有了，讓他活著，只有白白消耗大趙納稅人的錢而已，就把他殺了。

劉曜當了十年皇帝，跟很多皇帝都有個共同的愛好，就是愛美女。不過，這傢伙在這方面有點特別，就是喜歡霸占俘虜的老婆，而且對這些別

第一章　蘇峻之亂

人的老婆都有情有義，一旦跟她們辦了手續，就把婚姻進行到底。那位羊皇后就是經典事例。羊皇后死後。他又立了一個劉美女。哪知，他對美女不錯，可美女們一到他那裡，卻都短命。沒幾天這個劉美女也死了。劉美女死前，也像那個楊皇后那樣，請求他立她的堂妹為皇后——別人接替后位，她不放心。劉聰也像司馬炎那樣，把她的堂妹隆重地娶了過來，讓她當了第一夫人。

光從人品而言，劉聰還算不錯，其他能力雖然不突出，但絕對不是豬頭，如果他的對手不是石勒，他的事業是不會這麼快就止步的。

第二章
都忙於內亂

第二章　都忙於內亂

第一節　亂子終於平定

劉曜死去不久,新的一年也悄然而來。

不過,這一年的春天,也跟近幾年的春天一樣,日麗風和之下,仍然是一片夾雜著血腥的混亂氣象。

蘇峻的殘餘勢力還在掙扎,但人心已經惶惶,好多人的精神已接近垮掉的邊緣。

晉國的光祿大夫陸曄和他的老弟陸玩,知道蘇逸手下的人都是這個狀態後,覺得立功的機會到了。兩人把那個匡術請來,在飯局上,一邊酒如流水,一邊語重心長,把當前形勢由淺入深、深入淺出地向匡術婆婆媽媽了大半天,其結論當然只有一條,就是蘇峻的殘餘勢力,不久就要徹底完蛋。現在是老兄做出決定、改邪歸正的最好時機。請老兄好好地為自己的前途著想,不要再追隨蘇逸啊!

匡術本來就已經覺得沒有幾步路可走了,這時聽到這話,當場就表示陸先生的話很正確,而且他知道,不管做什麼事,都要搶先一步,否則,等投降狂潮一到,投降的人太多,就不值錢了——那時,萬人搶過獨木橋,連個露臉的機會也難賺到,更談不上立什麼功、獲什麼獎了。現在走在人家的前面,立的是頭功。所以,馬上宣布把他控制的苑城——皇宮和政府所在地獻出來,當作投降的資本。

那些正在水深火熱中的文武百官,都同時鬆了一口氣,前來報到,並一致推舉陸曄為督宮城軍事。

陶侃馬上派毛寶守苑城的南城,鄧嶽守西城。

在討伐軍形勢一片大好的情況下,劉超和鍾雅等幾個人也坐不住了。他們現在正跟在司馬衍的身邊,當小皇帝的監護人。他們做了個大膽的決

第一節　亂子終於平定

定，想把皇帝從敵人的包圍裡帶出，衝向光明、投奔自由，跑到陶侃那裡。哪知，這個決定是不錯，可保密做得不夠好，計畫還沒有實施，就洩露了出去。

蘇逸當然不會對這幾個傢伙寬大處置，派任讓過去，把劉超和鍾雅抓起來。

司馬衍這時雖然還是個小孩，什麼事也不懂，可這些天來天天跟這兩個人在一起，感情已經不一般，看到他們被抓，也知道情況不妙了，抱住兩個人，哭著叫喊：「放開他們啊，放開他們啊！」

可任讓卻一點也不把皇帝的臉當臉，硬是把兩人拖下去斬首。本來，在蘇峻的事件中，任讓絕對不是主力，如果秋後算帳起來，他完全可以保住腦袋，可就因為這個動作，後來誰也保不住他。他現在只把司馬衍當作小孩一個，除了哭鬧之外，沒別的本事。卻想不到，蘇逸的末路就在眼前，小屁孩一出去，馬上就是皇帝了，皇帝要殺一個人，還不是小意思？

趙胤雖然前次打了個敗仗，可那個敗仗居然成為決定勝利的轉捩點。這時，他又瞄上了祖約。祖約這時躲在歷陽，手裡已經沒有幾個兵，看到趙部殺來，第一個感覺就是打不過人家。因此當機立斷，帶著幾百個手下，跑了出來，向石勒投降——他哥哥生前一直把石勒當作敵人，把與石勒作對當成畢生最大的事業來經營，而且已經把這個事業做出了一定的規模，哪知交到他的手上後，非但不能繼往開來，把事業推向新的高峰，反而拿哥哥留下的遺產來跟中央叫板，而又沒有叫板的能力，最後居然向哥哥的死對頭投降。祖逖地下有靈，絕對是個超級鬱悶鬼。

趙胤很順利地拿下歷陽，他站在城頭上，宣布：祖約的勢力就這樣徹底完蛋。

蘇逸還不甘心失敗，帶著一股怒火，帶著蘇碩和韓晃向宮城發動攻擊，放火燒掉太極殿東堂和祕閣——皇家的圖書館。

第二章　都忙於內亂

這時,與蘇峻面對面的是討伐軍最強悍的毛寶。他現在手裡沒有多少士兵,只有死死堅守。他親自站在城頭,連續射殺幾十個攻上來的敵人。

韓晃對毛寶大叫:「你不是說你英勇無敵嗎?敢不敢出城來,跟老子大戰三百回合?」

毛寶的智力指數和武力指數一樣高,他知道,現在的任務是守住這個危城,而不是為他的虛榮心出城去跟韓晃單挑,馬上說:「人家也都說你是個大力士,為什麼不進城來跟我決鬥一場。」

韓晃一聽,知道對這個毛寶沒有辦法了,只得大笑幾聲,退走了事。

咸和四年的二月十三日,晉國討伐大軍西路軍決定向石頭城發起最後一戰。

蘇逸的部隊到了這時,已經全部喪失信心,戰鬥力大打折扣,連招架之力也沒有了。

討伐大軍表現得最出色的是建威長史滕含。他帶著他的部隊,跟叛軍老大蘇逸直接對壘,一點不費力地把蘇逸打得大敗。

蘇碩帶著部隊渡過淮河,想來個積極防守,哪知碰上溫嶠。蘇碩雖然強悍,但手下只有幾百人,面對溫嶠的那麼多人馬。而且他的防守一點也不積極,被溫嶠部隊狂扁一頓,連腦袋也被人家順利地砍下。

韓晃知道蘇家兩大巨頭一逃一死,膽量就大大地縮水,也怕了起來,知道再在這裡待下去,跟等死沒有什麼兩樣,就做出了放棄石頭城、奔向曲阿跟張健部會合的決定。這個決定好下,可行動起來,就不那麼流暢了。一群早對前途徹底絕望的人都爭著向城外衝去。只是逃難的人數太過龐大,而城門太小,大家都用力往外擠。這麼一擠,就都用生命去演繹達爾文的優勝劣汰定律,誰身體強壯的,誰就能衝出城門,誰的體質弱一點的,就被踩死或擠死在城門裡。據後來相關部門統計,光被擠死的人就有

第一節　亂子終於平定

一萬多——比一次大戰的死亡人數還要多。

就連蘇逸也逃不出去，被陶侃的部隊抓住，當場斬首。

滕含的部將曹據在亂軍中找到司馬衍，趕緊抱著小皇帝跑到溫嶠的指揮船上。

找到皇帝的消息很快就傳開，大家都跑了過來，向小皇帝磕頭請罪，說蘇峻該死，敢把天子折磨成這個樣子；他們也該死，沒能好好的地保護皇上，請皇上處分他們——不管怎麼處分都不過分。誰也知道，這話都是屁話，要是司馬衍真的要處分他們，他們不大叫老子比竇娥還冤才怪。

最後，只處死了幾個叛徒：司馬羕，並其二子播、充，還有他的孫子司馬崧及彭城王司馬雄。這個司馬羕死得有點不值得。他本來受了司馬宗的牽連，被庾亮毫無理由地處分了一次，心裡就不平衡起來，在蘇峻占領建康時，投降蘇峻。哪知，蘇峻根本不是做大事的人，沒幾天就被人家擺平，司馬羕這次是真的站錯隊了，幸福生活沒有享受幾天，就招來殺身之禍，連幾個兒子也同時被殺。

還有那個任讓。身為叛亂集團後蘇峻時代的核心成員，當然也屬於被處置的對象。可這傢伙跟陶侃有交情，陶侃就出面幫他說一下情。這次擺平蘇峻，靠的全是陶侃的力量，按理說，陶侃一出面，求一個人情，那是誰也不敢不同意的。哪知，司馬衍卻堅決反對，當場用他清脆的童音說：「是殺吾侍中、右衛者，不可赦也。」當場指控他是殺害劉超他們的凶手，誰都可以原諒，唯獨這個窮凶極惡的傢伙不能原諒。

到了這個地步，陶侃也沒有辦法，這個皇帝雖然還是個小孩，但他到底是皇帝，是全國最能說了算的最高領導人。誰反對他，誰就是反對中央，反對人民。

於是，任讓不得不吞掉這個自己一不小心種下的惡果，被押赴刑場，

第二章　都忙於內亂

執行死刑。

進入首都後，最狼狽的是王導，他當時溜出建康，逃出性命，連那根「符節」也不知丟到什麼地方去了，這次勝利歸來，做的第一件事，就是叫人幫他到處去找這根東西。

陶侃這時對王導也沒什麼好感，對他說：「蘇武節似不如是。」好像當年蘇武拿那根節符時，可不像王大帥哥這樣啊──人家身上的毛都掉完了，可那根東西還緊握在手中啊！那才是真正的忠臣。

王導一聽，那張名士的臉紅紅的什麼話也說不出。

這時，蘇家軍的殘餘力量還沒有消滅，還在曲阿那裡盤踞。現在這股力量的帶頭大哥是張健。張健跟很多人一樣，事業一走下坡，疑心就直線上漲，只要眼皮一跳，就懷疑某些人要搞他的鬼。這時，他懷疑的人是弘徽，覺得這時更應該肅清內部，因此就把這傢伙殺了。殺了這些「內部敵人」後，張健覺得再死守曲阿也不是好辦法，因此，馬上帶著部隊從延陵南下，準備攻占吳興，開闢新的根據地。

哪知，新的根據地是個什麼樣子還不知道，在半路就被王允之的部隊攔擊。這時的張健才知道，他的部隊已經脆弱到誰都可以欺負的地步了。王允之部隊的殺聲一起，張健的士兵們就發瘋地狂逃。

王允之輕鬆地俘虜了一萬多人。

張健無法抵抗，只得丟下船隻，帶著剩餘力量，去跟韓晃和馬雄兩個好漢會合。本來，韓晃是蘇峻部隊裡最強悍的人，打起仗向來風風火火，是蘇峻手裡最閃亮的頭號王牌。可到了這時，這張王牌也徹底失色了。

三人還在心事重重地商量著，繼續南下，只有南下才是他們生存的唯一出路。可這個出路還沒有走幾步，郗鑑已經派參軍李閎帶兵隊追上來。在平陵山一帶，追上這三個傢伙，只一戰，就把三個人全部收拾，一律

第一節　亂子終於平定

斬首。

蘇峻的叛亂事件至此才宣告全部結束。

接下來，開始戰後重建工作。

這次動亂，損失最大的就是建康。蘇峻在囂張時，曾經毫不可惜地一把大火，把皇宮的建築物全燒成了灰。

很多人都認為，這個地方不宜皇帝居住辦公了。連溫嶠看著那堆灰燼，也覺得完全符合遷都的條件，要求把首都遷到豫章。

另外那幾個三吳本地的人一聽，要是把政治經濟中心移到那個地方，我們這裡還有什麼搞頭？便都要求最好把首都遷到會稽，那地方「有崇山峻嶺，茂林修竹；又有清流激湍，映帶左右」，一遷過去，馬上就「群賢畢至，少長咸集」，不但是辦公的好地方，也是喝酒玩藝術的最佳去處。

大家說的都有道理，爭吵了大半天，也沒爭出什麼結果、吵出什麼決定來。這時，王導出來發表了自己的意見。大家這才發現，原來政壇頭號大佬還沒說過一句話啊，我們爭得再怎麼努力也沒有用，便都看看他怎麼說。

王導說：「孫仲謀、劉玄德俱言『建康王者之宅』，古之帝王，不必以豐儉移都；苟務本節用，何憂凋弊！若農事不修，則樂土為墟矣。且北寇遊魂，伺我之隙，一旦示弱，竄於蠻越，求之望實，懼非良計。今特宜鎮之以靜，群情自安。」先從風水的角度說明，建康是皇帝最宜居的地方，然後又說選首都不是投資地產，要看什麼商業的黃金地段——如果從今天開始，個個都發揚艱苦奮鬥的精神，還怕首都繁榮不起來？如果大家都爭當懶漢，再繁榮的地方也會變成垃圾。而且從策略的角度上看，現在是什麼形勢？北方的胡人還死盯著我們，都把我們當作他們眼皮底下最好吃的肥肉，時時刻刻都在尋找機會把我們搞定。如果現在南遷，等於是告訴

第二章　都忙於內亂

所有人，我們底氣已經不足，要跑到南方去躲一躲。這是懦夫的行為，對外沒有威信，對內則難求平穩。絕對不是好辦法。所以，現在要做的是保持鎮靜，先把人心穩定下來。仍然是那句老話：穩定壓倒一切，首都不能再移。

大家一聽，都覺得有道理——即使有不服的，也只放在心裡，不敢表現出來。

遷都之事，被王導一票否決之後，就下令重建家園，然後評功論賞，大力表彰有功人員。

第二節　繼續和稀泥

功勞最大的當然是陶侃，雖然陶侃在這次事件中，帶著情緒鬧意見，多次動不動就耍大牌，發飆威脅，要打退堂鼓，弄得大家心情超不爽。但後來還是聽了大家的勸告，以國家的利益同時也是他的利益為重，堅持了下來，帶領大家與蘇峻對抗到底，取得了最後的勝利。如果沒有他那龐大強勁的荊州軍團鄭重地駐紮在石頭城外，壓垮蘇峻，估計現在晉朝的天下已經變成蘇家的地盤了，他們這些人恐怕大多都成了蘇峻刀下之鬼了。因此，不管怎麼說，怎麼算，陶侃功遠大於過，而且他的功勞誰也比不上。大家都知道，上一次遺詔之事，陶侃心裡很不滿，如果再不記他的首功，後果就會沒有最慘、只有更慘。

先是二月二十九日，中央撤銷湘州，把原湘州地區全部劃歸荊州，成了陶侃的勢力範圍。然後是三月十日，下詔，以陶侃為侍中、太尉，封長沙郡公，加都督交、廣、寧州諸軍事——此前，陶侃已經都督荊、襄、

第二節　繼續和稀泥

雍、梁四州，現在又加上三個州。以前四州中的雍梁二州直到現在還是石勒的地盤，陶侃只是名義上的一把手，現在這三個州可是實實在在的三塊地區，是完全可以讓他的勢力壯大起來的。郗鑑為侍中、司空、南昌縣公；溫嶠為驃騎將軍、開府儀同三司，加散騎常侍、始安郡公；陸曄進爵江陵公。其餘的也都不同程度地漲了幾級薪資。卞壺等那些戰死的人，個個追認為烈士，讓大家知道，只要堅定不移地與中央保持高度一致，都是可以有好果子吃的──就是死了也能記功。

這套表彰方案是王導主持的。

王導絕對是個人精，是政壇老滑頭，更是和稀泥的高手，做得最多的事就是不得罪人的事。表彰完這些有功之臣後，又表彰那幾個從蘇峻陣營裡投降過來的人──路永、匡術、賈寧等，這幾個傢伙都是原蘇峻的死黨，後來在蘇峻危急的時候，轉變立場，趕緊跳槽，沒有像張健、韓晃那樣把蘇峻當死黨，堅持到死的那一天。王導還是準備拿出幾個官位，讓他們有一個繼續為人民服務的機會。

溫嶠一看，覺得一點不高興，馬上堅決反對：「永等皆峻之腹心，首為亂階，罪莫大焉。晚雖改悟未足以贖前罪；得全首領，為幸多矣，豈可復襃寵之哉！」這幾個傢伙是蘇峻集團的核心分子，在蘇峻最囂張的那一段時期，他們最為活躍，犯下了滔天罪行。後來雖然覺悟，主動投降，但遠遠不足以抵罪，現在讓他們繼續活下去，已經對得起他們了。為什麼還讓他們當官？

王導也不堅持──反正我已經有過這個方案，是溫嶠堅決反對的，你們要恨就恨溫嶠吧！和稀泥的人就是這個特點，誰都不反對，永遠中立，站好中間位置，這輩子就什麼都不怕了。

王導做好人的積極性還是一點也沒有降低。他又提出讓那個卞敦出來做事。卞敦原來是湘州刺史，在陶侃和溫嶠到處釋出討蘇文告、要求各地

第二章　都忙於內亂

強人聯合起來打倒蘇峻時，卞敦由於私心作怪，怕自己的實力受損失，就只派督護帶幾百個下等兵去敷衍了事。大家一看，都氣得不行。蘇峻事件被平定後，陶侃馬上控告卞敦，在大是大非面前，把自己的利益看得比國家的利益還重，既不派兵參與平亂，也不提供糧草。這種行為，跟敵人的幫凶有什麼區別？請把他抓起來，交付司法機關。

王導又出面為卞敦求情，說，現在剛剛平定內亂，量刑宜寬不宜嚴，而且也是需要人才的時候，所以對卞敦應該寬大處理，讓他去當安南將軍兼廣州刺史。卞敦這時正在病中，不能去新單位報到，就又讓他當光祿大夫、領少府。連卞敦都覺得自己當時做得過分了，越想越覺得沒臉見人，最後居然「憂愧而卒」。

王導身為晉室南渡之後最資深的元老，是現政府的奠基人之一，三朝帝師，長期在中央說了算，不管是人氣，還是權力，都是第一號人物，就是司馬睿對他都客氣三分，能力大家都看得見，而且還算是個一心為國的政治家。可就是這麼一個可以稱為劃時代的人物，居然也是個和稀泥專家，把人情事業當作為人的第一要務，而且還帶頭把這個愛好拿到官場隆重推廣，其他人就不用說了，講人情成了當時政治場上的主流，偶然有幾個講原則的，就沒有了立足之地。晉國南渡之後，沒有再振作起來，與王導倡導的這種風氣的盛行，也有很大的關係。可以說，王導打下了東晉的基業，同時也為日後的衰落埋下了伏筆。

最後，大家認為溫嶠有政治能力，堅持原則，這次平定蘇峻事件中，他的部隊雖然不多，戰場上貢獻雖然不是最大，但他積極說服陶侃，堅定大家必勝的信心，其大局觀明顯擺在眼前，因此，都認為應該讓他留在中央，當皇帝的得力助手。

現在中央最需要這樣的人才。

可溫嶠卻認為，王導是幾朝元老，是先帝親自選定的輔佐大臣，這個

第二節　繼續和稀泥

地位誰也不能動搖。我是什麼人？有份薪資領、能混一口飯吃，已經不錯了，哪能跟王導平起平坐？還是回原單位上班。

溫嶠回武昌時，看到建康已經破敗得不成樣子，全國政治、文化、經濟中心成了貧民窟的博物館，覺得心頭很酸，就把部隊的很多物資和生活用具都留了下來，算是支持首都的重建。

現在最覺得心情不好的是庾亮。這哥兒們靠著自己的老妹，坐著直升飛機，一夜之間，爬到權力的最高點，就洋洋得意起來，不可一世，把人家都看成菜鳥，總以為自己的神經比人家多幾條，誰的意見也不聽，最終釀成這個國家悲劇，連他老妹的性命也丟了。這哥兒們經過了一場變故，也低調了起來，這些天一直不敢出聲。在司馬衍要離開石頭城時，他過來晉見，什麼話也沒說，直接就跪下來，把頭磕得咚咚響，接著放聲大哭，顯得心情很複雜。

司馬衍雖然恨庾亮殺過那個白髮老爺爺，但庾亮到底是他的舅舅，而且那件事又過了這麼久，這時看到舅舅這個可憐相，內心也不忍，就叫庾亮起來，跟他同車一起到皇城去。

庾亮的心結還解不開，第二天又把跪拜的動作重複一遍，強烈請求狠狠地處分他，而且要求皇帝答應讓他提前退休，帶領全家離開首都，到深山老林裡隱居，或者跑到大海邊當個漁民，每天清早去撒網，晚上回來魚滿艙。

司馬衍雖然只是個小孩，可也知道，這個舅舅雖然能力很菜，但出發點沒有錯，而且現在自己就這麼一個拿得上臺面的親戚了，哪能讓他離開首都？立即親自寫了一封信：「此社稷之難，非舅之責也。」把過失像皮球一樣，踢到老天爺那裡去，跟舅舅有個屁關係。

庾亮讀了這兩句話後，還沒有完，又上疏給司馬衍，作了一次深刻的檢討，說，祖約和蘇峻之所以能夠禍國殃民，把國家危害到這個地步，都

077

第二章　都忙於內亂

是因為我，即使把我砍成肉絲包成人肉饅頭，發給全國人民吃，也不足以謝罪。朝廷完全可以不把我當人看待了，我也沒有臉面在這個世界上混下去了。現在皇上雖然原諒了我，讓我活下來，可也應該完全把我像垃圾那樣丟掉啊，讓我以後自生自滅，這樣天下人才知道這個世界還有王法啊！

可是司馬衍仍然不同意。

其實誰都知道，庾亮這是在作秀，他肯定知道，司馬衍不會對他怎麼樣，所以只有不斷地請罪。可是皇帝才多大？知道什麼叫檢討？他是做給天下人看的，看看，我已多次狠狠地責備自己了，是皇上不處分我。

當然，如果只做這個紙上秀，也算不得什麼深刻。他又做了一隻大船，說是準備坐上這艘船從暨陽東出，去海邊玩完這輩子。可皇帝又命令江邊的檢查站把這艘船沒收了。你一看就知道，這哥兒們並不是真心要去海邊流浪的。如果他真的想去，為什麼不把這件事做得祕密一點，一定要弄得大家都知道，讓司馬衍出面把船隻沒收。大家看到了吧？我要是再堅持下去，是跟中央唱反調，是在跟人民為敵，跟皇上作對啊！我知錯了，不再往這條自絕於人民的路走下去了。我現在得順著皇帝的意思，去當人民公僕，發揮自己的能力，全心全意為人民服務。於是庾亮上書要求「外鎮自效」，去當地方官，從基層做起，實實在在地為人民服務。

沒幾天，中央發文同意他去基層：出為都督豫州、揚州之江西、宣城諸軍事、豫州刺史，領宣城內史，鎮蕪湖。你一看這個詔書，就知道這個基層起點實在太高了，手中掌握的力量，跟陶侃差不多。可這是朝廷對他的信任，沒有辦法，只有當下去，這才不辜負皇帝和人民的期望。

庾亮大作了一場逃跑秀，終於成功地走出了人生的谷底，成為晉國為數不多的強人之一──雖然職務遠比以前的首輔大臣低，但卻比以前更有實力。以前靠的全是中央的大旗號令天下，人家看在司馬氏的招牌上，才理他一下，可那些強人，他根本動不了，稍微一強勢，蘇峻和祖約馬上

第二節　繼續和稀泥

就把臉一翻，刀槍並舉打進首都，如果逃得不夠快，他那顆憤青腦袋早就被蘇峻掛起來展示了。後來，他仍然是靠著陶侃這些強人把蘇峻搞定，所以他知道，在這個不正常的年代，只有成為一個強人，前途才有保障，生活才能幸福。其他的都是虛的。

到了四月二十三日，溫嶠突然發病去逝。溫嶠是晉室現在少有的人才，有勇有謀，又沒有一點野心，搞定王敦，靠他的謀略，平定蘇峻，他是核心人物。而且也是個帥哥，人氣也長期高掛榜首。可這樣的人只活了四十二歲，放到今天，正是年富力強的好人才。如果他能多活幾十年，最後肯定會成為晉國實際最高領導人。溫嶠雖也屬名士中人，可卻很有實幹精神，不求務虛，只做實事，要是能掌大政，以後一段時期內的歷史情節一定會更加精采。

可這樣的人卻突然死去。

司馬氏只能徒喚奈何！

於是，晉國的方向盤，繼續由士族們掌握，柔弱地往前開路。

晉中央接著又做了一項糟糕的人事任免事件，讓劉胤接替溫嶠的位子。

這個人事建議才一提出，馬上就遭到很多人的強烈反對。態度最堅決的就是陶侃和郗鑑。兩人一致認為劉胤「非方伯才」──沒有當地方強人的本事。可王導卻硬是不同意。王導自己很有才幹，可由於「人情」思想作怪，常犯用人錯誤的毛病。

很多人知道，當面跟王導談這個問題，他根本不會聽進耳朵裡，就來了個曲線救國，找到他的兒子王悅。對他發了一頓牢騷：「現在是什麼形勢，大亂剛剛平定、人民生活還沒有穩定下來，到處是難民，這些成千上萬的難民大多都是分散在江州一帶的。江州可不是一般的州啊，是我們南方的屏障，策略地位很重要，需要一個高水準的人在那裡當一把手啊！劉胤是什麼人？一個只會驕傲橫蠻、熱衷於公款吃喝而又懶得要命的傢伙，

第二章　都忙於內亂

腦子裡裝的全是享樂主義，沒一點實幹精神。讓這樣的人到這麼重要的地方當政，不出外患，也會發生內亂。」

王悅說：「這是溫嶠臨死時的最後請求。」

原來劉胤此前是平南軍司，而溫嶠就是平南將軍，劉胤相當於溫嶠的參謀長。估計劉胤平時在溫嶠手下把馬屁拍得很高超，連向來嚴肅公正、眼睛雪亮的溫嶠也對他心服口服，而且還把這個稀裡糊塗保持到死的那一天，最後向王導極力推薦這個天下人都認為是不能重用的傢伙。而王導又是個天生愛做老好人的傢伙，不但不會得罪活人，連死人也不得罪。

大家聽說是溫嶠的意思，也就沒話說了——但我懷疑，這是王導編出來的故事，王導肯定也知道，劉胤不是什麼好人，但自己不想得罪他，又不想得罪大夥，怕以後又落個用人失誤的把柄，就把責任推到溫嶠的身上。

後來的事，再一次證明了那句「群眾的眼睛是雪亮的」。

劉胤一到任，馬上就覺得當強人的感覺真好，呵呵，現在老子就是全國有數的強人了，是可以在江州這個地方說了算的人了。哈哈，估計再過幾年，中央那一幫人都得看老子的臉色辦事了。當然，剛坐上刺史這個位子，在心頭偷偷驕傲一下，滿足一下虛榮心，也是人之常情。可這傢伙一到任，馬上就先評估自己現在手中的權力價值，能為自己謀到多少利益，然後用這個權力公開為自己謀私，走官商結合的致富路線，一心一意地拿著刺史大印，做起走私行業來，沒幾天，財富就直線上升，直追當年的石崇。

手裡有了錢，劉胤就像個心情浮躁的暴發戶一樣，每天只喝酒把妹，別的一概不管，作風簡直是王澄的翻版，至於江州的政事，通通丟在一邊，什麼民生國計，關老子屁事。

過了一段時間，也就是咸和四年的十二月，王導主持的中央又下了一

第二節　繼續和稀泥

個命令，提拔郭默為右將軍，到中央工作。郭默一接到通知之後，心情極端不爽。

郭默雖然長期在邊關，經歷了很多戰鬥，按說是個有豐富戰爭經驗的將領，可卻是個有名的郭跑跑，先是在李矩危急時隻身逃命，拚命南逃，差點被李矩殺了，後來為郗鑒守京口時，陣地還沒有淪陷，他早已人間蒸發，差點把討蘇大業毀了。按道理說，這樣有著多次臨陣逃奔事例的人，早就該軍法處置了。可他硬是生活在一個神奇的國度，逃一次升官一次──人家靠戰功升官，他靠逃跑被提拔。

不過，這一次升官他有點不樂意了。他長期在邊關，比誰都知道，邊關是個危險的地方，可他有逃跑的經驗，再危險的地方也能發揮特長，一跑了之，因此，他覺得一點也不危險。他只知道，邊關第一把手，是塊大大的肥缺，誰拿到這個大印誰就威風，想做什麼就做什麼，威風到一定程度後，可以不把中央的話當話，可以按照自己意圖讓自己的兒子接班，可以讓這個轄區成為自己的獨立王國。過著這種地頭蛇的生活，遠比在中央當高官幸福得多。因此，郭默就不願意上調中央，可自己又不好反對，就找到劉胤，請他幫忙美言幾句。這個郭默知道，劉胤跟王導的關係肯定不一般，否則王導絕對不會這麼「力排眾議」讓他當上江州刺史的。

可劉胤現在只關心自己帳上的現金每天增加多少，財富榜上升到第幾位了，去哪個地方找個漂亮的情婦，心裡一點也沒有助人為樂的想法，一聽郭默的話，馬上就一臉堆笑地說：「你太抬舉我了。在這個世界上，我算老幾？現在連自己的很多事都搞不定，正想請老兄出面幫忙呢！」

郭默一聽，看來只有服從命令了。

當然，如果事情只到這個地步，也就沒什麼了。可這個故事的情節還在發展。

郭默準備動身的時候，不知哪根筋不正常地跳了一下，又去找劉胤，

第二章　都忙於內亂

說我要走了，劉老大你就給點路費、報點油費、伙食費吧。他知道，現在劉胤肥得要命，這些贊助算什麼，肯定會爽快地拿出來。可劉胤那張臉仍然一點表情也沒有，說：「我也是領薪資的人，我的待遇跟老兄一個樣啊！雖然還有點公款，可現在審計制度嚴啊，這個忙我幫不了。」

郭默一聽，心裡把劉胤的祖宗從頭到尾，又從尾到頭反覆問候了幾遍。知道劉胤這傢伙已經不把他當人看了。不但劉胤不把他當人看，就連那個張滿也不把他當一回事了。他又把張滿對他的輕視回憶了一遍——張滿不知道是什麼原因，長期以來就看郭默不順眼，而且不順眼到極端的地步，有一次郭默來找他，他居然脫光衣服，裸奔出來，在郭默前面亮相，把自己看扁郭默的意思徹底公開。郭默的腦袋就是裝著司馬衷的腦水，也會氣得要死。

你想想，張滿算什麼東西？也敢這樣對待他，還不是因為有劉胤幫他撐腰？

正在這時，那些對劉胤不服氣的人收集了很多資料，上書中央，彈劾劉胤：「今朝廷空竭，百官無祿，唯資江州運漕；而胤商旅繼路，以私廢公，請免胤官。」

詔書釋出之後，劉胤卻還目中無人得很，堅決不從，還上書大叫老子冤枉得很。

這時，一件偶然的事把這個故事情節推向了高潮。

有個叫曹肫的無業人員，看到一個美女長得很合他的意，就硬搶過來，強迫她當自己的老婆。人家告到張滿那裡。張滿叫曹肫送回美女，不要做這種違法亂紀的事。

可曹肫不但不理，反而跑到郭默那裡，對郭默說：「劉胤連皇帝的話也不放在眼裡，把詔書丟到垃圾桶裡，準備謀反。現在他跟張滿已經做好

第二節　繼續和稀泥

了計畫，之所以沒有立即實施，怕的就是你郭老大啊！他們現在計劃先把郭老大搞定。我現在把知道的消息告訴你，信不信是老大的事。」

如果郭默的腦袋稍微冷靜一點，就知道這肯定是挑撥他與劉胤之間關係的假話，以達到別有用心的目的。可現在郭默腦袋的溫度正高得足以讓他發暈，被這話一刺激，馬上大叫部隊集合，進行了作戰動員和作戰準備，等到第二天，劉胤一辦公，他就帶著部隊喊殺連天地衝了進去。

劉胤的手下還想為老大抵抗一下，郭默大叫：「老子接到詔書，中央要求剷除劉胤等叛逆。誰敢反抗，誰就是劉胤造反集團的成員，誰的三族就會全部被斬首。」

大家一聽，都站在一旁當觀眾。

郭默帶著部隊威風凜凜地一直衝進劉胤的內室，把全是名酒氣味的劉胤從床上拉出來，大刀一揮，就把那顆才威風幾十天的頭砍了下來。

搞定了劉胤，郭默迅速全面控制了局面，然後把那個勇於在他面前裸奔的張滿抓了起來，說他是劉胤的狗頭軍師，是謀反的頭號主謀，殺掉！郭默後來看到劉胤的女兒和情婦們一個比一個漂亮，也全部抓起來，在一個陽光燦爛的日子裡把她們浩浩蕩蕩地趕到船上，說是要送到首都審問。可半夜又將這些美女帶了回來，讓他自己審問，全都判成自己的女眷。

這傢伙面對敵人時，膽子小得用天文望遠鏡都看不到，可這時膽子卻大得要命，派人把劉胤的人頭送到首都後，還自己造了一份假詔書，以證明自己是奉詔討賊，做得合法合理，不管對國家對人民都是功勞大大的。

郭默知道，自己的這個行動做得太過了，即使中央那幾個以王導為首的和稀泥上級不會對自己怎麼樣，但其他強人會跳出來跟他對抗到底，一來可以為國立功，二來可以藉機擴大自己的勢力，因此也做好充分的準備，還拉攏了譙國內史桓宣。

第二章　都忙於內亂

桓宣雖然沒實力，但政治立場卻堅定得很，當場拒絕：「找造反合夥人找到老子，你找錯人了。」

第二年，也就是咸和五年的正月，劉胤的那顆腦袋送到建康。

大家一看，這傢伙終於多行不義必自斃了。只是郭默做得太過分了，也不事先跟中央通個氣，就捏造中央的命令，搞定中央任命的一個刺史。這個例子一開，以後就國將不國了。比較起來，這個郭默比劉胤還要可惡和可怕。劉胤固然該死，郭默更不能活下來。

可王導卻認為，這個郭默不但善於逃跑，而且拚命起來也還有兩下子的，是個驍勇善戰的人物，不容易擺平，現在先不要動他。因此就順著郭默的意思，任命他當了江州刺史，還把劉胤的人頭掛在朱雀橋那裡示眾，表示郭默做得對。

陶侃對這件事一直高度關注，一聽到這個消息，馬上發飆起來，大罵：「此必詐也。」接著釋出命令，討伐郭默。

郭默早就預料到陶侃會第一個站出來跟他對抗，他也知道，他不是陶侃的對手，因此，就趕緊複製了一份任命他為江州刺史的委任狀，派人送給陶侃，想把陶侃堵住。

陶侃的幾個手下也對陶侃說：「老大，如果郭默沒有得到中央的批准，恐怕沒這個膽子吧？如果一定要過去把郭默搞定，也得先上報中央批准一下⋯⋯」

陶侃沒有耐心聽下去，厲聲說：「還中央個屁！現在皇帝年紀還小，詔書怎麼寫，他一點也不能做主，全是那幾個和稀泥的傢伙做的好事。劉胤雖然是個菜鳥，遠遠不是當刺史的料，但也不用殺死他啊！這個郭默以為自己有軍力，除了在敵人面前會逃跑之外，在自己的土地上，殘暴得要命。他一定會認為，現在天下亂子剛平息，法制還不健全，才敢這麼戲弄

第二節　繼續和稀泥

中央，矇騙人民的。」

不過，他罵過之後，還是派人到建康，向中央報告了情況，然後還寫了一封信給王導：「郭默殺方州即用為方州，害宰相便為宰相乎。」郭默殺了刺史就讓他當刺史，明天誰殺宰相是不是就讓他當宰相？

陶侃的這兩句話果然把和稀泥的頭號人物王導的神經狠狠地刺痛了一下——因為，現在王導就是相當於晉國的宰相啊！王導馬上叫人把劉胤的頭收了回來，寫信給陶侃說：「默據上流之勢，加有船艦成資，苟含隱忍，使有其地，朝廷得以潛嚴；俟足下軍到，風發相赴，豈非遵養時晦以定大事者邪！」主要是因為郭默占領了上流，有船又有財力，怕他一發飆就殺到建康，事情可就鬧大了，這才從大局出發，暫時容忍他，以爭取時間，集結軍隊來對付他。只要陶侃到達時，中央軍就與你的部隊會合，一起把他搞定，這是全勝之策。

陶侃一看，哈哈大笑：「是乃遵養時賊也！」——全勝之策個屁，其實是姑息養奸。

陶侃終於笑了起來。這傢伙當了荊州刺史之後，心態也發生了很大的變化，原先的大局觀越來越縮小了，只想保存實力，在溫嶠請他全面領導討伐蘇峻同盟軍時，他先是不肯，後來又多次在關鍵時刻耍大牌威脅要撤軍，差點讓討蘇大業泡湯，這時卻積極得要命。個中原因，仍然是自私的想法作怪。因為，不堅決打倒像郭默這樣的人，恐怕劉胤的下場就會在自己身上重演。

這時，庾亮也請求出兵討伐郭默。這哥兒們低調了一段時間，以致好長時間，大家都聽不到他的聲音了，這時也找到出鏡的機會，表現一下，讓大家記得庾亮不但還活著，而且又威風起來了。

他的這個請求很快得到中央的批准，加他為征討都督，帶二萬部隊去跟陶侃會合，一起去搞定郭默。

第二章　都忙於內亂

郭默一看，這才知道自己估錯了形勢，沒有可以稱王稱霸實力的人，對奪權的事，只能在心裡作夢，不能實際行動啊！他知道，自己哪是陶侃和庾亮的對手，又想發揮特長繼續逃跑。他想放棄尋陽，南下豫章固守。可這次他來不及跑了，還沒有起步，陶侃的大軍已經轟隆隆來到。

郭默沒有辦法，心裡想，跑不了，那就打一場，說不定老子一不跑，這仗就能打贏。於是馬上出戰。可這時才知道，自己打仗的能力比逃跑的能力菜多了，一接觸就打了個敗仗，立刻回到城中，決心堅守到底。他為了表示自己固守幾年絕對沒有問題，叫人把糧食搬出來，做成堡壘，讓陶侃看看，你在外面圍吧，老子有的是糧食。

可陶侃卻不理他這一套，在城外大興基礎建設，打造了一座高於城牆的土山，像個觀光塔，然後叫戰士們每天輪流到上面免費觀光，順便看住郭默。郭默就是上廁所，都在士兵們的眼皮底下蹲著。

到了三月分，庾亮的部隊開到，不久，其他各路大軍也全部來到。

郭默還在拚命鼓勵大家死守，只要再過一段時間，敵人就會退走。他們一退走，江州的天就是我們的天。

可大家都知道，他這麼大喊大叫，其實全是在騙兄弟們為他賣命。而且政府軍這麼強大，城裡就這幾個士兵，能打下去嗎？軍心馬上動搖起來。

到了五月十九日，宋侯再也支持不住了，他認真地想了一下，覺得把郭默捆起來，比跟城外政府打仗容易多了。他這麼一想，怕別人搶在他的前面，他可就沒搞頭了，就馬上採取行動，帶著幾個兵雄糾糾地去找郭默。郭默聽到這麼大陣仗的腳步聲，抬頭一看，宋侯真是人才，手下士兵的精神還這麼好，這仗看來有指望了。

他正想表揚幾句，哪知嘴巴還沒張開，宋侯的手一揮，那幾個精神很

好的士兵已經衝了上來，一把將他按倒在地，然後用粗大的繩子把他捆起來，對他的兒子也如法炮製──剛才還威風凜凜的郭老大，馬上就變成了階下囚。

郭默以前能在石勒部隊的圍攻下成功逃跑，最後在自己的地盤上卻跑不了。

陶侃就在大營前面，當眾把郭默以及四十多個同黨的腦袋砍了，派人直接送到首都，向朝廷報告郭默事件已經勝利平定。

中央馬上下令，把江州劃入陶侃的勢力範圍，陶侃兼任江州刺史，使得陶侃的州數增加到八個，成為比當年王敦還威風的強人。同時，任鄧嶽為都督交、廣諸軍事，兼廣州刺史，對庾亮也大力表彰了一番。

陶侃回去之後，把自己的大本營移到武昌。庾亮也回到自己的住地，把新授予的官爵都辭掉，繼續擺出謙虛謹慎的做人態度。

第三節　石勒也老了

在晉國內部動亂一次接著一次時，前趙的殘餘勢力也徹底完蛋。

早在劉曜被俘的消息傳到長安，他的兒子劉熙知道後，就怕得要命──老爸那麼英勇善戰，都成了人家的俘虜，要是石勒軍攻到長安來，那可不妙了。於是馬上跟他的哥哥劉胤商量，是不是可以退到西川去，先保住秦州。

尚書胡勳說：「現在老大雖然不在了，可我們的領土還保持完整，軍心還穩定，完全可以拚死抵抗一下的。如果真的不行了再跑也還來得及。」

這個建議還是不錯的，如果劉氏兄弟的腦子和膽子都適合當老大的話，肯定會採納這個建議，石勒看到他們準備好，也未必敢窮追猛打。

第二章　都忙於內亂

可劉胤這時比他的弟弟更加發暈，一聽這話，就生氣起來，說胡勳你到了這個時候還敢「蠱惑沮眾」，你以為老子不敢殺你？馬上就叫人把胡勳拉下去砍頭，然後帶著百官集體狂奔到上邽。他以為跑到上邽就安全了，可其他地方的人看到高層都放棄了首都，看來前景一點不樂觀了，都跟中央保持高度一致，全部棄城逃跑，免得晚了一步，那可不好玩。

如此一來，關中大地，一片混亂。本來，蔣英和辛恕還有點骨氣，組織了十多萬部隊前來保衛長安，可一看到這個情況，就知道沒有必要再跟在劉氏的屁股後面了，馬上派人去跟石勒的部隊聯繫，協商投降事宜。

石勒一看，一個兵都沒有衝過去，那邊十萬部隊先投降了過來。這仗不打，實在太過意不去了。馬上派石生帶著洛陽的人馬進入潼關，不費吹灰之力就占領了長安。

到了咸和八月，劉胤的心態才恢復正常，知道長安已經完蛋，這才後悔起來。他決定帶著手下幾萬人從上邽出發，準備收復關中地區。

劉家在這個地區當老大幾十年，人脈還是不錯的。本來，長安失守，大家的心都灰暗了下來，這時突然看到劉胤又亮出前趙的大旗，而且帶著這麼多大兵衝過來，便又充滿了信心，紛紛起來響應。一時間，隴東、武都、安定、新平、北地、扶風、始平等郡縣都打起了劉氏的旗號，聲勢突然又高漲起來。

劉胤帶著大軍，大步開到仲橋——長安就在前面。

石生看到劉胤兵勢太大，哪敢做出來迎戰的蠢事，命令關閉城門，等老大的援兵。

石虎帶著兩萬精銳部隊狂奔而來，援救石生。

如果光按簡單的加減法運算一下，劉胤部隊的數量是石虎的數倍，打起來，勝利肯定是沒有懸念的。

第三節　石勒也老了

可戰鬥力有時不是這樣計算的。

雙方在義渠全面接觸，前趙部隊數萬人不堪一擊，直接損失五千條性命，便回頭狂跑。

劉胤又往上邽方向逃竄。石虎在後面猛烈追擊，大砍大殺，「枕屍千里」。劉胤雖然成功地逃到上邽，可卻沒有成功地守住這個地方。他才進得城去，敵人也跟著追殺進來。劉胤的逃跑路線就到了盡頭，他跟弟弟劉熙及諸王公卿將校以下三千餘人，全成了俘虜。石虎看都不看，對這些前趙的最後菁英「皆殺之」，宣告劉淵創立的帝國徹底完蛋。

這時，是咸和四年。

這個帝國從劉淵稱帝開始，共存在了二十七年，經歷了三個皇帝，沒什麼特別可圈可點的地方，但卻用了兩個國號，是中國歷史上國號最豐富的的帝國。

大家知道，原來劉氏集團的地盤中，有很多是少數民族，這些少數民族的力量都不怎麼強悍，因此都自願入股前趙帝國，掛上前趙的招牌，成為劉氏的子公司。這時總部一倒閉，他們也都換下舊招牌，舉起石字旗，又成為後趙的小股東。

石勒並不像劉矅他們那樣，只要你一投降，承認他的統治地位，就又讓你在本地當地頭蛇，實行自治，而是把這些人全部異地安置，搬遷到內地，如果老大確實有能力，就把他大大地提拔重用。這一次，石虎把氐部落和羌部落十五萬篷帳都遷到司州和冀州，還推薦氐族的老大蒲洪為監六夷軍事、羌族的老大姚仲弋為六夷左都督。這兩個傢伙後來都做出一番事業來。

石勒的這些異地安置政策，一來可以增加中原一帶的人口，保證後趙兵員的充足，二來可以讓這些人離開原藉，讓他們融合到其他民族當中，

第二章　都忙於內亂

成了沒有根基的一群人，不再製造群體事件這些麻煩事。石勒的這些政策一執行，對中國社會後來的發展發揮了很大作用：很多民族移置中原之後，經過多年的融合，最終全被漢族同化。

徹底搞定劉曜之後，吞併了劉曜的版圖，石勒的勢力範圍大為擴張，把他的事業推向了一次新的高峰。

石勒的心情當然越來越得意。

他手下那幾個善於察言觀色的傢伙一看，勸進的機會已經來了，就聯名請求石老大，現在該當皇帝了吧？國土面積都這麼大了，還不稱帝，難道還想統一地球、連南極州的企鵝也過來稱臣了，你才把屁股放到龍椅上？人家李雄算什麼東西？轄區面積還不如當初的劉禪，都當了這麼多年的皇帝，老大這麼威風凜凜，卻還只當什麼趙王，也太沒面子了吧？老大自己可以保持謙虛謹慎的態度，但也要顧及全國人民的面子啊！

石勒確實是個實幹家，連這事也來個一步一個腳印，不願一下就當上皇帝，而是先來個稱「大趙天王，行皇帝事」，硬是把流程複雜化。但大家沒有辦法，現在是老大說了算，老大不急，你再急也是乾著急。石勒當了大趙天王之後，封劉氏為王后，兒子石弘當接班人，其他兒子也都封王：其中石宏為驃騎大將軍、都督中外諸軍事、大單于，封秦王；石斌為左衛將軍，封太原王；石恢為輔國將軍，封南陽王。封石虎為太尉、尚書令，進爵為王；石虎的兒子石邃為冀州刺史，封齊王；石宣為左將軍；石挺為侍中、封梁王。其他人也都好好地封了一遍，讓大家皆大歡喜。

可仍然有人不高興。而且是關鍵人物。

這個不高興的人就是石虎。

石虎自從跟石勒的母親來投靠石勒後，很快成長為石勒手下最強悍的將領。這些年來，石勒幾乎退居二線，重大的軍事行動，基本上都由石虎

第三節　石勒也老了

去完成。他滿以為這次大規模的提拔，他雖然不能成為接班人，但當第二號人物還是可以的，哪知，卻只撈了個太尉，心裡超級鬱悶，對他的兒子說：「老大自從到襄國之後，就基本退居二線，專門享受，卻派我到處去拚命。這二十多年來，老子到處作戰，不斷地痛扁敵人，擴大我們的版圖，一共收復了十三個州。把國家打造成這個局面，靠的全是老子。這個大單于的位子應該給老子才是。可現在卻讓那個小屁孩來做。氣死老子了。等老大哪天一掛，老子讓他的後代全完。」

石勒這時正得意著，一點也不知道，他的事業在走向高峰之時，巨大的隱患已經產生──他的後代已經面臨滅頂之災。

當然，石勒後代的倒楣是以後才發生的，而馬上倒楣的人就是那個祖約。

這傢伙逃到後趙避難之後，雖然手中沒什麼權，但生活也還不錯，以為這輩子可以把這種財主生活過到頭了。哪知，那個程遐卻看他不順眼，勸石勒把這種既沒能力，又不講政治立場的人殺掉，免得白白消耗納稅人的錢財。石勒一向也對祖約這樣的人很鄙視，就大筆一揮，宣判祖約死刑。可憐那些跟祖約跑過來的一百多人，也全部被殺，至於他的妻子和女兒，就全部當成獎品，頒發給大臣們享用。

石勒當了幾天趙王之後，手下那些人又強烈要求石老大應該再上一層樓，正式當上皇帝，否則大家心裡都不踏實──你想想，全國人民心裡一不踏實起來，這個國家會是一個什麼樣的國家？老大不為自己著想，也要為全國人民著想啊！

石勒這才下決心當上皇帝。

石勒是在咸和五年的九月舉行登基儀式的。當然，這個儀式也沒有什麼創意可言，完全照抄傳統版本：大赦，改年號為建平，其他官員通通加幾級薪資，王后的頭銜變成皇后，世子改為太子了事。

第二章　都忙於內亂

　　石勒雖然大字不識一個，平時簽名都是畫圈代替，可對讀書人卻很尊重。平時也要求他的兒子多讀書。他的這個太子石弘也是塊讀書的料子，文章寫得很不錯，如果長在今天，當個自由撰稿人，靠打字賺錢，估計也能混到很多稿費，養個情婦都沒問題。石弘還喜歡跟知識分子打成一片。石勒開始時，覺得這個兒子太女性化了，一點也不勇猛，就對徐光說：「石弘這小子一點不像將門之後，能管得了天下嗎？」

　　徐光說：「漢祖以馬上取天下，孝文以玄默守之。聖人之後，必有勝殘去殺者，天之道也。」

　　石勒這輩子最崇拜的人就是劉邦，聽到徐光這麼一說，老子父子倆原來跟劉邦父子倆是一個模式，是一路貨色啊！馬上就高興起來。

　　可徐光又說：「皇太子仁孝溫恭，中山王雄暴多詐，陛下一旦不諱，臣恐社稷非太子所有也。宜漸奪中山王權，使太子早參朝政。」太子是個好人，性格和藹可親，可石虎卻不同了。這傢伙是職業殺手，殺起人來，不分種族，只怕哪天老大走了之後，他發飆起來。這個天下，就不是太子的了。建議老大要早有防備，或者逐步奪去石虎的兵權，沒有了兵權，石虎再怎麼張牙舞爪，也是沒什麼作為的，更要讓太子早日進入決策層，樹立自己的威信。

　　連石勒也認為這話沒錯。可石勒在這件事上卻不那麼乾脆，硬是拖拖拉拉的，一條措施也沒有去落實。

　　這時，後趙又與晉國發生了一場邊界衝突。衝突的起因是後趙荊州監軍郭敬突然派兵攻打襄陽。

　　守在襄陽的是晉國南中郎將兼監沔北軍事的周撫。

　　郭敬在決定進行軍事行動時，也按流程向石勒作了請示。

　　石勒派快馬去傳達他的指示，按他的作戰方案去進行：先退守樊城，

第三節　石勒也老了

然後「偃藏旗幟，寂若無人」，敵人肯定會派兵前來偵察。你們就告訴敵人的偵察兵，七八天後，我們的大軍就要來。那時，你們就是個個都生了翅膀成為鳥人也逃不出啊！

郭敬完全按石勒的指示去辦，然後叫大家把戰馬拉到河邊洗馬，洗完一群又一群，全部洗完之後，又從頭再來，日夜不停，好像他這裡的馬無窮無盡。有這麼多的戰馬，就會有這麼多的士兵啊！

如果周撫的腦袋靈活一點，看到敵人這麼洗馬，肯定是在演戲，是想矇騙他們，就會毫不猶豫地出擊，把河邊的馬全部搶過來，肯定大獲全勝。可這傢伙卻聽信那幾個笨蛋偵察員的話，以為敵人的大軍馬上隆重開到，現在不逃，只怕就來不及了。周撫馬上變成了周跑跑，在敵人還沒有一兵一卒前來的情況下，就宣布放棄襄陽，逃到武昌那裡去了。郭敬只洗了幾天馬，就拿到了襄陽。

郭敬占領了襄陽之後，拆除了襄陽的城牆和工事，然後按後趙的慣例，把所有的住戶都遷到漢水的北岸，讓這些人民成為後趙永久的老百姓。沒幾天，石勒任命郭敬為荊州刺史。而周撫成為周跑跑之後，被中央的那些官員指控他丟了國土，被免除了所有官職。

石勒也像很多人一樣，艱苦奮鬥了這麼多年，好不容易從奴隸成為皇帝，也想有個好房子住，因此決定到鄴城那裡劃一塊黃金地皮，修建一座像樣的宮殿，以後就住在豪宅裡享受一下。

他的這個決定一下，廷尉續咸就拚命地勸他，不要修什麼宮殿，老大不記得秦始皇的教訓了？你要是修這個宮殿，就要變成秦始皇。現在國家還困難，人民的生活還苦得要命，要是帶頭興建豪宅，人民會怎麼看老大……

石勒一聽，勸老子當皇帝的是你們這些人，不讓老子享受皇帝生活的又是你們這些人。你們讓老子當皇帝，原來全是為你們自己著想的。來人，

第二章　都忙於內亂

把這傢伙拉出去砍了。敢說老子修建一個房子就亡國的人，留在這個世界上，只有阻礙發展。

徐光趕緊說：「續咸的話，如果老大不聽，也不應該發這麼大的火啊！要是覺得一句話不好聽，就殺一個高官，這只能算是一個合格的土匪，而不能算是一個好皇帝。」

石勒這才深刻地理解了土匪和好皇帝的區別：土匪是隨便可以殺人的，但好皇帝卻不能一生氣就動刀子的，長長地嘆了一口氣：「堂堂一個皇帝，竟連這件小事，都還碰上這麼大的阻力，碰到這樣的麻煩。人家一個土財主，手裡有一點小錢，都還想蓋個好房子住。一個皇帝難道就不能蓋一棟房子？這個宮殿老子一定要修建起來。不過，現在得暫停一段時間，算是表彰一下這個勇於直言的老頭。」石勒雖然教育程度不高，但政治手腕卻圓滑得很，居然也會利用拖延的辦法來把人家反對的事做下去，比現在很多領導人還強得多了。

他在停了幾個月後，便下令動工。終於再沒有人對他說什麼了。那個續咸因為說了幾句話，差點丟了腦袋，後來逃過一劫，冷汗還沒有乾，當然也不敢再囉嗦了。

石勒在這件事上，堅持自己的決定，大家覺得也就算了——如果蓋一座宮殿，國家就得宣布破產倒閉，那這個國家實在也太脆弱了。在另一件事上，石勒卻猶豫得很，一提到這個問題，這個狼性十足的強人，馬上就變成一根牆頭草。而這件事又恰恰關係到趙國的前途命運問題。

這個問題就是關於石虎的問題。

只要還會點思考的人，都已經知道石虎問題如果不解決，這個強大的石趙集團就會就成一片混亂的泥潭。

當然，很多人只是把這個擔心放在心裡，卻不敢說出來，只怕這話一

第三節　石勒也老了

出口，石虎的大刀就會飛過來。但程遐卻還在說服石勒，他對石勒說：「石虎的強悍，高層這麼多人中，沒一個比得上他。而且看他現在的態度，就知道，在他的眼裡只有老大而已，其他人通通不當一回事。再加上他殘忍得要命，從來想殺就殺，不管你是誰。他長期拿著兵權，權力和威望已經大得不能再大了。現在他的兒子們也都成人，而且也都拿著兵權。當然，老大還健在時，什麼事都不會發生。可他絕對不會甘心當太子的手下。對這種人，最好的辦法就是盡快搞定，免得以後發生動亂。」

程遐是太子的舅舅，在張賓死後成為頭號謀士，可因為智商遠遠比不上張賓，因此石勒一看到他，就想到張賓，覺得這傢伙實在太菜，一點也不稱職，因此看他也不怎麼順眼，這時聽他說這些話，馬上就說：「今天下未安，大雅衝幼，宜得強輔。中山王骨肉至親，有佐命之功，方當委以伊、霍之任，何至如卿所言！卿正恐不得擅帝舅之權耳；吾亦當參卿顧命，勿過憂也。」石勒的口才還真不錯，說你是怕老子死後，你沒有權力，請放心好了，到時老子也會在遺囑上交待，保證讓你也成為顧命大臣中的一員。

程遐一聽，淚水馬上就狂奔而出，痛哭起來，說：「我憂慮的是國家啊，可老大卻以為我是為自己著想，用這話來堵我的嘴巴。石虎雖然是皇后養大的，但他不是老大親生的啊！他這些年來，雖然有些功勞，可老大給他的報酬也夠了啊！可是他並不滿足，還在瞪著飢餓的眼睛，想得到更大的利益。如果讓他繼續這樣下去，我敢打賭，不用多久，皇家的香火就會徹底斷掉。」

程遐預測別的事，偏差大得很，但在這件事上卻預料得很準確。

可石勒能聽他的話嗎？石勒對他的話是對的不聽，不對的也不聽。

程遐一看，知道今天再哭下去也沒有用了，就退了出來，去找徐光，把剛才的過程全盤轉達。

第二章　都忙於內亂

徐光一聽，說：「中山王常切齒於吾二人，恐非但危國，亦將為家禍也。」

過了幾天，徐光又找了個機會，對石勒說：「老大這幾天的臉色好像很鬱悶，為什麼啊？現在天下太平，事事順利，老大有什麼理由不開心？」

石勒嘆了一口氣說：「現在江東和四川都還沒有平定，李氏和司馬氏都在那裡當太平皇帝，而且他們的皇帝比我還資深呢！老子是怕以後歷史不把我當作順天應人的皇帝看待啊！」這傢伙雖然沒讀什麼書，卻也怕以後會被歷史不公正的對待。同時，從他的這話來看，也可以看得出，這傢伙的稜角已經磨光了，銳氣也已經丟到垃圾堆裡了——他覺得這輩子永遠平定不了成都李家和江東的司馬氏王朝了。一個雄心勃勃的梟雄在時間的作用下，那顆曾經激烈的心已經成為一個嚴重磨損而又老化的零件了。

徐光說：「以前曹操早就扳倒了劉家，劉備雖然又硬打漢字招牌，可誰敢說漢朝還沒有滅亡？孫權在江東稱老大，其實也跟現在的李雄沒什麼兩樣。現在老大手中有兩個都城，八個大州，國土面積比誰都遼闊。因此帝王正統，不是老大，還能是誰？老大為什麼為這事去鬱悶？老大真正應該鬱悶的事是心腹之患，而不是在這種沒有意義的事上費神。現在真正讓人擔心的是石虎。石虎憑著老大給他的權力和謀略，這些年來，所向無敵。這本來是件好事，可他天性凶殘，只為自己的利益著想，更要命的是，他現在心裡很不平衡，常常看不起太子。前幾天，在東宮的一次宴會上，大家都看到他明顯輕視太子。我怕老大哪天不在了，誰也控制不了他啊！」

這傢伙的口才比程遐強大多了，一下就把石勒說得沒話了。

石勒雖然沒有當面對徐光的話表態，但內心覺得徐光說的沒有錯，便開始安排石弘到決策層見習，然後全權處理所有檔案，而且叫中常侍嚴震當他的指導老師，參與決策。只有重大事件，才送到石勒那裡審批。本

第三節　石勒也老了

來,石勒讓石弘進入決策層累積一下從政經驗,絕對沒有錯,問題是又為他配備了這個老師——當然配備一個指導老師,也是沒錯的,可錯就錯在,讓一個閹官兼小人嚴震來充當這個角色,後果就嚴重了。

嚴震馬上就從一個皇帝身邊的工作人員變成了大權在握的政壇重量級人物,手中的權力比石虎還要大。

大家一看到嚴震的意見等於石弘的意見——而石弘的意見就是最高指示,就都把嚴震當作巴結的對象——以前,他們天天搶著走石虎的門路,把錢財和馬屁話都送給石虎,現在大家都與時俱進地改換門路,送到嚴震那裡,弄得嚴震連夜把門前的停車場加寬好幾倍。而石虎的門前冷清得要命。石虎的氣憤就更加高漲了。

那個剛攻占襄陽立了戰功的郭敬,覺得晉國的人實在太容易欺負了,休息了幾天之後,就又決定找晉國的人來練練,爭取再立新功,再創佳績,再升高官,又帶著部隊來到江西,打算掠奪一批晉國的物資,順便戲弄一下晉國的人。

哪知,這次他弄錯對象了。江西是晉國第一號強人陶侃的地盤——陶侃可不是周撫,才聽到敵人殺過來的消息就跑得路都不見,而是派他的兒子陶斌和桓宣帶著部隊,趁樊城空虛的時候,攻打樊城,把郭敬在樊城的留守部隊全部俘虜。郭敬趕忙回師救樊城,正好與桓宣的部隊相遇。桓宣雖然政治立場堅定,政務管理能力也很高,絕對是個合格的政治家,但不是個優秀的軍事人才,被郭敬打了個措手不及,所得的戰果又被郭敬搶了回去。

陶侃的另一個兒子陶臻和竟陵太守李陽出兵攻占新野。郭敬這才知道,惹上陶侃等於捅了馬蜂窩,要是再堅持下去,不但不能再立新功,恐怕這條命都有玩完的可能,馬上撤軍退走。

桓宣乘機收復襄陽。陶侃就讓桓宣當了襄陽的第一把守。這個桓宣雖

第二章　都忙於內亂

然不是野戰的高手,但卻是內政的行家,當上這個邊境重鎮的父母官後,積極領導大家備戰,使襄陽的民生大有起色。後來,趙國的部隊多次侵犯,但他只以少量的兵力把守,卻硬是多次擊退後趙的侵略軍。其聲望僅次於祖逖和周訪。

第四節　石勒也死了

在晉趙兩家一邊進行內部鬥爭一邊發生邊境摩擦時,李雄集團覺得也該有點動作,湊點熱鬧才好玩,否則,人家還以他們不存在了似的。

當然,李雄不是菜鳥,知道北上跟石勒火拚,結果他會反被石勒搞定的,因此,就來個向北防守,向南發展。

本著這個原則,咸和七年的年九月,成漢大將軍李壽決定攻打晉國的寧州,派費黑為先鋒,從廣漢帶大軍出發;又派鎮南將軍任迴帶兵從越巂方向出擊,主要用來分散寧州的兵力。

寧州在現在雲南境內,離晉國的核心地帶很遠,本來就很難得到中央的援助,而且長期以來,晉高層都在動盪中艱難地走著,把精力都放在內鬥上,就更無法關注邊遠山區了。李壽顯然是看準了這個機會。

現在寧州的第一把手是尹奉。

十月,李壽和費黑的部隊抵達朱提郡。朱提太守董炳沒什麼兵力,當然不敢兵來將擋、水來土淹,帶著那幾個兵打開城門,與敵人在城外決戰,而是死死地閉城緊守,然後不斷向他的上級尹奉告急。

尹奉派建寧太守霍彪帶兵去救他。

李壽見霍彪帶來的部隊不多,而且又剛狂奔而來,體力消耗已經不少,

第四節　石勒也死了

就想來個迎頭痛擊，取得一場勝利。可費黑卻不同意，說：「我們的目標是這座城而不是打這個野戰。現在城中的糧食不多，我們更應該把霍彪的人馬放進城裡，消耗他們的糧食，讓這支援軍成為他們的負擔，為什麼現在要打他們？這不是幫他們精簡人員是什麼？」

李壽一聽，有道理。

霍彪的腦子很簡單，一點沒有考慮到這個環節，看到敵人沒有攔截，沒發生一點流血衝突就可以大喊大叫著進城，與兄弟部隊勝利會師，覺得高興都來不及，哪知卻是上了大當。

成漢大軍繼續圍攻，但進展卻一點不大，李壽有點急躁起來，準備加大力度，全力硬攻。費黑又反對。

李壽宣布這次反對無效，命令全體士兵全力攻擊，進城吃晚餐。可連攻多天，大家晚餐仍然回城外吃著。李壽這才知道，費黑這個名字雖然不怎麼順眼，可腦袋想的卻很正確，就把軍事全部委託給他負責，自己算是隨軍來少數民族地區旅遊考察的。

費黑很有耐心，一直圍到第二年的正月，董炳和霍彪終於在體會到坐吃山空的這個成語之後，舉手投降。李壽的人氣馬上高漲，南中一帶的人一聽到李壽的名字，都很敬佩。

李壽繼續向尹奉發動進攻。

董炳被欺負時，可以派人向尹奉求救，尹奉這時卻不知道向誰叫苦了——當然，他可以向中央政府求救，但他比誰都知道，中央政府現在要是有能力照顧到他這個邊遠山區，也就不是現在這個中央政府了。他硬著頭皮死撐了一個多月，終於撐不住，也向他的老部下董炳和霍彪學習，向李壽高舉白旗。

南中就這樣跟晉國割斷了關係，從此成為成漢帝國領土中的一部分，李壽兼寧州刺史。成漢帝國的國土面積，因此戰而增加了差不多一倍。

099

第二章　都忙於內亂

晉國因為內亂，成了誰都敢欺負的軟腳蝦。

咸和八年，又是一個不平凡的年分。

石勒那顆消失了銳氣的腦袋突然老練了起來，覺得晉國雖然有點軟弱，沒事時可以捏他們幾下，找點刺激、當興奮劑提振一下精神，可這個國家擁有江南一大片土地，不管人力資源還是其他資源，都雄厚得多，要想真正把他們擺平，實在是不容易的事，最好的辦法是先把北方那些大大小小的割據政權全部搞定，讓北方地區變成鐵板一塊，再轉過頭來，跟晉國決戰，才有最後勝利的把握。否則，以現在的形勢，跟這個強大的國家對戰，也討不到什麼好處，白白四面為敵，到處作戰，雖然累積了很多戰鬥經驗，可卻沒什麼收穫，而且累得要命──不是聰明人的做法。

石勒這麼一思考，馬上派使者來到建康，要求與晉國建立友好關係，從今之後，大家和平共處。晉國高層那幾個官員，把讀書人的性格表現得很到位──雖然進取心沒有長進，但骨氣的硬度遠遠超過花崗岩，根本不跟石勒的使者對話，把石勒送過來的禮品全部當場燒毀，弄得石勒一點臉面也沒有，在心裡大叫，啊，在這個世界上做人，堅決不能低姿態啊！

這一年的不平凡，主要表現在，幾個在歷史舞臺上大出風頭的強人又先後掛掉。這些強人活著的時候，都嚴重地影響著歷史的走向，而他們的死，也是歷史的轉捩點。

第一個掛掉的人就是那個東北強人慕容廆。這傢伙原本並不是最強的人，很多人看到他那丁點的實力，都不把他當一回事，可後來他硬是制定人才政策，大量引進人才，努力打造慕容氏的品牌，堅持高舉晉國的旗號，憑藉自己的軟實力，活用手中的那點有限力量，打敗了包括段氏和宇文氏在內的實力比他雄厚好幾倍的部落，成功地成為東北的頭號強人，開創了慕容氏的基業，同時也有效地為晉國牽制了石勒的力量，使石勒不能把全部力量投入南方。

第四節　石勒也死了

身為慕容氏事業的奠基人，慕容廆在全部落當中魅力四射，所有的人都是他的粉絲，全聽他的指揮，上下一致，鐵板一塊。

他死時，已經六十五歲，沒有發生什麼權力之爭，他指定的繼承人慕容皝順利接管權力。慕容皝在老爸掛了之後，也舉行了個高規格的接班儀式，來個在本地區範圍內大赦，然後任命了幾個官員：以長史裴開為軍諮祭酒，郎中令高詡為玄菟太守，帶方太守王誕為左長史。王誕說遼東太守陽騖比我強多了，左長史的位子還是讓他來做吧。慕容皝「從之，以誕為右長史」。

東北這邊的喪事才剛結束，更重要的一位強人又掛掉了。

這個強人絕對是超重量級的。

他就是石勒。

五月時，石勒強健的身體突然生起病來。

石虎早就滿心期待石勒的這一天。他趕緊跑到宮裡，說是要親自侍奉石勒，為他捧藥捧湯——誰都能從他的這個動作中，看出他的心思。

石虎進去之後，捧不捧藥，捧的是什麼藥什麼湯，誰也不知道。大家只知道，自從他進去之後，別人就再也進不去了。而且，現在石勒的身體到底怎麼樣了，是越來越好，還是越來越差，大家只能在心裡猜測，真正的情況，一點也不清楚。

但石虎卻清楚得很，他從石勒的身體狀況判斷，這個天天壓在他頭上的大山就要倒下去了，自己的出頭之日馬上就要來臨。他這時想得最多的就是如何把那些平時不跟自己保持一致的人剷除掉。這傢伙長期掌握兵權，比誰都知道「槍桿子裡出政權」的大道理，因此，首批要搞定的人，不是那些靠嘴皮子混飯吃的反對黨，而是那幾個帶兵在外的強人。

石勒這時身體病了，頭腦更是混沌，看到這些天只有石虎這個大猛男

第二章　都忙於內亂

當他的護士,早就應該警惕才對,可他居然一點也沒有意見,每天讓石虎粗手大腳地侍奉藥湯,照樣喝得咕咕響。而石虎卻做了幾份假的聖旨,把石宏、石堪叫回襄國,說是有重要事情要商量——這幾個傢伙要是留在他們的軍營裡,以後麻煩就大了,但他們要是回到襄國,身邊就只有幾個警衛人員,要解決起來,比解決一個竊盜集團都還容易。

石虎做完這些動作之後,心裡正得意,哪知,石勒的病情突然好轉起來,就出來呼吸一下新鮮空氣。可新鮮空氣還沒有呼吸到,卻先遇到石宏,老子不是叫你鎮守鄴城嗎?你怎麼跑到這個地方來?

石勒能放心地讓石虎侍奉藥湯,估計就是因為作了讓石宏帶兵在鄴城的安排——只要這個兒子手裡拿著兵權,而且在鄴城當老大,就不怕石虎做什麼小動作。哪知,石宏卻突然出現在這個地方。他大吃一驚,問石宏:「老子讓你帶兵在外地,為的就是防止老子掛了,首都出事。你為什麼回來?誰叫你回來的?趕快查出來,把這個傢伙砍了。」

如果這時,石宏能搶到發言權,把事情簡單地向石勒作個彙報,後面的歷史就不是我們看到的那些情節了。可石宏卻慢了半拍。

石虎看到石勒臉上全是要殺人的神態,知道要是讓石勒知道前因後果,自己馬上就會被滿門抄斬,一個不剩,馬上說:「石宏他想念老大,想念得不行了,就跑回來看望。明天他會馬上回去的。」

到了這時,再菜的人都可以看得出,石虎這麼急著跳出來幫石宏回答這個問題,而且神態慌張,肯定是心中有鬼。可石勒的腦袋在突然清醒之後,又突然發暈,居然收起殺氣,而且不再問下去。而石宏就更菜了,事情都到了這個地步,居然在那裡緊閉嘴巴發呆,一點沒有看出問題的嚴重性——大概這傢伙天天在「萬歲」的山呼聲中,真的認為他的老爸是個長生不老的人,現在有病,也是暫時的,讓石虎刮刮痧、喝點滋陰壯陽的藥,沒幾天就又可以生龍活虎了。

第四節　石勒也死了

　　石勒把後事寄託在這種政治菜鳥的身上，結果如何，可想而知——即使石宏今天不回襄國，還是在鄴城正常上班，可等他一掛，這個石宏仍然會被石虎收拾的，當然，會有點波折。可這個波折絕對阻擋不了石虎奪權的步伐。

　　當然，如果石勒現在就把石虎徹底剷除，那就是另一回事了。但石勒卻沒一點這個想法。

　　石虎雖然驚出了一身冷汗，但他堅信石勒已經活不了多久了，因此，在石勒叫石宏回鄴城時，卻又偷偷叫石宏不要走，你要是走了，老大突然病情惡化，你不後悔嗎？

　　石宏再次把自己的菜鳥能力發揮出來，覺得石虎的話對得很，就留了下來。

　　石虎看石勒父子都在自己的矇騙之下，心裡爽得要命。

　　過了幾天，石勒又想起這件事來，問石虎到底是怎麼回事——石勒雖然聰明一世，可現在年紀越大，智商越弱，在這件事上想了這麼久，居然沒一點成果。

　　石虎當然不會實話實說，而是繼續騙石勒：「那天你吩咐之後，石宏就回去了。現在正在路上呢！」

　　石勒一聽，就徹底地放心了。他這麼一放心，等於放心地把他的後代推向了深不可測的深淵。

　　石虎的動作還在繼續。

　　這時，廣阿一帶發生大規模的蝗蟲災害。災區的報告送到中央，石虎馬上派他的兒子石邃帶騎兵三千到災區，說是幫災區人民捕蝗，其實捕蝗是假的，真正的目的是讓這支部隊保持機動，隨時準備接應首都裡的事變。

第二章　都忙於內亂

到了七月，石勒終於覺得自己的身體已經不行了，估計這輩子就這樣到頭了，所有的轟轟烈烈都已經可以盤點，只要把後事一交待，什麼都可以劃上一個句號了。如果到了這時，再不發表遺詔，那這輩子就沒辦法完成這個最後的任務了。

石勒遺詔的原文是這樣的：「三日而葬，內外百僚既葬除服，無禁婚娶、祭祀、飲酒、食肉，征鎮牧守不得輒離所司以奔喪，斂以時服，載以常車，無藏金寶，無內器玩。大雅衝幼，恐非能構荷朕志。中山已下其各司所典，無違朕命。大雅與斌宜善相維持，司馬氏汝等之殷鑑，其務於敦穆也。中山王深可三思周霍，勿為將來口實。」

這個詔書要求，他的喪事要盡量辦得節儉，過程要簡潔一些，死後三天就可以埋掉，不要等到屍體發臭了，才找到一塊風水寶地。官員們在他入土為安之後，就可以脫掉喪服，不要老穿著那東西，既難看又不方便。更不要在喪事期間禁止人家結婚、不做其他活動，不讓人家喝酒。地方一把手也不要離開駐地到首都奔喪。埋葬的時候，就穿平時的這些衣服，更不要放什麼值錢的陪葬品——老子該享受的，活著時已經享受過了。

詔書最後強調，石弘兄弟一定要精誠團結，不要像司馬氏那樣，專門拿自己兄弟開刀，而且這刀一開，幾十年了，還沒完沒了。石虎要向那個偉大的周公姬旦學習，不要讓人家笑話你們。

石勒這個遺囑，很語重心長，希望他的兒子們能把他的事業做大下去，希望石虎能同心擁護石弘，繼續像為他打天下一樣為石弘做事。可他沒有想到，石弘不是他，石虎更不是周公。

石勒發表這個語重心長的遺詔之後，到了七月二十一日，終於嚥下了他人生的最後一口氣。這年，他正好六十歲。這傢伙出身卑微，最後當上皇帝。他的一生可說是一部很經典的個人奮鬥史。這傢伙也很自信，總是以劉邦為榜樣，覺得歷史走到今天，劉邦是史上第一強人，他自己是第

第四節　石勒也死了

二。就在他死前那年的正月,他在招待兩個外國使者的宴會上,酒喝了八九成,心情就開朗起來,笑著問徐光:「朕方自古開基何等主也?」

徐光跟了他這麼多年,對他心裡想什麼很清楚,馬上回答:「陛下神武籌略邁於高皇,雄藝卓犖超絕魏祖,自三王已來無可比也,其軒轅之亞乎!」老大的智慧比劉邦要高出那麼一根指頭,風度氣質遠遠超過曹操。自古以來,只有黃帝可以跟老大平起平坐,走路時可以跟他摟著肩膀了。

石勒一聽這話,好聽得很,不過,他還是大笑著說:「你這話捧得太過離譜了。老子知道自己有幾斤幾兩。老實說罷。如果不幸碰上劉邦,老子就老老實實當他的手下,跟韓信彭越他們一起比誰的功勞多一點。如果碰上劉秀,就跟他平等競賽,誰勝誰負,那是很難說。但老子鄙視曹操和司馬懿父子,專門做欺負人家孤兒的勾當。總的說來,老子只能在劉邦和劉秀之間,和黃帝差得遠了。」

大家一聽,都大呼老大英明。

其實,真的比起來,也許在個人的軍事能力上,石勒可以跟劉秀不分上下,而且個人的武力指數要高於劉秀,但綜合能力比劉秀差多了。劉秀的出身雖然比他好一點,但人生事業的起點,卻不比他高多少。他接過哥哥的班時,四面楚歌,危險得像立在石頭上的雞蛋一樣,但最後靠自己的手段,拉攏了一大批立志「攀龍附鳳」的人才,不斷把事業做大,最後全面統一全國。這一點,石勒差得很遠。石勒雖然也拚命攏絡人才,可招來招去,除了那個短命的張賓外,卻招不到幾人可用。能打仗的就更不多了,每次帶兵出征的,全是姓石的哥兒們,仍然走不出家族企業的惡性循環,最後大權落到石虎的手中——雖然早有警覺,但一點防範的辦法也沒有。石勒另外一個方面,也是最本質的一點,就比劉秀差遠了。就是太過血腥,動則揮刀屠城,至於手下的人,誰要是在他心情不好的時候,說了一句即使正確但他覺得不中聽的話,就有可能人頭落地——在

第二章　都忙於內亂

這方面上看,他完全可以放到暴君行列。而劉秀卻是歷史上有名的仁慈之君——當然,這個仁慈是秀出來的,但他秀得很好。

因此,要是石勒碰上劉秀,兩人面對面對決起來,笑到最後的,仍然是劉秀而不會是石勒。

第五節　你亂我也亂

石勒一駕崩,後趙帝國馬上就直接進入石虎時代。

石虎馬上派人控制住石弘,把石弘帶到金殿前的平臺上,然後立即派人把程遐和徐光這兩個多次勸石勒搞定他的傢伙抓起來,移交司法機關。

大家一看到這個陣勢,知道石虎大動干戈的時候到了,個個都怕人頭落地,因此都搶先四散奔逃。

整個襄國馬上籠罩在一片黑色恐怖之中。

石弘滿臉都是懼色,覺得世界末日就要到了,對石虎說:「我的能力太低了,掌握不了大局,當不了這個皇帝。還是老大有魄力有能力⋯⋯」

可他的話還沒講完,石虎的眼睛已經瞪得像張飛的眼睛一樣,大吼起來:「你有沒有能力不是你說了算。現在是什麼時候?現在不是討論這話題的時候。」

石弘只得緊閉嘴巴,在石虎的安排下,懷著恐懼的心情舉行了登基大典。

石弘滿臉慘白地宣布大赦時,心情肯定很複雜。他可以赦免天下所有的殺人犯、強姦犯、搶劫犯等等犯人。可以後誰來赦免他啊!他就知道他

第五節　你亂我也亂

這個皇帝是不好當的。

石弘宣布大赦之後，還按照石虎的意思，宣布了一個命令，就是把他的舅舅程遐和徐光全部處死。

石聰和譙郡內史彭彪也覺得石虎不是他們合作的好夥伴，石虎遲早要把他們打倒在地，再踏上一隻腳，讓他們永世不得翻身，因此決定緊急跳槽，向晉國投降。

這兩個傢伙雖然知道大禍馬上要臨頭，可居然還走了一道投降流程，派人先到晉朝那裡表示要投降。晉高層當然同意，並派督護喬球帶兵過去接應。哪知，石虎的動作快得要命，喬球的部隊還在半路行軍，石虎已經把石聰的腦袋解決了。

到了八月，石虎加快了奪權的步伐，讓石弘任命石虎「為丞相、魏王、大單于，加九錫，以魏郡等十三郡為國，總攝百揆。這個「總攝百揆」，就是讓大家都知道，現在石虎是後趙帝國真正的獨裁者，石弘只是個傀儡。

石虎現在享受的待遇跟當年的曹操沒什麼兩樣，就連封國都是「魏」。他宣布在他的「魏」國境內大赦，立他的老婆鄭氏為王后。接著，加大力度提拔他的兒子們，讓他的兒子們都成為國家高層。

然後進行一次徹底地官員大調整，原來石勒的手下全部靠邊站，石虎手下的員工都被提拔到重要的工作職位上，個個掌握實權。就連宮廷內也進行了調動：先把太子宮改成崇訓宮，然後把皇太后劉氏以下的所有人員全部遷到太子宮裡，這就等於變相將皇太后打入了冷宮。這傢伙也把前趙劉聰的招數學得點滴不漏——原石勒宮中那些過時了的美女，就跟劉氏去太子宮守寡，長得還水靈的美女，全部來個再就業，到他自己的府上為他服務。

劉太后到底是石勒的正妻，老公才剛剛掛掉，自己就被石虎逼到這個

第二章　都忙於內亂

地步，往後的日子恐怕更加難過了。這個前第一夫人，越想越覺得不能再這樣下去了。當然，她現在手中只能指揮幾個會打燈籠的小美女和幾個端尿盆的太監，其他人員一概沒有，拿石虎一點辦法也沒有。她想了幾天，最後找了個機會，對石堪說：「先帝才剛剛走，石虎就囂張到這個地步。照這麼下去，國家不久就會玩完。你有沒有別的辦法？」

在石勒還活著時，石堪手裡有兵有槍，威風凜凜，可現在他跟個襄國的財主沒什麼差別，吃喝賭嫖不用愁，可什麼權力也沒有了，人家也不再像以前那樣圍著他團團轉，排著長隊向他溜鬚拍馬了，每天看著原先在石虎手下混飯吃，級別遠比自己低的那些傢伙，在自己面前耍大牌，一點不把自己放在眼裡，心裡很生氣。這時聽到皇太后的話，更加不滿，雄心就被激發出來，說：「先帝的舊部下，現在都靠邊站了，部隊全掌握在石虎的手中，我現在就是想找人商量也沒辦法。這樣吧，我決定跑到兗州，讓石恢當帶頭大哥，號召各地強人聯合起來，共同打倒石虎。我覺得這還是可行的。」

劉太后倒是很果斷，馬上說：「現在事情已經到了這個地步，你要趕快行動。」

石堪把自己打扮成平民出了襄國，然後帶著一支人數不多的部隊，去襲擊兗州。哪知，由於兵員太少戰鬥力太弱，沒有奪取兗州——如果這傢伙不用襲擊的辦法，而採取政變之類的措施，可能成功的機會要高得多。可卻硬是用攻城的辦法，最後只能是失敗了。

石堪攻不了兗州，目的沒達到，後果很嚴重。

他想逃跑到譙城當個難民避難，可石虎能放過他嗎？

石虎派郭太去追，追到城父就一把抓住石堪，押回襄國。

石虎下令生起一堆大火，把這個謀反的傢伙架到火堆，像燒烤豬一樣

第五節　你亂我也亂

地燒烤石堪，讓大家看到他的哀嚎從大到小，從有到無，看到他身上的油一滴一滴地滴在火裡，滋滋之聲不絕於耳，最後，油乾了，聲音也沒有了，整個身體全部熟透。

石堪跟石聰一樣，本來跟石勒沒什麼血緣關係，石勒看到他們有能力，就讓石聰姓田，收石堪當養子。

不久，劉太后跟石堪的密謀也被挖掘出來，石虎馬上毫不客氣地剝奪她的皇太后頭銜，然後再把她處死。據說這個劉太后的能力真不錯，連石勒也常常讓她參與決策，而且她人品很好，從不在後宮專政，比那個呂后強多了。如果石勒把後事交給她，恐怕局面會好得多。

到了十月，後趙帝國的另一個強人石生跟武衛大將軍石朗宣布起兵勤王，討伐石虎。

當然，石生也知道，憑他手中的力量，遠不是石虎的對手，因此必須來個內外結合，才有勝利的可能。他自稱秦州刺史之後，派人向晉國投降，請求晉國派人接應他。而那個曾被石虎看好的「氐王」蒲洪，這時也對石虎舉起了造反的大旗，帶著自己的人馬向張駿投降。

石虎當然不能讓石生他們鬧下去，馬上做出部署，叫兒子石邃看好襄國，自己帶兵七萬人去攻擊這些反對派的部隊。他首先進攻石朗鎮守的金墉城。

石生和石朗雖然同時宣布起兵，但顯然沒有協調好，因此，在石虎進攻石朗時，石生並沒有什麼對應的動作，只有石朗一個人在那座早就成了倒楣代名詞的金墉城裡硬撐。撐不了幾天，就被石虎生擒。

石虎對造反的人從來是不客氣的。他抓到石朗之後，先砍斷石朗的雙腳，讓石朗痛苦幾天之後，才砍了他的腦袋。

搞定石朗之後，石虎向長安的石生發動進攻。

109

第二章　都忙於內亂

石虎派他的兒子石挺為前鋒大都督，直指長安。

石生當然不是石朗。他看到石虎大軍前來，一點畏懼也沒有，派郭權帶鮮卑部眾為前鋒，迎戰石挺。雙方在潼關大戰。

結果，郭權大勝，斬掉丞相長史劉隗（傳說此公就是當年從晉國逃到石勒手下的那個劉隗）。

石虎也趕緊逃回澠池，保住老命。據說，此戰石虎的部隊「枕屍三百餘里」，說是損失慘重一點不過分。

如果這時，石生能把握機會，讓頭腦保持清醒狀態，穩住局勢，擴大戰果，歷史就可以在這裡改寫一筆。

可這傢伙也是個很浮躁的人物。

在郭權取得輝煌勝利的時候，那個鮮卑部落的老大涉貴居然改變立場，又跟石虎勾結起來，反叛石生。

而讓人暈倒的是，石生這時居然不知道前方已經取得巨大的勝利——一個統帥消息居然閉塞到這個地步，不失敗真的沒有理由了——此時，郭權已經又斬了石挺。石生只看到涉貴的叛亂，內心就恐懼起來，以為前方已經大敗了，現在只有狂奔而逃為妙，因此，竟然丟下大軍，獨自跑回長安。這傢伙的腦袋到了這時已徹底短路，也不想想，你把部隊丟在這個地方，讓石虎前來大力屠殺之後，你就是跑到長安，沒有軍隊的保護，同樣逃不了被殺的命運啊！

石生一跑，郭權的聲勢馬上就跌了下來，只得集結殘留下來的部隊，退守渭汭。

如果這時，石生穩定情緒，仍然還有機會。哪知這個身經百戰的傢伙，這時卻控制不了心裡瘋長的害怕情緒，在長安喘了口氣之後，又覺得長安也已經變成最危險的地方，就又宣布放棄長安，逃到雞頭山裡躲藏

第五節　你亂我也亂

起來。

他手下的那個蔣英就自然成了長安城裡的老大。

石虎想不到自己大敗之後，竟然這樣逆轉過來，當然不會放棄這個機會，馬上帶兵向長安進軍。

到了這時，長安城裡的士氣已經降為零，蔣英雖然拚命死守，但也擋不住歷史的步伐。

石虎沒費什麼力氣就攻破長安城，斬蔣英。

石生雖然逃到山中，但卻被立功心切的部將出賣，沒幾天就被揪了出來，當場砍掉，拿著他的人頭去向石虎請功——這傢伙本來可以轟轟烈烈地改寫一下歷史，可在大勝之後居然腦子進水到這個地步，最後死得十分窩囊。

郭權看到大勢已去，就自己逃命去了。

石虎又派麻秋去討伐蒲洪。

這個蒲洪看到石虎大軍力量雄厚，知道無論自己怎麼英勇善戰，也打不過人家，便又舉手投降。

石虎對別人很殘忍，可對這個蒲洪卻寬大得要命。他不但輕鬆地接受了蒲洪的投降，而且還讓他當光烈將軍、護氐校尉。

蒲洪還特地跑到長安去面見石虎，向石虎建議，把關中的人才以及各個少數民族部落都遷到中原一帶，以充實國家的人力資源，而且表示自己會以身作則，其他的人就會大步跟進，一點阻力也沒有。

這一建議跟石勒歷來方針是一致的，石虎也曾長期執行石勒的這一政策，因此同意了蒲洪的建議，強行把秦州、雍州一帶包括漢人、羌人在內的十多萬戶都遷到關東地區，然後任命蒲洪為龍驤將軍、流民都督，駐紮在枋頭。又提拔羌族的老大姚弋仲當奮武將軍、西羌大都督——當然提

第二章　都忙於內亂

拔之後,就叫他帶著所部幾萬人,都離開原住地,遷到清河灄頭,再一次來個民族大融合。

石虎到了這時,靠著自己的實力和運氣,把內部最堅強的反對黨基本搞定,返回襄國。

石虎一回到襄國,就宣布大赦。接著,叫石弘命令他組建魏國政府,像曹操一樣,以後可以在魏國政府裡處理所有國家大事了。這個政府一成立,等於向全國宣告,石弘這個皇帝現在除了皇帝的頭銜之外,已經一窮二白。

石勒的繼承人還沒有繼位就疲軟到了探底的地步,而慕容廆的繼承人慕容皝倒是威風得很。

慕容皝全面掌管了老爸遺留的權力之後,本性就露了出來,覺得還像老爸以前那樣治理國家,強大的步伐就太慢了,因此就來個以法治國,對犯罪分子通通來個嚴打,不管什麼罪,都從嚴從重從快處理。這傢伙以為,只要亮出大法來,壞蛋就無處藏身,天下就太平了。他的主簿皇甫真認為,治理這個社會,不是這麼簡單地「以法治國」就好了,而且「以法治國」也不是從重從嚴這麼簡單的。

可慕容皝一點也聽不進去——你說不能以法治國,那以什麼治國?難道以腐敗治國,天下就太平了?

其實誰也看得出,慕容皝所謂的以法治國,全是幌子,其實全是按他的意志行事,誰違反他的話,誰就是違法,誰就得從嚴處置,弄得轄區的官員和老百姓個個都怕得要命。

他的這個「以法治國」其實就是要樹立自己絕對的權威,怕自己的地位不穩,而到處打壓別人。

他現在最防備的不是別人,而是他的那幾個兄弟。他的這幾個兄弟,

第五節　你亂我也亂

一個是他的庶兄慕容翰，一個是他的弟弟慕容仁。這兩個兄弟都是大大的人才，是他老爸的得力助手，慕容廆能把事業做到今天這麼強大，這兩個兄弟的功勞應該是最大的。在慕容廆當政時，這兩個哥兒們就已經大大地出了風頭，出鏡率很高，因此人氣高漲，很得民心和軍心。另外一個小弟慕容昭，雖然因為年紀還輕，沒有多大的戰功，但表現出的能力已經不一般。

慕容皝覺得這三個兄弟對他的威脅越來越大了，內心總想著如何擺平這三個兄弟。

慕容翰不是傻瓜，一看慕容皝的臉色，就知道他的這個弟弟心裡裝的是什麼想法，長嘆：「再這樣下去，我的人頭可就不安全了。」

他知道再也不能留在這裡當他弟弟的部下了，就帶著他的兒子，一個招呼也不打，直接跑到遼西段家的勢力範圍，投奔段家的老大段遼。

段遼一看是慕容翰來了，這可是東北地區最優秀的人才啊，馬上好好招待，讓他在這裡成為自己的高級員工。

而另外那兩個兄弟就不像慕容翰這麼「顧全大局」了。

在慕容翰離開之後，慕容仁和慕容昭也知道，局勢將越來越嚴峻。

慕容仁現在是平郭第一把手，回到首府奔喪時，順便去找慕容昭，說：「我們幾個平時很不檢點，常常鄙視慕容皝，很不給他面子。現在他大權在手，又這麼執法嚴酷，我們什麼錯誤都沒有犯時，都還怕他來找我們的麻煩，要是不小心給他抓到了一點把柄，那可就不好玩了。」

慕容昭一聽，就咬著牙說：「我們兩個都是老爸的嫡子，都有資格繼承老爸的政治遺產。你帶了多年的部隊，向來很得軍心，我現在在首府，他們不會對我產生什麼懷疑。我們只要抓住機會，來個裡應外合，搞定慕容皝也不是什麼難事。現在，你趕快回去，帶兵前來攻打首府，我作內

第二章　都忙於內亂

應。事情成功了，大家就一起共享勝利果實，我只要遼東的地盤，別的都是你的。大丈夫做事，就要乾脆俐落，不成功就去死，怕什麼？千萬不要學慕容翰那樣，一覺得危險到來，馬上就跑。」

慕容仁一聽，猛拍大腿，叫道：「有理！」

於是他馬上回平郭，組織部隊，做好戰鬥動員。

到了閏十月，慕容仁的部隊大步向西出發，準備去和慕昭裡應外合。

哪知，在慕容仁信心滿滿的時候，這個裡應外合的密謀卻洩漏出去，而且一洩漏就到了慕容皝的耳裡。而慕容皝剛一聽到時，反應很遲鈍，居然說，沒有這回事吧？肯定是謠言。

人家說，千真萬確，不信老大可以去調查。

慕容皝就真的派了個調查小組去平郭進行調查。調查小組才來到黃水，就碰上慕容仁的大軍浩浩蕩蕩地開來。如果是腦袋靈光點的人組成這個調查小組，這時看到慕容仁的部隊氣勢磅礡地開到，早就往回狂奔，報告老大，慕容仁的部隊來了。可這幾個傢伙的腦袋裡全是豬的腦水，居然走進慕容仁的指揮部，問慕容老大你這是做軍事演習還是要造反？

慕容仁一聽，原來密謀已經一點不保密了，再進軍只能是送死，就把調查小組的豬頭一起砍掉，然後退軍平郭，做好迎接慕容皝前來圍剿的準備。

慕容皝這才知道這個八卦還真不是空穴來風，臉上立刻布滿殺氣，先去找慕容昭算帳，說我什麼時候做過對不起你的事？為什麼要裡應外合搞定我？我給你個機會，讓你自殺。你要是捨不得下手，我就下手。你應當知道，我下起手來，你會很痛苦的。

慕容昭知道他哥哥這話絕對沒有一點猶豫，是說到做到的，因此就自己動手，了結了自己年輕的生命。

慕容皝先派封奕去遼東穩定遼東民心，然後派高詡為廣武將軍，帶

第五節　你亂我也亂

五千部隊跟他的另外幾個弟弟建武將軍慕容幼、慕容稚、廣威將軍慕容軍、寧遠將軍慕容汗以及司馬佟壽一起去圍剿慕容仁。

雙方在汶城北擺開戰場，大打了一場。結果，慕容仁取得完勝。慕容稚、慕容幼、慕容軍都成了慕容仁的俘虜。那個司馬佟壽原來就在慕容仁手下當過員工，本來跟慕容仁關係就不錯，這時就乾脆投降了老上司。

那個前太守孫機這時乾脆把遼東作為禮物獻給慕容仁，東夷校尉封抽、護軍乙逸，遼東相韓矯一致覺得大勢已去，就都把地盤丟給慕容仁，自己逃走了，使慕容仁的勢力突然壯大起來。

封奕這時正好趕到遼東，知道遼東已經劃歸慕容仁的版圖，當然不敢再進去了，跟慕容汗一起帶著剩下的幾個士兵零零落落地跑回首府，向老大報告：我們辜負了期望，讓敵人勝利了。

而且這時，段氏部落以及鮮卑部落都積極聲援慕容仁，到處高喊打倒暴君慕容皝的口號。

慕容皝這才知道自己這個「以法治國」的策略原來是在禍國殃民，是自己把自己搞死的方略，就懷念起皇甫真來，馬上提拔他當了平州別駕。

當然，慕容皝雖然做了一番自我反省，可那些反對派到了現在，卻一點不領情，該怎麼做仍然怎麼做。

第二年，也就是咸和九年的二月，慕容仁宣布遼東為自己的勢力範圍，任命了很多官員。那個段遼就更不講情面了，先是派部隊去襲擊慕容皝的徒河，沒有成功，又派他的弟弟段蘭與慕容翰一起去攻打慕容皝的柳城——徒河不好打，柳城總可以拿下吧？

哪知，柳城的守將石琮和城老大慕輿泥卻強悍得很，硬是帶著民兵跟段家軍對抗到底，弄得段蘭他們白白發起多次進攻，卻一點進展也沒有取得。段蘭覺得再打下去，已經沒有意義了，就下了退兵的命令。

第二章　都忙於內亂

可段遼卻不同意，連一個由民兵鎮守的柳城都拿不下，段家還有什麼臉面？馬上向段蘭大吼：「你帶著個專業軍隊，卻連一群業餘民兵也搞不定，還有什麼臉回來見我？你們要是攻不破柳城，就不用回來了。」

段蘭和慕容翰休整了二十天，又帶著更多的部隊向柳城衝上來。

這一次，段蘭是下了血本的，每個戰士都穿著雙層鎧甲，頭上頂著盾牌，而且還到處架著雲梯，從四面八方向柳城進攻，而且輪番作業，二十四小時從不間斷，把專業軍隊的作戰作風狠狠地表現出來。

可城內的業餘民兵在石琮和慕輿泥的帶領下，硬是超水準發揮，越打越有感覺，打退了敵人無數次衝鋒，把敵人的一千多顆腦袋砍掉，全都像南瓜一樣，掉在城牆下。

段蘭仍然沒有拿下柳城。

這時慕容皝也知道，光靠柳城內那支業餘隊死守，是守不住的，因此急忙派慕容汗和封奕帶著正規軍去救援柳城。

慕容皝掌權以來，雖然一直以暴君的形象出場，可這時他的頭腦還是清醒的，在慕容汗出發時，就對他提出了個七字方針：「賊氣銳，勿與爭鋒。」要這個弟弟穩紮穩打。

後來的事證明，慕容皝的這七字方針是完全正確的，唯一不正確的是他用錯了人，不該讓慕容汗這樣的人去完成這個任務。

慕容汗拍拍胸脯說保證完成任務之後，帶著一千多人為前鋒以最快的速度向柳城方向狂奔。

封奕認為這是在冒險輕進，後果會很嚴重的。可慕容汗卻認為一點不嚴重：「你以為慢點走，敵人就怕了？遲早都得跟敵人接觸，晚打不如早打。」

說話間，就在柳城北邊的一個叫牛尾谷的地方，與段蘭的部隊相遇。

第五節　你亂我也亂

　　段蘭這些天來，猛攻柳城一直攻不下，心情正超級鬱悶，突然碰上這麼一支部隊，當場就紅了眼，大叫：「兄弟們，先把這支部隊解決了。」帶著大軍迎著慕容汗的那一千名士兵猛撲過去，大砍大殺。慕容汗向來只以為自己是世界上不怕死的硬漢，哪知對方也都是不怕死的角色。他這麼一發呆，部隊就被砍了一大半。幸虧封奕趕到，重新組織戰鬥，拚命抵抗，這才沒有落得全軍覆沒的下場。

　　段蘭看到慕容汗逃了回去，決定來個乘勝追擊——攻不破柳城，能徹底打敗慕容汗的部隊，回去也有個交待。

　　可這時，慕容翰卻突然冒出了滿腔的愛國心，怕這麼乘勝追擊下去，很有可能直接打到慕容氏的首府，他的國家可就滅亡了，他雖然恨慕容皝，但他對自己國家還是很有感情的。

　　他對段蘭說：「帶兵打仗的老大，怕就怕慎重兩個字，要反覆權衡雙方的力量，沒有百分之百的把握，是不可冒險輕進的。現在，我們取得了一場勝利，其實也只是打敗了他們的一小股力量，屬於偏師而已，對全域性並沒有決定性的影響。慕容皝是我的兄弟，我最知道他的風格。這傢伙完全可以劃入陰險人物行列。他最拿手的把戲就是設埋伏。到時他肯定會帶著全部家當來跟我們決戰。我們只是一支部隊，再追下去，先是孤軍深入，接著是寡不敵眾，是危險得不能再危險的事啊！而且，你再想想，我們的任務，其實就是只要這場勝利。現在已經取得了。如果再打下去，萬一打了敗仗，還有什麼臉面回去交差？」

　　段蘭雖然攻城能力不高，但絕對不是菜鳥，聽慕容翰婆婆媽媽了這麼大半天，馬上就知道這傢伙心裡想的是什麼，說：「這幾個豬頭已經命中注定要成為我們的俘虜，沒有第二條路可選擇了。現在，只要我們下令進軍，慕容皝就一定成為我們的俘虜。老兄現在怕的不是我們打敗仗，而是怕老兄的國家滅亡而已。這個你就不用擔心了。現在慕容仁剛在遼東站穩

第二章　都忙於內亂

腳跟，勢頭正好。我們這次要是取得徹底勝利，我一定把他叫過來，讓他當上你們的老大，絕對不會做對不起老兄的事。」

慕容翰一聽，雖然有點臉紅，但在這個大是在非面前，他還是不讓步，說：「我既然跳槽來當你們段家的員工，那個國家已經跟我無關了。現在只是為了我們的共同利益，這才不反對冒進而已。」

他說過這話之後，就向自己的部屬下令：回去！

段蘭一看，知道慕容翰的部隊一回去，只剩下自己的部隊追下去，力量遠遠不夠，因此也沒有辦法，只得接著下了撤軍的命令。

第三章
權力永遠是大亂的根源

第三章　權力永遠是大亂的根源

第一節　向晉朝靠攏

說起來，司馬氏還是個很幸運的集團。

建立政權這麼多年來，除了培養一批又一批的名士外，沒做出幾件對人民有利的事。而且除了司馬炎之外，中央核心都處於弱勢狀態，致使內亂一個接一個地發生，根本沒有精力去管京城外的事，終於造成了今天這個模樣。

可即使偏安江東，形勢危急得隨時可以國破家亡，晉國高層卻仍然發揚窩裡鬥的光榮傳統——才來江南沒有幾天，就連續發生了兩起大規模的強人叛亂事件，而且每一次都讓首都淪陷、皇帝被控制。

可就是這麼一個完全可以打入弱勢群體行列的集團，因為披上了一件正統的外套，很多強人硬是還打著他們的招牌。而且這些強人還隔著其他敵對勢力，不斷地派使者到首都來，表達他們的忠心耿耿。

當然，這些滿腦子正統觀念的強人們打著大晉這個旗號，大多都是為了自己利益，像東北的慕容氏。不過，那個張駿現在倒是很誠心誠意地高舉著司馬氏那一面已經一點都不偉大了的旗幟。這傢伙現在是西平公，雖然在西北一帶作威作福，誰也不放在眼裡，所作所為，生老病死，已經跟晉國完全脫勾，可他的心裡還是惦記著這個他爺爺曾經打工過的老單位。

他很想派個人到建康去面見一下晉國的高層，向他們表示，西北的張家永遠是司馬氏最堅定的手下。可因為中間有石勒那片幅員遼闊的地盤隔著，恐怕派去的人還沒走幾天，就會被後趙抓住，然後石虎就會生起氣來，派部隊前來把他痛扁一頓，那後果就說不清了。

後來，他的這個想法越來越強烈，就派人跟李雄商量了一下，說李老大，你就讓我的人經過你的地盤到建康走一趟吧。我的人員一路吃喝拉撒

第一節　向晉朝靠攏

的費用以及經過景點的門票，全部由我出。這可是雙贏的事啊——我的人員有路可走，又可以幫老兄拉動一點內需，刺激一下消費，活絡經濟。

李雄說：「就一個通訊人員走一趟，就能幫老子活絡經濟！你騙誰？不行。」

張駿還是不死心，就派張淳為使者去見李雄，說：「李老大要是讓我通行，我的老大願意當你的子公司。這個生意可以做吧？」

李雄這才答應。

張淳準備出發時，有人又對李雄出了個餿主意：派人在三峽那裡，扮成強盜，等張淳「即從巴峽穿巫峽」時，就把船底鑿穿，讓他連同船隻一起沉到江底，然後就說，張淳被強盜先搶後殺了。

李雄一聽，也對！反正張駿不惜代價也要派使者去建康，說明他心裡只有司馬氏。老子的分量在他的心裡也就是跟那片鴻毛一個等級。

可他想不到，這個張淳在這個地方居然有個朋友。這個朋友叫橋贊。橋贊居然不知道從什麼管道知道了這個鑿船的「三峽」計畫，急忙去告訴了張淳。

如果是別人聽到這個消息，肯定會嚇得兩腿一軟，腦袋嗡的一響，然後什麼辦法也沒有。可張淳卻一點不怕，直接去找李雄，當著李雄的面說：「我老大派我從這個以前西涼人從沒有走過的地方去建康，是因為相信李老大。哪想到，你的真正面目卻是這個樣子。如果想殺掉我，何必讓正規軍去當一回強盜，做那種偷雞摸狗的勾當？不如現在就直接宣布：張淳居然懷著耿耿忠心去見晉國皇帝，這是我絕對不允許的。然後把我五花大綁起來，押赴刑場砍頭，之後你的威名就可以傳遍四方，人氣就會無限狂漲。如果讓強盜把我沉到江底，你的威名一點都不顯著，實在沒什麼意思。」

第三章　權力永遠是大亂的根源

　　李雄一聽，耍這種小聰明實在要不得，就假裝大吃一驚說：「哪有這回事？你放心地去。老子統治的地方，絕對不會有什麼強盜。」

　　李雄手下的司隸校尉景騫說：「老大，這個張淳不簡單啊，是個大大的人才，我們人雖然多，可沒幾個這樣的人啊！應當想辦法讓他留下來，當老大的得力部下。」

　　李雄搖搖頭說：「誰也留不住他的。不過，你可以去試試。」

　　景騫找到張淳，說：「張兄，你的身體這麼發福，最受不得熱。現在天氣熱得很，你就留在這裡，先派一個兄弟前去，等天氣涼了你再動身。」

　　張淳是什麼人，一聽就知道景騫的意思，馬上說：「我老大派我去建康，要報告的都是重要的事。如果派個兄弟過去就能解決，就不用派我了。我領了這個任務，就是殺頭都不怕，還怕什麼天氣炎熱？」

　　李雄知道後對他說：「你們老大現在手下要地盤有地盤，要人有人，要槍有槍，勢力也雄厚得很，完全具備當皇帝的條件，他為什麼不做皇帝，卻非要去當人家的子公司？」

　　張淳說：「我們老大自從他爺爺開始就當晉國的官員，世世代代永不變心。現在國恥未雪，我老大天天枕戈待旦，哪有別的心思？」

　　李雄一聽其言觀其行，居然臉紅了起來，說：「我們李家的祖先也是晉國的官員，後來天下大亂，被推舉為老大。如果司馬氏能光復中原，我也會帶著所有官員，重新當他的部下。」然後當場給了張淳一份隆重的禮物，隆重地送他上路。

　　如果在這個環節上，張淳處理得稍微有點偏差，他這條性命就會稀裡糊塗地死在長江裡了。但他卻憑著個人的智慧和勇氣，贏得了李雄的敬佩——當然，如果他碰上的不是李雄，而是石虎之流，他再多的勇氣也是沒用的。

第一節　向晉朝靠攏

其實，這時晉國高層雖然從沒有把目光放到涼州那麼遠，但仍然有人記得這塊遠在西北的熱土。

這個把西涼地區一直放在心底的人就是耿訪。耿訪也是西北人，後來一路南逃，先到漢中，再到江東。這傢伙不但對司馬氏忠心耿耿，而且家鄉觀念也很濃厚，天天上書，要求中央派大員到西涼去視察，大力宣傳中央的各項方針政策，表示朝廷沒有忘記他們。

晉朝那幾個高官早就被弄得焦頭爛額，酒都喝得不那麼流暢了，連家裡的情婦都顧不得了，哪還記得涼州那個邊遠地帶？天天收到耿訪的上書，心裡也煩了起來，就任命他為守侍書御史，然後任命張駿為鎮西大將軍，選了以賈陵為首的十二個涼州人士作為隨同人員，跟耿訪到涼州代表中央進行視察。

耿訪也真有點本事，帶著這十幾個人出發，居然一路無事，來到梁州。到了梁州，就不好走了，他只好把司馬衍的詔書交給賈陵，讓賈陵扮成小生意人矇混過關，這才把詔書送到張駿的手上。

轉眼到了咸和九年。

對於晉國來說，這年的開局還是不錯的。

先是張駿願意繼續擁護晉朝，那個郭權也選擇晉國作為他的母公司。郭權本來是石生手下的一張王牌，曾經為石生把石虎打得遍地找牙，正想乘勝追擊，直接打到襄國，取得全面的勝利。哪知，石生卻突然發暈，當場把大勝逆轉成大敗。他只得逃了出來，跑到上邽，然後派人到晉國來，請求投降。這傢伙打起大晉的旗號後，很多心裡還懷著正統觀念的人又點燃了激情，便紛紛起來響應。一時間，京兆、新平、扶風、馮翊幾個地方都有人帶兵出來，願意跟郭將軍一起在西北把大晉事業進行到底。再加上張駿的合作，西北地區突然形勢一片大好起來。

第三章　權力永遠是大亂的根源

當然，晉國馬上任命郭權為鎮西將軍、雍州刺史。

沒過多久，那個西部地區麻煩製造專家楊難敵的生命也宣布完蛋。他的兒子楊毅繼承了他的位子，當上了第二代領導人，自封為龍驤將軍、左賢王、下辨公，任命楊盤為冠軍將軍、右賢王、河池公。這傢伙沒有他老爸那麼調皮，覺得老是這麼上竄下跳，累不累啊？也向郭權學習，向晉國投降。

這幾個強人接連加盟大晉帝國，也讓晉國高層那幾個官員的神經升溫了起來，覺得也該主動籠絡一下這些愛國人士──尤其是張駿這樣的強人，到了現在，居然還主動效忠，太可貴了，只讓他當個鎮西大將軍，實在有點對不起他，就又把耿訪叫來：「你就再辛苦一次，把這張委任狀送到張駿的手中。」

他們這一次是讓張駿當上大將軍、都督陝西、雍、秦、涼四州諸軍事，成為晉國在西北的代言人。

不過，司馬氏集團的頭頭們到底都是一些沒有雄才大略的書生。這時雖然西部形勢大大有利，而石虎又正在為鞏固自己的地位，跟內部政敵作殊死鬥，根本無力管別的事，他們應當抓住機會，把西部的這些勢力重新整合，將這些零星力量打造成鐵板一塊，也是一支有策略意義的力量。

可現在晉國的決策層裡太難找到這樣目光遠大的人物了。

他們只是向這些眼巴巴地向他們仰望的強人們送去那些廉價的官銜，至於這些官銜能在那些強人頭上戴到什麼時候，他們根本不考慮，更不會考慮這些力量能存活到什麼時候。

晉中央才做好這些任命，石虎就已經派郭敖和石斌帶著四萬部隊出發，拿郭權開刀。

這時，郭權手下沒什麼力量，那些響應他的武裝都是立場不堅定的傢

第一節　向晉朝靠攏

伙,以前雖然舉兵呼應,只是湊個熱鬧。這時看到後趙帝軍的部隊軍容整齊地殺了過來,便重新做了一次評估,覺得不管用什麼演算法,勝利都不會站在郭權的這一邊。大家就當前形勢進行一次嚴肅認真的分析之後,覺得只有出賣郭權,他們的利益才沒受到影響。

郭權雖然很能打仗,但絕對沒有想到,敵人的腳步聲還在華陰那裡響著,內部的兄弟已經向他舉刀砍來,哪裡躲得過?那幾個當地的老大殺了郭權之後,拿著他的腦袋去投降,表示要當趙國員工。

石虎下令把秦州一帶三萬戶全遷到很遠的青州和并州一帶,看你們還敢不敢囂張。

在石斌大軍還沒有撤走時,那個陳良夫居然煽動北羌王薄句大帶著部眾起事,在北地、馮翊一帶進行打劫。石斌和石韜一起聯合起來,收拾陳良夫,把這夥腦子簡單的傢伙一頓痛扁。薄句大拚命跑到馬蘭山,投奔這裡的同族兄弟。

郭敖以為所有的羌兵都是業餘隊,只要追過去,就可以大勝而歸,整塊功勳章都是他自己的,因此就帶著部隊來個乘勝追擊。可追上敵人之後,才發覺事情不是那麼簡單——敵人的戰鬥力原來還是很強大,火力還是很猛的,結果被打了個大敗而回,部隊損失了百分之八十以上。石斌不得不帶部隊退到三城那裡。

石虎接到消息後大怒起來,連幾個西北少數民族都搞不定,實在太丟人了。當場派使者過去,把郭敖軍法處置。

這時,石勒第二個兒子,也就是石勒生前期望最高的石宏,越來越覺得自己太窩囊了,就不斷地埋怨石虎。

石虎本來最看不順眼的就是石宏,在石勒還活著的時候,就恨這傢伙當了大單于,搶了他的飯碗,老早就想把他解決掉了。這時抓到這個

第三章　權力永遠是大亂的根源

把柄,當然不會放過石宏,馬上派人過去,把石宏逮捕起來,先來個「審問」,下一步再處理。

第二節　陶侃的那些事

晉國第一強人陶侃的身體向來不錯,他早年很注重鍛鍊身體,不但建康而且比很多人長壽得多了。但再怎麼鍛鍊,也敵不過自然規律。這年的六月,陶侃也生病了,而且病得不輕。

陶侃是晉室南渡之後,埋頭苦幹,工作認真,最能忍辱負重,最後做到一方大佬的第一強人。應該說,在王敦時期,他的思想是很純粹的,抱著百分之百為民為國服務的熱情。王敦倒臺他復出後,因為利益集團的分配不公,想法就有點改變了,大局意識越來越淡薄,後來雖然迫於各方壓力,終於擺平蘇峻,人氣、官位、勢力都更上一層樓,可那個威風卻也居高不下。

蘇峻被搞定後,庾亮在高層中的市場已經徹底丟掉,幾朝元老王導再次復出,成為頭號大臣。王導還是那個腦筋,仍然堅定不移地堅持「不存小察,弘以大綱」的持政理念,把「清靜無為」的姿態持續到底,為很多貪官在腐敗的道路上保駕護航,得到了既得利益集團的高度擁護,位子越來越穩固。而且,由於王導不但是幾朝元老,更是晉室南渡重新開張的頭號功臣,再經歷了這幾次大動亂大震盪之後,更加變得「德高望重」起來,連皇帝司馬衍見了他都還要像見到長輩一樣行叩拜禮。下給王導的詔書也用特別的形式,開頭都是「惶恐言」,如果透過中書下詔,則必有「敬問」兩個字。

第二節　陶侃的那些事

　　為了這個儀式，朝中還進行了一場辯論。討論的主題是：「元旦的朝會，皇帝還要不要向王導行禮？」大家來個知無不言，言無不盡，各抒己見了大半天，無非是行與不行之間糾纏著，反方說，自古以來，哪有皇上拜屬下的道理？正方說，皇帝到學校都還拜老師們，何況王導是先帝的老師，拜了有什麼錯？

　　最後，侍中荀奕認為：「三朝之首，宜明君臣之體，則不應敬。若他日小會，自可盡禮。」這話的意思是說，元旦是三朝之首──這個三朝就是一年的開始、一月的開始、一天的開始，情況比較特殊，因此，應當讓君臣的名分界定清楚，所以皇帝不宜向王導敬禮。以後的朝會，不在此限。

　　大家一聽，有道理，就一致透過。

　　司馬衍也常去王導家，見到王導的老婆曹氏，行禮也跟王家的晚輩一樣。王導年紀一大，也跟很多人一樣，身上的毛病也多起來，其中最嚴重的是手腳麻木，行動不方便，只能坐在家裡聊天，常常不上朝。司馬衍就帶著高官們到王導家吃喝玩樂，大家盡興之後才散場。散場之後，還用豪華坐駕拉著王導到宮中，繼續玩樂。

　　王導被司馬衍這麼招待，心頭快樂得很。

　　可有人看不得他這麼快樂下去。這個人就是那個孔坦。

　　孔坦在平定蘇峻的事件中，是個預測大師，幾次都能準確地預測到蘇峻的下一步行動，可庾亮那個菜鳥不把他的預測當一回事，錯過了幾個歷史性的機會。現在他的官職是侍中，每天跟在司馬衍的屁股後面，當最高領導人的顧問，他覺得堂堂一個皇帝，天天這麼在王導面前像個孫子一樣，實在有點不恰當，還真可以套上那句「到底還有沒有王法」的話了。就偷偷地向皇帝建議，皇帝是不宜向臣子下拜的。

　　司馬衍當然沒有聽他的意見。可這個祕密的話，沒幾天就不是祕密

第三章　權力永遠是大亂的根源

了，只轉幾個彎就傳到王導的耳朵裡面，讓王導的極度不悅——覺得大大地傷了他的自尊。他憤憤地說：「王茂弘駑痾耳，若卞望之之巖巖，刁玄亮之察察，戴若思之峰岠，當敢爾邪！」這話的意思就是，我王導現在老了，殘了。如果我像卞壺那樣清高、像刁協那樣強慢、像戴淵那樣鋒芒畢露，孔坦敢說這些話嗎？

在王導說了這話之後，孔坦的腦袋還在暈暈地向司馬衍建議，國家大政不應只讓王導一個人說了算，要依靠大家的智慧啊！

這話無論從哪個角度去看，都是很正確的。

可是司馬衍聽過之後，不但不聽孔坦的話，反面把政事乾脆全丟給王導，讓王導愛怎麼辦就自辦。王導雖然歷來笑著臉，對那些貪官不聞不問，能提拔時就提拔，可當聽到孔坦的話時，他一點也不「清靜無為」了，馬上利用職權，撤銷孔坦侍中的職務，把這個多嘴的傢伙從皇帝的身邊踢開，改任為廷尉。

孔坦知道，自己真的惹禍了，王導以後肯定還要給自己顏色看。這傢伙越想越覺得心情沉重，最後乾脆不當官了，以病為由，要求提前退休。

大家看到孔坦的這個下場，哪個還敢多嘴？

人家不敢多嘴，不等於陶侃沒意見。

陶侃認為，王導已經有點過分了。陶侃出身不高貴，又吃過王敦那廝的苦頭，對王家的意見已經很大，這時看到王導居然這麼囂張，就打算帶著部隊殺上建康，把王導徹底打倒。

郗鑒知道後，急忙出面勸住陶侃，要陶侃千萬以大局為重啊，不要再把國家搞亂，現在國家經不起折騰了。陶侃這才恨恨地叫停了這次行動。

到了這時，陶侃也知道，自己的實力已經不怕任何人了。然後心裡也有些波動起來：要是帶著手裡的這些力量，完全可以殺上建康，高喊打倒

第二節　陶侃的那些事

司馬氏，然後把司馬衍這個小屁孩，連同王導那些令人討厭的傢伙一把拉下臺，建立一個陶家王朝也不是什麼難事。

　　如果是別的人有這個念頭，歷史絕對可以改寫。可陶侃卻不一樣。這傢伙是個絕對的唯心主義者。郗鑑費了好大的力氣才叫停了他討伐王導的行動，而一個夢就叫停了他推翻司馬氏的想法。

　　據說陶侃曾做過一個很傳奇的夢。在那個離奇的夢中，他突然生出兩個翅膀，然後像鳥人一樣飛了起來，一直像傳說中的神仙那樣，飛到天上，看見天上有九道門，他連保全也不看一眼，就往裡走，連續走了八道。但最後一道門，他怎麼叫門，那門也不開，他想抬腳踢開，可腳卻抬不起來。最後門衛大概看到他行為越來越魯莽，就用手中的枴杖打了他一下。他就直直地從天上掉了下來，一直重重地落在地上，斷了左邊翅膀。當然，如果這個夢就到此為止，也算不得什麼特別的夢——夢中自己變成鳥人能飛的實在太多了。可他醒來之後，居然覺得左邊的骨頭十分疼痛——這哪是夢，這肯定是魂魄在半夜裡飛了出去，作了個天上一日遊，要是再過那道門，這輩子就不是這個樣子了。這叫天公不作美。

　　除了這個夢外，他後來一次上廁所的經歷，也是與眾不同。那次，他跟往常一樣內急起來，就去上茅廁。可他才一進廁所，還沒有準備好，突然發現一個穿紅衣服的人在那裡，態度和藹可親地看著他，倒不像是個在廁所裡埋伏搞定他的壞人。他還沒有開口說話，問那人為什麼跑到這個地方來「空占茅廁不拉尿」，你不拉，讓位給我拉啊，那人卻先開了口，說：「老大是個好人，所以前來跟老大透露一個消息。不久的將來，你可以封公侯，當八個州的第一把手。」然後就不見了——看到一個人有點前途，鬼神都來巴結一下。人就更不用說了。那些看相的人也不甘落後，對他說：「你中指的指紋是豎的。這就注定了可以封個公侯。如果啊，你那個豎紋能夠貫通到背面上來，這輩子的前途，就不用說了。」

第三章　權力永遠是大亂的根源

陶侃一聽，忙看自己的手指，還真的是這個樣子——當然，如果只是有一道豎指紋，那也算不得什麼，奇怪的是後來的事。陶侃回到家之後，想把那條指紋擴大一下，就用針頭在那裡一挑，鮮血馬上就像井噴一樣地狂噴出來，一直噴到牆上，他抬頭一看，牆壁上居然有一個血紅的「公」字。他用紙抹手上的血，同樣看到有一個「公」字清清楚楚地印在上面。

後來，他果然封公，而且成為八個州的第一把手。他也像很多梟雄一樣，站在長江上游，向東望去，然後雄心就在長江水浪打浪的聲音中勃發起來，想狠狠地順流而下，直指建康，把司馬氏搞定，自己當了全國第一把手。可那個斷翅的夢老干擾著他的這個雄心，使得他終於沒有邁出這個歷史性的一步。史書上是這樣描述他的這個心路歷程的：「及都督八州，據上流，握強兵，潛有窺窬之志，每思折翼之祥，自抑而止。」

陶侃的自制能力實在太強了。

他覺得既然不能打過江東去，建立陶家王朝，年紀又這麼老了，因此多次向中央上書，說老子已經老到這個地步了，請同意我退休。但中央不同意，他就把自己打扮成一個老老實實的官僚，每天在家裡喝酒，朝中的事，一概不參與。不久，他的病越來越重了，他決定回他的封地長沙去，於是把所有的物資全部封存，然後把鑰匙交給王衍期。當時是什麼社會？是名士型社會。如果是別的強人，到了這個時候，一定把這把分量很重的鑰匙交給自己的兒子。可他卻交給這個姓王的。大家都一齊開口，對他的這個行為大放讚歌——其實他這麼做，只不過是照章辦事而已，可在那個時代，能照章辦事的人實在都是稀有動物，其實，不貪不腐，只是為官的一個最基本的標準而已。

你千萬不要以為，陶侃把八個州的倉庫鑰匙交給王衍期，搏得大家一片叫好聲，就證明這傢伙是個清官，那是大錯特錯了。據說他家的財產

「珍奇寶貨富於天府」——比皇帝家裡的東西還多,而且生活也很腐敗,家裡「媵妾數十,家僮千餘」,幾十個情婦,童工一千多個,跟皇家工作人員的編制也差不多了。如果他不當這麼大的官,他能有這麼多的財富嗎?如果他一點不腐敗,堅持「不受賄、不搜刮」,他能富可敵國嗎?

但這傢伙會做人,雖然手中財富可比當年的石崇,但大家卻一點閒話也沒有——估計那時的人思想很單純,一點仇富的情緒也沒有,對貪官的行為也很看得開。

咸和九年六月,他離開駐地要回長沙等死時,覺得身體搖搖晃晃,就對王衍期說:「現在老子都成了這個樣子,還當這個官,都是因為你們老拉著我賴在這個位子啊!」就這麼一句話,又讓人氣大漲了幾個百分點。

六月十三日,他坐船來到樊溪時,身體就撐不住了。一代強人就這樣逝世了,終年七十六歲。陶侃是晉室南渡之後,少有的聰明人,也是為數不多的超級強人之一,掌握著全國最強的軍事力量,面對一個弱勢的中央,能夠守節到死,實在難得。因此,大家對他的評價還是很高的。

那個梅陶對他的評價是:「陶公機神明鑑似魏武,忠順勤勞似孔明,陸抗諸人不能及也。」說陶侃是曹操和諸葛亮合成出來的強人——雖然有點胡扯,但也有點道理。

而另一個強人謝安是這樣評價陶侃的:「陶公雖用法,而恆得法外意。」如果把這個評價與王導的作為對比,王導顯然能跟陶侃同在一個等級上。身為王謝家族的領頭強人說出這話來,也充分說明,陶侃不是一般的人。他的死,完全可以說是晉國人民的巨大損失。

第三章　權力永遠是大亂的根源

第三節　連鎖反應

歷史似乎就有這麼一條規律，強人們總會集中起來，一起死去。

在陶侃與世長辭之後，四川強人李雄的身體也出現了狀況。他的頭部生了個瘡。本來這個瘡不是什麼大病，絕對不會要了人的命。可這個瘡一出，卻帶動了他身上其他地方的創傷，一起向他發難。原來李雄年輕時候打了很多仗，身上早就傷痕累累。在他身體還強壯時，這些傷口很老實地在那裡，一點事都沒有。他也一點不在意，只是有時拿來當著功勳章，向人們展示一下，說明自己是身經百戰的。可當他身上的免疫系統老化時，這些傷口突然發飆起來，到處潰爛，身上全是膿血交流，慘不忍睹。

他雖然靠打拚出身，多次死裡逃生之後，才當上這個皇帝，可他的兒孫們卻都是生長在和平時期的下一代，一出生就過著幸福的生活，平時只要有時間，就拚命吃喝玩樂，好像他們來到這個世界上的首要任務就是享受。這時看到老爸的龍體突然變成這個樣子，個個都感到噁心得連血都差不多吐出來，因此都急忙跑開。只有太子李班老老實實地堅持陪著老爸。

人家說，傷口裡的膿血要用嘴吮出來，病人才舒服。李班馬上就照辦，而且天天如此，從不離開。

雖然李班努力吸吮著他老爸的膿血，但仍然挽救不了李雄的命運。

李雄終於覺得自己撐不下去了，他把大將軍李壽叫來，進行最後的交待，要他以後好好地輔佐李班把李家的事業繼續開創下去，然後就徹底閃人——那天是咸和九年六月十五日，李雄六十一歲。

這個李班並不是李雄的兒子，而是李雄哥哥李蕩的兒子。

李蕩活著時，是個不怕死的猛男，可他的這個兒子性格卻文弱得要命。

李班當上皇帝之後，任李壽為錄尚書令，大事小事全交給李壽和那個

司徒何點、尚書王瑑處理，讓這三個傢伙成為大成帝國政壇的三駕馬車，然後自己躲在宮裡，穿著喪服，天天痛哭，無限期地繼續悼念李雄，那些政事，好像與他這個皇帝一點關係也沒有。

本來，剛剛即位，李班要做的應該是做好安定團結、打牢權力基礎，顯示出身為皇帝的政治能力，讓大家心服口服。可他居然表現得這麼窩囊。而且，他成為繼承人，李雄的兒子們在內心裡已經非常不爽，他們認為，只有他們才有資格接李雄的班。

最先不服的人就是李越。他現在是大成帝國的車騎將軍，帶著部隊駐防在江陽。李雄死後，他來到首都參加李雄的喪禮。他看到李班這個軟腳蝦一下就成了他們李家的帶頭大哥，就恨得咬牙切齒，馬上去找他的老弟安東將軍李期，商量著要把李班搞定。

李班的老弟李玝要比李班精明多了，看到李越那個神態，就知道危險了，如果讓這個傢伙繼續在這裡混下去，後果很嚴重，就向哥哥建議，趕緊把李越趕回他的防地去，然後讓李期當梁州刺史，鎮守在葭萌關，隔斷李越跟成都的聯繫。

對於李班來說，這絕對是個正確的建議。

李班也認為這個建議沒有錯，可他卻硬是幫李越找到了個理由，沒有把李越遣返。他認為，李越到底是李雄的親生兒子，老爸剛去世，實在不宜把親生兒子趕走。所以，李班不但不把李越調開，反而還跟李越推心置腹，當成傾訴心裡話的最佳對象。他以為這樣一來，李越就會打消心中的隔閡，他們就可以比兄弟還親，就可以按照李雄的期待那樣，齊心協力帶著四川人民建設國家。

李班為了讓李越徹底相信他，還做了一個大大錯誤的動作，把他的弟弟——那個建議他防範李越的李玝調到涪縣去，免得以後又囉囉嗦嗦，說出不利於團結的話來。這樣一來，他身邊連個親信也沒有了。

133

第三章　權力永遠是大亂的根源

李越當然不會因此就放棄他政變的計畫。

轉眼到了十月，李班居然還沒有讓李雄入土為安，還設著靈堂，他的主要工作仍然是在那裡為李雄守靈。

十月二十三日的夜晚，李班還在陰森森的靈堂前守靈。

李越進來了。

李越進來的時候，滿臉殺氣。

但李班根本沒有看到這股殺氣，還懷著悲痛的心情，像往常一樣坐在李雄的靈位前燒香薦紙。

李越就在這時，舉起了大刀，把李班砍死在李雄的靈位前。

李越殺死了李班之後，連夜宣布已經全面接管政權，要求全國穩定情緒，繼續生活，李班的死跟別人無關。然後又殺死了李班的哥哥、領軍將軍李都。

當然，李越也知道，雖然殺了李班，但以他這個身分解決掉全國最高領導人，就是政變，不管你怎麼嘴硬，到頭都是講不過去的。人家會說，李班再怎麼有罪，也由不得你這個人去殺，而且還是透過暗殺。一般到了這時，最有用的招牌就是李雄的那個未亡人──皇太后。

李越知道，如果找不到一件合法的外衣穿上，他的下一步就不好走了，因此，馬上就偽造了皇太后的詔書，在上面羅列了李班一連串的罪狀，每一條罪名都足以判處李班死刑。

這時，大成帝國裡面也沒有一個可以說了算的強人，大家看到李越成功地進行了政變，誰也不敢有什麼意見──他們兄弟互相殘殺，關我什麼事，誰當老大，我都是混飯吃過日子的，就都勸李越你就當了老大，我們擁護你。

李越做夢也想當這個老大，但他知道，他現在要是當了這個老大，人

第三節　連鎖反應

家仍然會說三道四，以後他仍然不好過，因此他就推舉李期來當皇帝。

李期不是任太后親生的，算起來不是李雄的嫡子，但他是任太皇從小就抱養長大的，歷來就享受著嫡子的待遇，而且這傢伙的智商很高，多才多藝，名聲向來很好。李越說，這樣的人才最適合當我們大成帝國的英明領袖。

大家一聽，當然沒什麼話說——反正話語權現在掌握在李越手裡，他說誰行誰就行。誰要是反對，你馬上就不行了。

在李班死後的第二天，也就是十月二十四日，李期就成為大成國的第一把手，李越當了相國，封建寧王，還加授為大將軍，軍政大權全集中在他的手裡。李壽當大都督，改封為漢王，跟李越一起主持中央。同時，還重用了幾個自己的兄弟。然後才於十月二十六舉行國葬，把李雄埋了。

李越不服李班，安東將軍李始也不服李期。李始認為，既然你們可以謀害李班，我為什麼不能謀害你們？

他當然也知道，憑他的能力是搞不定李越和李期的，因此，他就決定去說服李壽，請他跟自己合夥——他主觀地認為，李雄死的時候，把後事都託付給李壽，讓李壽輔佐李班，李壽曾經是權力最大的人。現在李越政變了，除了李班之外，他是損失最大的人，因此心裡肯定不爽，只要去跟他一說，李壽肯定會跟自己同心同德，把李越他們搞定。哪知，李壽這時膽子早已縮水，一聽這個話題，馬上擺擺手，說換個議題吧。

李始一聽，這才知道徹底看錯人了。他回到家後，越想越生氣，越生氣心裡就越陰暗起來，你這個李壽太不像話了，你以為不跟我合夥，你就好過了？老子最恨這種軟骨頭的人，你想好過，老子就不讓你好過。他去找李期，打了個小報告，說據可靠消息，李壽準備謀反，請老大一定要趕在時間的前面，搞定李壽。

第三章　權力永遠是大亂的根源

李始以為，他這樣一挑撥，李壽就會馬上完蛋。哪知，李期的智商實在不低，一點也沒上當，聽了他的舉報，臉上卻一點表情也沒有，只是對他說，不會有這回事吧？一定是那些忘我之心不死的人造的謠吧？

李期當然不把李壽當成自己人。但他現在最大的敵人不是李壽，而是那個曾經勸李班警惕李越的李玝。他現在早就有了一套方案，想讓李壽去對付李玝。

他派李壽帶兵去進攻涪縣，一定要全殲李玝。

李壽在軍事方面確實有一套。他的大軍還沒有出發，就先派個口才不錯的人去見李玝，婆婆媽媽地向李玝分析了大半天，叫他想一想，到底是堅守有利還是逃跑有利？並告訴他，現在他已經預留了一條逃命的路線，如果認為逃跑有利，就趕緊跑路吧！

李玝不是豬頭，當然知道自己手下這幾個兵，肯定不是李壽大軍的對手，現在不逃還真的無路可逃了，馬上收拾行李，一路狂奔，最後跑到晉國，向晉中央遞交了避難申請書。

晉國對他的到來表示熱烈的歡迎，當場任命他為巴郡太守。

李壽這一招確實漂亮，一來可以放走李玝，二來不費一槍一彈，就和平解決了這件事，避免了一場血腥的戰鬥。

李期就讓李壽當梁州刺史，駐防在涪縣。

強人一起死去，宮廷政變似乎也有連鎖反應。

李期這邊的事才搞定，石虎那邊又舉起政變的大刀。

李期奪這個皇位奪得很容易，手續簡便得很。石虎卻還是講究一下形式——這傢伙雖然恨不得把石勒的後代全部搞定，可在這方面硬是得到石勒的真傳，雖然大權在握，什麼事都是自己說了算，而且心裡也想當皇帝想得要命，可硬是不敢一步到位。

第三節　連鎖反應

石弘雖然現在坐在皇帝的位子上，但他知道自己現在的性命全掌握在石虎的手中，只要哪天這個二號人物不高興起來，就會拿他開刀。他知道石虎最拿手的就是殺人。因此，石弘天天都在害怕中度過。這時，他覺得不能再這麼害怕下去了，就帶著皇帝的大印，來到石虎的王府裡，對石虎說：「你就把這個拿去啊，我不是當皇帝的料。」

石虎卻冷冷一笑，板著那張殺人臉說：「這可不是某個公司的董事會，是帝王的大業，哪能這麼隨便亂來？更不能想不做就來個『禪讓』，丟擔子了事。快快回去。」

石弘沒有辦法，只得又拿著那顆大印回去。這傢伙現在心情的低落可想而知——連皇帝的大印都推銷不出去，做人做得也太失敗了。他回到宮中後，就去找他的母親，說：「老爸看來真的沒有後代了。」他的原話是「先帝種真無復矣！」——他知道，石虎的重手就要下了。

可他母親又有什麼辦法？對石虎有辦法的只有石勒。可現在石勒早就死了。

這時，那些馬屁精也紛紛去找石虎，勸石虎應該接受石弘的禪讓。

石虎大叫：「他有什麼資格禪讓？這個豬頭在老爸的喪事期間，專門做違背禮法的事，連最起碼的傳統美德都丟掉，早就應該廢掉了。」

他把這話說完之後，就派郭殷帶著部隊進入皇宮，直接宣讀石虎的命令，免去石弘皇帝的職務，從今天起，石弘是大趙帝國的海陽王。

石弘老早就知道有這麼一天，已經做好了心理準備，因此一聽這個命令，臉上表情沒什麼變化，很從容地上車，然後平靜地對前來送迎的官員們說：「我早就說過，我無能得很，這麼菜的人，哪能繼承老爸的位子？我說的沒有錯吧？」大家本來還能忍住悲痛，聽他這麼一說，臉上全是傷感。宮中的大大小小美女這時也都哭成一片。

第三章　權力永遠是大亂的根源

那些文武官員在送走老上司之後,便集體來到魏王府,進行規定動作——勸進。他們以為,這次石虎肯定會威風凜凜地把皇帝當上了。哪知,石虎的回答讓他們跌破眼鏡:「皇帝是天下最崇高、最偉大、最光榮的稱號,老子覺得還真不敢當。還是先當當『居趙天王』」然後下令把石弘、程太后、石宏、石恢都關在崇訓宮裡。沒幾天,全部殺掉——這時,石弘才二十一歲。石勒的後代就這樣全部完蛋。

石虎雖然對石勒的後代採取了滅門的手段,但他仍然是石勒的粉絲,他不但崇拜石勒,也是個堅定的唯心主義者。他不知道從哪個地方得到一本盜版預言書,上面有這麼一行字「天子當從東來。」就趕緊丟下襄國的情婦,連夜跑到東邊的信都出差,在那裡的五星級飯店吃喝拉撒了幾天,這才西回,算是從東邊回來了。

石虎大概認真地總結了一下石弘失敗的原因,知道石弘之所以被他輕易地做掉,主要原因是石勒對他培養的時間太少,在自己身體健康的時候,天天讓接班人去讀死書,學死理論,一點事務也不讓他做,等發現身體不行了,這才急忙交接權力。可是已經來不及了。

因此,石虎在掌握大權之後,馬上叫他的法定繼承人石邃參與決策,可以簽發國家檔案,很多事務都由他全權處理,自己退居二線,只有祭祀天地、宗廟以及關鍵的人事任免、戰爭等,才由石虎最後拍板。

石虎雖然精明得很,可在挑選接班人這件事上,卻做得很差。這個石邃絕對不是什麼好人,而且很變態,放著那麼多美女不愛,偏去喜歡他的那個「乳娘」——估計這個老美女是個超級波霸,讓石邃魂不守舍,到了現在還迷戀得要命。當然,只是迷戀一下,也算不得什麼——反正在這事上,絕對是蘿蔔青菜各有所愛。可他居然封這個叫劉芝的奶媽為「宜城君」,讓她干涉國家事務。

那些官員們眼睛雪亮得很,一看這個女人,不但是全國頭號波霸,而

第三節　連鎖反應

且是現在最有權勢的人，馬上全力買進她的股票，大把大把的現金都向她投資。弄得很多官員都是她推薦出來的。

石邃卻一天到晚笑呵呵地，一點也不做聲。而石虎這時居然也不哼一聲。石虎大概也像很多老爸一樣，眼裡只看到兒子的優點，總是忽略缺點——誰沒犯過錯？只要整體不錯就可以了，老子小時候還不是個街頭混混，殺人放火、危害一方，做得比這個兒子差多了。這麼睜隻眼閉隻眼，為後來的慘劇埋下了伏筆。

晉國似乎從來沒有總結過自己的歷史，到現在仍然沒有搞清楚這麼多年來，亂子像長江後浪推前浪一樣，搞得全國人民都很疲憊，是因為那些將領太強，最後強得衝破了底線，於是麻煩就大了起來。全國人民好不容易團結起來，把王敦搞定了，蘇峻又起來，再團結起來，弄得差點國破山河碎了，這才把蘇峻擺平，然後又造就了那個陶侃。陶侃是一個人品不錯的人，可一成為全國頭號強人之後，腦子裡也多次想大大地突破那個底線，最終讓他能守住底線的，居然是一個夢，而不是其他。

這個柔弱的帝國，靠一個夢幸運地躲過一場更大的浩劫。

在陶侃活著的時候，整個司馬氏的高層個個都活得不輕鬆。他們都知道，陶侃要是發起脾氣來，要比王敦、蘇峻之流難對付多了。

好不容易等這傢伙自然死亡，那座壓在王導他們頭上的大山人間蒸發，大家集體鬆了一口氣。

然而，鬆過這口氣之後，他們又打造出另一個強人。

這個人就是庾亮。

陶侃的眼睛一閉，中央馬上就下令，提拔庾亮為征西將軍，假節，都督江、荊、豫、益、梁、雍六州諸軍事，而且兼江、豫、荊三州刺史，辦公地點設在武昌。你一看這個內容，就知道，庾亮只差兩個州就是另一個

第三章　權力永遠是大亂的根源

陶侃了。

庾亮的能力當然比陶侃差多了，在他接過陶侃的權力成為新科強人時，也抄襲了那份傳統的版本──換上自己的人。不過，這哥兒們是名士出身，平時跟他打交道的，都是那些嘴裡「之乎者也」的讀書人，除了陳腐的語言可以像滔滔江水之外，別的能力卻有限得很。

當時他重用的幾個人，一個是殷浩，一個是褚裒，還有一個是杜乂。這幾個傢伙都是最近冒出頭的新銳名士，當了大官之後，別的事沒做出什麼來，但都齊心協力，互相吹捧，不斷地把名士事業做強做大。你想想，如果這事只發生在一群吃閒飯的專業作家身上，那也沒什麼。可現在是什麼時候？是需要大家擔負起政治責任、光復大晉事業的非常時期，掌權的人居然每天嬉皮笑臉地做這些事，晉國能光復起來，那簡直是歷史的笑話。

如果只是某個強人如此，中央主要決策層還清醒一點的話，那也還有撥亂反正、從頭再來的希望。可現在中央的實際最高領導人王導就是全國頭號大名士，這哥兒們是名士們巨大的保護傘和模範人物。

咸和九年一結束，司馬衍已經十五歲，按傳統慣例，可以行加冠禮了。

這年開春的第一天，司馬衍正式舉行加冠典禮，宣布大赦，改年號為咸康。

如果說，去年是強人死亡年，那今年卻是集中改元年。

司馬衍搶了頭香，李期馬上跟進。李期改年號是因為，他當了這個皇帝之後，還沒有辦這個手續，現在趁新年到來之際，也來個新年新氣象，跟著把年號改成玉恆。

石虎看到這兩個國家都改了年號，老子也不能落後，也在當年的正月，大叫一聲，把年號改為建武。

第三節　連鎖反應

　　從三個國家的年號上，就可以看得出三個老大的性格來。司馬氏只求從今之後，大家平平安安，共同建構和諧社會，你不惹我，我不惹你，把這個局面做到地老天荒；李家在成都那裡，勢力相對弱小，真正對決起來，誰也打不過，更覺得這個狀態能保持到永遠，就可以歡呼萬歲了；石虎卻不同，這傢伙對自己的實力超級自信，他做夢都想把周邊勢力一古腦兒全部打倒，讓自己最後一枝獨大，成為真正的老大。

　　現在這三個集團中，真正大權在手的老大只有石虎，那個李期大事小事都得李越點頭之後，才可拍板。至於司馬衍就更不用說了——一個十五歲的小屁孩，連把妹的技術都還沒有全面掌握，哪能管理這個亂成一團的國家事務？大事小事，都得聽王導的。

　　王導是少有的聰明人，一直以來，人氣都高居榜首，不管天下怎麼亂，別人怎麼血流成河，屍積如山，他卻什麼事都沒有。

　　這時，王導雖然吹起治國之道、用人之道來，都有自己的一大套理論，他也是個籠絡人心的高手，但卻不會用人，所推薦的人大多都是只會耍嘴皮，不會做實事的人，甚至關鍵位子也執行這樣的用人政策，有過多次用錯人、辦錯事的例子。可他至今仍然沒有反省一下自己這方面的缺失，他不但沒有改正用人原則，反而還把那個桓景當成自己最親密的同袍。

　　桓景現在的職務是丹陽尹，相當於首都市長，位子很重要。這傢伙最大的特長不是治理政務，而是耍嘴皮子，最拿手的是溜鬚拍馬，常常拍得王導大感舒服受用。大家想把桓景的人品跟王導說一說，勸王導遠離桓景。可一直找不到機會。

　　正巧咸康元年的正月，有官員說天象：熒惑守南斗經旬——熒惑星連續十天緊靠著南斗星。你不知道什麼叫熒惑星吧？其實熒惑星就是妖星，而南斗星則是宰相在天上的位置。按照當時的天文知識，只要這個熒

第三章　權力永遠是大亂的根源

惑星一在空中出現，國家就會出現亂臣賊子。現在這個星緊緊地靠著南斗星，就說明，老天爺已經知道，宰相正相信一個亂臣賊子。

王導聽到後，就對領軍將軍陶回說：「據我所知，南斗跟地面對應的地方就是揚州。看來，我應該辭職，提前退休，接受上天的批評。」

陶回一聽，這是什麼話？天象好像不是這麼說的吧？當場說：「這跟揚州有什麼關係，而是直接跟宰相有關。大人憑著個人魅力和能力，成為皇帝的首輔之臣，現在卻整天跟那個誰也看不順眼的桓景在一起，把他吹捧的話當作享受，熒惑星不出現那是老天爺沒有眼了。」

王導一聽，頓時臉紅起來——從他的這個表現上看，就知道他也知道桓景的本質不是什麼好東西，可他現在覺得自己太需要那些拍馬屁的話了，因此臉紅之後，卻一點也不悔改。

而除了陶回的這次勸說之外，基本上沒有誰再對王導說些什麼了，只要王導說誰行，誰就行。

第四節　石虎開始消沉

晉國把年號改為咸康才幾天，石虎突然覺得老待在襄國裡面有點無聊，就臨時決定來個南巡，從襄國出發，一直跑到長江北岸，到處觀望。石虎警衛團裡有十幾個騎兵，不知是什麼原因，硬是威風地拍著戰馬跨過晉趙地界，直入晉國的歷陽。

歷陽太守袁耽是個膽小鬼，突然看到敵人的騎兵前來，怕得要命，也不再觀察一下，就趕緊派人飛奏朝廷，說石虎要大舉進攻了，現在先頭部隊已經到達歷陽，請中央趕快採取措施，否則，我不過幾天就要成為烈士了。

第四節　石虎開始消沉

中央高層一聽，全都臉色發白，個個呆望著王導。

王導還算鎮定，馬上請皇帝下令發兵還擊。

四月，司馬衍任王導為大司馬、假黃鉞、都督征討諸軍事。

晉國高層對這次出征可以說是高度重視——這些年來，晉國的仗是打了不少，可都是自己人跟自己人打，很少跟外部勢力進行過大規模的流血衝突，這一次聽說是石虎親自前來，看來局勢很嚴重。為了表示對這次戰爭的高度重視，四月十六日，司馬衍在建康的廣莫門舉行了一次盛大的閱兵儀式，檢閱之後，才派各路大軍出發，在援救歷陽的同時，還進駐慈湖、牛渚、蕪湖一帶，準備全面迎戰石虎的入侵。而且還令郗鑑南下，保衛首都。

可沒幾天，準確的情報傳來，原來那天進入歷陽的只有十幾個士兵，早已沒有蹤影，還打個屁仗。

大家這才鬆了一口氣。最後，下令解除戒嚴，王導同時也解除大司馬之職。當然，袁耽的責任被狠狠地追究了一下，開除了公職。這傢伙實在也不宜當邊關守將，這樣的能力，如果再當下去，以後不被嚇死也會被人家打死。

在晉國高層集體鬆一口氣時，石虎早已回到襄國。

石虎有個愛好，就是愛建豪宅。他把國家事務都交給太子之後，就專心為自己興建豪宅。這傢伙大概最恨的就是豆腐渣工程。這年年初，那個銅雀臺突然發生崩塌事故，也沒什麼人員傷亡，而且這個工程是當年曹操修建的，即使是草包工程，也跟現在的相關人員無關。可石虎卻硬是把主管建設的典匠少府任汪判處死刑——如果讓石虎管現在的工程建設，保證不會出現豆腐渣工程。他殺了任汪之後，下令重修銅雀臺，豪華超過以前的兩倍，表示他比曹操有魄力多了。

第三章　權力永遠是大亂的根源

石虎的另一個愛好——這個愛好也是從石勒那裡繼承過來的，就是喜歡佛教。

石勒信佛，並不是想學魯智深那樣，剃光頭髮去當和尚，而是因為那個佛圖澄。

佛圖澄是從印度來的高僧，他有個特長，就是跟郭璞一樣，精通預測。他在石勒面前表演了幾次，就讓石勒佩服得五體投地，對佛圖澄從來都是恭恭敬敬，讓他享受特供的待遇。石虎當老大之後，又抬高了佛圖澄的待遇，上朝時，還叫他那個太子以及三公一起扶著佛圖澄過來。一干人出來之後，還要有人高叫：「大和尚駕到！」大家聽到之後，都得站起來，向大和尚行注目禮，比皇帝上朝還要隆重。他還指定司空每天早晚都要去慰問一下大和尚，太子和其他高官每隔五天也要去朝見大和尚一次。

你想想，連續兩代領導人都成了佛圖澄的鐵桿粉絲，全國人民還不都崇拜大和尚？大家都把佛圖澄當神仙一樣對待，自願成為佛教信徒，只要佛圖澄所去的地方，誰也不敢向那個方向吐口水。弄得佛教突然間盛行起來，到處是大大小小的寺廟。

石虎這時覺得在襄國住著有點膩了，就決定遷到鄴城。

石虎是在咸康元年九月，把首都遷到鄴城的。

石虎本來就不是一個艱苦樸素的人，進入鄴城之後，首先要做的，當然是大興土木。他雖然離開了襄國，但還是在襄國修建了太武殿，然後在鄴城修建東宮和西宮。這傢伙監工的能力很強，不到一年，這幾個大工程全部得以竣工，交付使用。而且據說，這些工程規模都不小。太武殿僅殿基就有二丈八尺高，長六十五步，寬七十五步，全是大理石砌成，底層還有地下室，可以容納衛士五百人，其他裝修也是頂級豪華。

石虎這時越來越發現自己有做建築的天才，在做完這些工程之後，又

第四節　石虎開始消沉

立即建造九個宮殿，這些宮殿完工後，就下令挑選大量的美女和帥哥到這些宮殿裡上班，否則，這麼多宮殿全空著，蓋起來有什麼用。你猜猜，他一共選了多少美女進來？一兩千？那就大錯特錯了，史書上說，這些美女中「服珠玉、被綺縠者萬餘人」，徹底刷新了司馬炎當年的紀錄。

不過有一點他比司馬炎進步多了。司馬炎挑選了那麼多美女，全是用來充實後宮，而石虎除此之外，還進行了一個改革，提倡了一下女權。他覺得這些美女也是人，也是有頭腦，有手有腳的。因此，他請來教官，來個因材施教，讓這些美女學算命、學風水，還學騎馬射箭，學跟人打架的本領。對於沒有打架天分的，就讓她們上職業學校，學習其他技能，大大提升了一下生產力。他後來還組織了一支美女特警隊，個個頭戴紫巾，穿著綢子褲、腳穿五色皮鞋，打扮得漂亮而英武。不過，這支史上第一支女子特警隊，並不執行保安任務，而是當了軍樂隊，天天演奏軍樂唱軍歌。

石虎覺得自己的這個創意實在太強了，不管到什麼地方，都要帶著這個女子軍樂隊，天天聽她們唱歌。這傢伙越玩越上癮，一點不心疼納稅人的錢。當時，他的轄區雖然相對其他集團而言，也算地大物博、人口眾多了，可連年打仗，生產力一點也得不到發展，這時大興基礎建設，又碰上自然災害，造成了全境通貨膨脹，弄得黃金一斤只能買到二斗米，人民個個都餓得只剩骨頭。可石虎卻一點也不管，繼續大興建設，不斷地加大稅收的徵收力度。而且強迫民工來建造宮殿時，不但沒有工錢，反而叫他們自帶乾糧，即使受了傷，也不算是工傷，國家不給一點醫藥費──為國家貢獻是不能講報酬的。

你想想，就是在太平盛世，一個君王這麼做，都還有亡國的危險，何況在這麼一個天下大亂、隨時發生你死我活戰爭的年代？

如果石虎的性格好一點，估計那些有責任心的官員會出來勸他，向他大講一篇國難當頭，我們要發揚艱苦奮鬥、勤儉節約的優良傳統，不能這

第三章　權力永遠是大亂的根源

麼大興土木的大道理，讓他回頭是岸。可誰都知道，你要是向石虎負責，等於不向自己腦袋負責，因此誰也不會出來說一句話，讓石虎在亡國的大道上繼續高歌猛進。

石虎覺得洛陽那幾口大鐘實在太有震憾力了，留在那個地方有點浪費，不如拿到首都來擺擺，好好地打造一下首都的光輝形象，就派牙門張彌過來，要他把洛陽的那幾口鐘以及相關的物件都拉過來。

這些鐘都是曹叡當年從長阿拉過來或者在洛陽鑄造的，個個都重得要命。張彌在運送時，把鐘裝到軍車上，車輪輾過的車轍寬四尺、深二尺。其中一口鐘在運輸過程中，落入黃河裡，石虎仍然不放過。他招來四百多名潛水員在黃河裡尋找，最後用一百多頭牛才把那口鐘拉上來。

這些東西運到鄴城之後，石虎那張殺氣騰騰的臉，突然大喜若狂起來。這傢伙為了表示他的高興，居然宣布一次大赦，然後獎勵所有官員很多東西，免費發放一壺酒給老百姓。

石虎的手下尚書令解飛，看到老大這麼熱衷於建設，覺得只有在這方面來點創意，才有提拔的可能。他馬上向石虎提出，應該在漳河邊上再造一座吊橋，以後老大出去就大大的方便了。

石虎一聽，當場採納。可投入了大量人力物力之後，吊橋還是遠遠沒有完成，因為那些工人個個都餓得兩眼翻白，你就是用刀來逼他們也榨不出一絲力氣了。石虎這才叫停這個工程。

正好這時又碰上百年一遇的大旱，各地求救文書雪片飛來，要求中央開倉賑災。可國庫裡現在只有老鼠沒有存糧──估計再過一段時間，連老鼠也要逃了。

大家都把眼睛盯向石虎，看老大這回釋出什麼英明決策來。

石虎卻不慌不忙，說：「急什麼急？家裡沒有吃的，山裡難道沒有？

第四節　石虎開始消沉

釋出命令，要求各地一把手組織民眾到山裡摘野果，到水裡抓魚蝦，同樣可以度過難關。而且吃的全是健康食品，對身體大有好處，比全民健身好處還多。」

可當大家跟著地方一把手上山下河、摘果摸魚，有了一些收穫，臉上開始露出一點喜悅時，馬上又被官商勾結形成的黑社會組織搶走。大家只得繼續餓著。石虎卻一點也不管──反正又不是他在餓，他現在生活過得史無前例地幸福。

這時，他正興致勃勃地欣賞著成公段發明的一個新東西。這個東西叫「庭燎」──其實這個庭燎就是一個高桿燈，高十多丈，頂端放著一個大盤，然後在盤上放了許多巨型蠟燭。主要是照明用的。這種東西如果放在門外，就叫大燭，在房子裡就叫庭燎，石虎之所以喜歡這東西，是因為成公段把大盤放在旗桿頂端上，而且下面還有一盤，這個盤上可以站立很多人，這些人相當於蠟燭衛隊，個個軍容整齊，看上去威風凜凜，能增國威。

所以石虎很高興。

石虎一高興，成公段當然也高興。

可沒多久，兩個人都高興不起來了。

轉眼就到了咸康三年。這年的春天，沒什麼特別的天象出現，看起來相當的祥和。石虎手下的那些員工，又加強勸進的力度，說老大再不稱帝，實在對不起老天爺，對不起天下的人民。這些年災害頻發，就是因為老大不稱帝啊！老大要是把屁股放到龍椅上，順天應人，天下馬上就風調雨順了，大家不用怎麼努力就可以大步走在生活富足的康莊大道上了。

石虎一聽，叫一聲好。

哪知這個「好」太過響亮，使那個庭燎頂端的大盤上突然發生燭蠟洩

147

第三章　權力永遠是大亂的根源

漏，蠟燭那些滾燙的液體從上盤傾瀉而下，當場把下盤二十多個軍容整齊的蠟燭衛士燙死。

石虎大為光火，大手一揮，把發明者成公段拉出去，腰斬。

當然，這個事故並沒有阻擋石虎邁向皇帝寶座的步伐。

二月二十五日，石虎終於登上了皇帝的寶座。這傢伙雖然大砍大殺，可卻是周公的崇拜者，在當國家元首這事上，並沒有稱為皇帝，而是依照周朝的做法，只稱大趙天王，皇后卻又叫天王皇后，太子叫天王皇太子。有點不倫不類。可誰敢說他不倫不類？

第五節　統一東北

在石虎個人事業直達顛峰的時候，東北的慕容家族也在內戰中得到巨大發展。

慕容皝這時已成功除掉他最堅強的反對派慕容仁。

本來，慕容仁在和慕容皝的對抗中，又得到段氏和宇文氏的聲援，算是得道多助，形勢還不錯，而且慕容皝又受到段家的攻擊——如果沒有慕容翰的阻止，恐怕現在慕容皝不是被搞定，就是還在逃亡的路上狂奔。慕容仁並沒有抓住這個機會，給他這個敵人哥哥最後一擊，而是在遼東那裡當觀眾，一點行動也沒有。

這個機會一丟，就意味著敵人的機會來到。

慕容皝在連敗之後，開始來個反躬自省，對自己進行了一次狠狠地檢討，經過近兩年的經營，決定對慕容仁進行一次大掃蕩。

第五節　統一東北

揭幕戰始於咸康元年的十一月。

那時，段氏和宇文氏都緊密地團結在慕容仁周圍，並且派遣使者到慕容仁那裡，他們的使者全都下塌在平郭城外的茅草屋別墅裡。慕容仁這時不知道腦子想的是什麼，居然全部喪失了警惕，對同盟軍的使者連起碼的保護措施也沒有，只讓使者們在那裡喝酒把妹，好像天下已經太平了一樣。

慕容皝陣營裡的帳下督張英知道後，也不請示一下上級，就帶著一百多人從小路上狂奔過去，發動突襲，把宇文氏的代表團殺光，然後把段家的代表團全部活捉，帶回大本營。算是取得了一次勝利，讓慕容皝信心大增。

這一場襲擊，對慕容仁來說，除了損害一點外交形象外，沒有造成什麼直接的損失，但對後來的影響卻是決定性的。

真正的決戰是在咸康二年的正月。當時，東北正是寒風凜冽，千里冰封，萬里雪飄，連海面都結了冰，是個一點不宜做室外活動的季節。

但慕容皝就決定在這個時候向他的老弟動手。他想直接從陸路向慕容仁發動全面攻擊。

司馬高詡說：「老大，我反對這個做法。慕容仁不是豬頭，他肯定會料到老大遲早會向他攤牌，一定會加強陸路上的戒備。如果從陸路攻，肯定要大費周折，我們可以從海上進軍。」

慕容皝說，海上進軍？我們可沒有海軍啊！何況現在又沒有船隻。

高詡說：「哪用什麼船隻？更不用什麼海軍。以前海上很少結冰。可現在已經連續三年都結了冰。這可是上天在幫助老大啊！我們可以直接踏冰前進，直取平郭啊！老大，機不可失。」

高詡的計畫一提出，馬上遭到全體的激烈反對：那冰真的能讓這麼多

第三章　權力永遠是大亂的根源

的子弟兵跑步前進嗎？只怕突然轟隆一聲，我們的部隊全成了那些生猛海鮮的速食了。

可慕容皝卻認為這個方案是可行的，因此在一片反對聲中大吼：「吾計已決，敢沮者斬。」

全場一片肅靜。

慕容皝派軍師將軍慕容評從昌黎出發，連續在海面的冰塊上急行軍三百多里，來到歷林口之後，放下物資，輕裝前進，向平郭城狂奔。而在這個過程中，慕容仁都是躺在溫暖的被窩裡，一點也不知道敵人已經揮刀殺來。

直到敵人的部隊衝到離城只有七里路時，他才知道有這回事，這才「狼狽出戰」，你一看到這四個字，就完全可以知道是一個什麼樣的結果了。

如果在「狼狽出戰」之後，他的頭腦還保持冷靜，對戰局全面評估，然後組織戰鬥，機會還是有的──至少不會敗得那麼難看，敗得那麼突然。

這時，慕容皝也已大步趕到現場──也就是說，慕容皝的主力部隊已經開到。

而慕容仁那兩隻眼睛卻花了起來，又以為是上次那樣，只是敵人的一小股力量前來撿便宜，居然不知道頭號敵人就在前面。他很鎮定地對手下們說：「今茲當不使其匹馬得返矣。」──現在老子殺他個片甲不留，連根馬毛也不讓它飛回去，把上次丟的面子加倍要回來。

他帶著全部家當在城西北擺開戰場，要對這支「小股部隊」進行一次殲滅戰。哪知，慕容仁的部隊將領一看，知道敵人不是一小撮，而是慕容皝的全部家當，力量對比大大超過自己，心頭就害怕起來，帶著部隊在陣前宣布投降。將領一投降，整個慕容仁的部隊都情緒不穩定起來。

第五節　統一東北

慕容皝看到對方軍心浮動，知道機會已經來臨，馬上下令發起總攻。

在這樣的情況下，慕容仁就是有天大的本事，也無力回天了，他只有拚命逃跑。所有部下就在他逃跑的那一刻，全部自覺地向慕容皝舉起白旗。變成光桿司令的慕容仁也跑不了多遠，就被一把擒住，處死。

慕容皝就這樣平定了內亂。

在東北這些鮮卑勢力中，段軍的部隊歷來以勇猛出名，可很少出現高智商的老大，更沒有出現過有遠大理想的人物。這些武力指數很高，智商偏低的人，有一個共同點，就是經不住別人的幾句話，就跟人家去到處惹事。這些年來，東北地區的很多群體事件、流血衝突，都有他們的參與。雖然參與的次數很多，可每次都是打敗仗，按說教訓一大堆，就應該好好地總結一下了，可他們從來沒有認真汲取，等下次參與時，又大敗而歸，為那一大堆教訓添磚加瓦。在這次慕容兄弟的內部大戰中，段軍和宇文氏都堅定地站在慕容仁的一邊。本來如果幾個傢伙聰明一點，能集中力量，全力出動，統一部署，要搞定慕容皝也不是沒有可能的，可這幾個傢伙雖然一致對付慕容皝，可從來沒有協調行動過，這傢伙上去了，那兩傢伙全坐在板凳上當替補隊員，等場上的兄弟被打得遍地找牙之後，替補又上，又繼續遍地找牙。搞來搞去，硬是被人家各個擊破，成了找牙專家。

這次慕容皝帶著全體士兵去平定遼東，總部已經空虛得不能再空虛了，這兩家卻一點也不抓住機會。等慕容皝得勝歸來，段家的老大段遼不知是哪根筋作怪，毫無理由地派他的中軍將軍李詠去襲擊慕容皝。李詠也是個豬頭，只是直接向既定目標直奔過去，哪知慕容皝的都尉張萌早已埋伏在半路，等他大步過來時，就衝殺過來，一點不費力地把李詠給抓住了。

段遼接到報告，一點不服，我就不相信搞不定慕容皝，又派段蘭帶著一萬步騎到柳城，準備跟宇文逸豆歸聯合起來，向慕容皝進攻。這時，宇

第三章　權力永遠是大亂的根源

　　文逸豆歸倒很配合，一接到通知之後，馬上攻擊安晉，來聲援段蘭。

　　可段蘭這次的表現實在太菜了。慕容皝帶著五萬人前來攻擊柳城。段蘭一看，這不是五個打我一個嗎？這仗你就是叫老大來打也打不贏的，於是連一支箭都沒有射出去，就宣布退兵。

　　他這麼一退走，所有的苦頭就全由宇文逸豆歸一個人消化了。慕容皝帶著所有部隊去救援安晉。結果只一仗就把宇文逸豆歸打得大敗而逃。

　　這段時期，慕容皝的表現確實不錯。在取得兩場連勝之後，又準確地預料到段遼還會出動，叫封奕帶騎兵在馬兜山那裡布置了個埋伏圈。段遼果然頭腦簡單地帶了幾千個戰士衝進慕容家的地盤裡進行搶劫。誰知，還沒開始搶劫，就已先進入人家的埋伏圈，被早已等候多時的封奕痛扁一頓，連大將榮伯保也被砍了腦袋。

　　可段遼卻仍然不老實，又製造了幾次摩擦，結果都是血本無歸。

　　段家那個五朝元老陽裕看不過去，就提醒一下段遼，我們這些年來，沒有哪月不打仗，而且總結起來，只有教訓沒有勝利。因此這種仗不宜打下去了。可段遼不但一個字聽不進去，反而把這個老傢伙調出權力中心，讓他到北平當第一把手，免得天天在面前不清不楚地囉嗦，讓耳朵不安寧。

　　這時，經過幾次戰爭，慕容皝的基礎打造得已經很牢固，完全可以不把另外那兩個鮮卑兄弟放在眼裡了。這傢伙本來就是個很有個性的人，看到自己的事業比老爸當政時還要興旺發達得多，覺得完全可以另立公司掛牌上市了──以前雖然自立，從頭到尾都是自負盈虧，但打的卻是司馬氏的「晉」字旗號，相當於晉帝國在東北的連鎖店。這時覺得老掛人家的招牌實在太窩囊了，不如自己註冊一個。

　　他手下那一干人在他的授意之下，勸他稱王。他一點也不推辭，就宣布他的國號為燕，他就是燕國第一代領導人──燕王。

第五節　統一東北

這傢伙在這方面跟石虎有點相似，就是只稱王而不稱皇帝。

慕容皝掛牌上市之後，做的第一件事就是主動跟趙國經營好外交關係。這時那個段遼因多次跟慕容氏打仗得不到便宜，就轉移目標，老去騷擾石虎的邊界，弄得石虎很不高興。

慕容皝知道，這是搞定段氏的一個好機會，馬上派宋回去見石虎，說願意當趙國的附屬，而且為了表示此次歸順有著百分之百的誠意，還特地派那個猛男慕容汗到鄴城那裡當人質──如果我沒有誠意，就請你殺我的老弟。

石虎當然高興得嘎嘎大笑，馬上同意慕容皝的請求，而且為了表示自己更有誠意，還把慕容汗放了回去──自家兄弟玩人質那一套做什麼？雙方約定於明年，即咸康三年同時出兵把段遼搞定。

而這時段遼還不知道危險已經把他包圍得死死的。

趙燕聯軍對段遼的軍事行動是在咸康四年的正月。

石虎為了一舉搞定段遼，緊急徵兵，共招募了三萬多人，這三萬人全是身體強悍的猛男。而這時，段遼還派他的堂弟段屈雲去攻打趙國的幽州。幽州第一把手李孟抵擋不住，退守易京。

段遼一看，石虎的部隊也沒什麼可怕。心裡高興得嘎嘎叫。

而這時石虎的七萬大軍已經猛開過來。

慕容皝也按照約定，帶著部隊深入段遼的地盤裡，見人殺人，見物搶物，滿載而歸。

段遼大怒，老子已經把注意力放到趙國那裡了，你又來惹老子。難道老子怕了你不成？馬上下令迎戰。

慕容翰說：「現在最可怕的不是慕容皝，而是石虎。如果我們帶著全部家當去跟慕容皝決戰，南方的石虎打過來，怎麼辦？」

153

第三章　權力永遠是大亂的根源

段遼大怒，說：「老子再也不聽你的話了。上次要不是你多嘴，這個慕容皝早就被消滅了。老子上了你一次當，你還想叫老子上你幾次當？」說完帶著部隊全力出擊。

慕容皝對段遼的智商早就了解深刻，知道他會大步殺來，早就設下埋伏圈。段遼帶著他的勇氣、帶著他的憤怒果然不計後果地衝了過來，乾乾脆脆地進了埋伏圈。

慕容皝一聲令下，伏兵四出，大破段遼，殺了幾千個人頭，然後還「掠五千戶及畜產萬計以歸。」可說是戰果輝煌。

這時，趙國的大將支雄也從南部大舉進攻，長驅直入，聲勢浩大，還沒有砍出一刀，段遼「漁陽、上谷、代郡守相皆降」，他連取四十餘城。

那個剛到任沒幾天的北平相陽裕只得退到燕山那裡固守。

趙國很多人都認為，陽裕是個人才，如果不趁這個時候把他搞定，只怕他後患無窮。可石虎卻笑著說：「陽裕只不過是個讀書人，知道段家遲早要玩完的。他現在不肯投降，完全是知識份子愛面子的心理作怪。我們完全不用理他。應該直取段遼的老窩才是王道。」

於是下令大軍直赴令支——段家的首府所在地。

段遼剛吃大敗仗，這時看到趙國的部隊比燕國的還多，軍容更整齊，隊伍更雄壯，就覺得頭大了起來，頭一大起來，膽子就大大的縮水，不敢再接仗，決定帶著一家老小放棄令支，逃往密雲山。這傢伙做人還算厚道，在出發時，握著慕容翰的手說：「老兄，我要是聽你一句話，就不會有今天這個局面了。我能力低下，玩完了自己，也連累你了。我對不起你。」

慕容翰逃奔宇文部落。

石虎派兵繼續追擊段遼，威風凜凜地來到密雲山下，進行一次大圍剿，殺了三千人，「獲其母妻」。段遼拚掉老命，得逃出來，一摸頭上，腦

袋還穩固地在那裡活動自如，但心裡已徹底地灰暗了下來，知道再硬撐下去，恐怕沒幾天，這條性命也沒有了，於是「遣其子乞特真奉表及獻名馬於趙」。石虎全盤接受，同意他投降。

於是，北方鮮卑三大部落中的段氏就這樣完蛋。

段氏一玩完，慕容皝的勢力就壯大起來。

第六節　父子成仇

再來說說趙國的那些事。

現在按國土面積而言，趙國雖然比不過晉國，但他還是北方的頭號勢力，兵力也足，戰鬥力是目前最強的。如果石虎有曹操的能力，最終統一全國是沒什麼懸念的。可這些年來，不知是什麼原因，雖然天下大亂，是造就英雄的黃金年代，但就是沒有一個英雄出現——石勒雖然可算是一個英雄，但也只是相對於同時代的人來說而已。石虎更是一個暴君，他認為暴力是第一生產力，別的都不在話下。而他選定的那個接班人石邃的性格也有點像他，只是個敢打敢殺的猛男。石虎對這個兒子很滿意，覺得自己生了個了不起的兒子。

也不知道是什麼原因，石虎在沒事時，居然常對大家說這麼一句話：「司馬家兄弟內鬥，搞得轟轟烈烈，才讓老子做到今天這個地步。司馬氏的教訓，老子永遠記住，所以絕對不能拿老子的繼承人開刀。」誰一聽這樣的話，都會覺得心寒。

石邃本來就是個膽子比老爸還大一圈、殘忍比老爸更上一層、腐敗比老爸更深入的人，得到老爸保證不殺他的話後，膽子就更加壯大、殘忍就

第三章　權力永遠是大亂的根源

做得更絕。

石邃居然有一個愛好──吃美女。先叫人把一個美女帶進來，首先讓她像時裝模特兒那樣，穿上最華麗最性感的服裝，在大家面前展示一遍，把大家的目光吸引住、熱血在身上滾燙一番之後，手一揮，幕後突然騰騰地跑來一個職業劊子手，把盛裝美女帶走，只片刻之間，就乾脆地砍下美女的頭，然後洗得乾乾淨淨，放在一個精美的盤子裡，端了出來，讓大家看看，死美女跟活美女有什麼區別？在大家目瞪口呆之後，他又叫東宮的大廚，趕快把美女的人肉做好端上來，讓兄弟們吃新鮮的。因為這傢伙做得公開透明，因此誰都知道，現在碗裡的肉就是剛才的模特兒，但誰都不敢不吃──你要是不吃，估計不久人家就要吃你來了。

石虎不但喜歡這個石邃，也還喜歡另外兩個兒子石宣和石韜。石邃雖然一天到晚吃喝賭嫖，全部精力都放在腐敗事業上，可仍然怕自己地位不穩，看到兩個老弟在老爸面前越來越得分，就有被威脅的感覺，對這兩個老弟就生氣起來，這氣越生越厲害，最後把他們都定位為自己的敵人，恨不得馬上對他們進行殘酷無情的打擊。

而這時石虎的性格也朝著更加變態的方向發展，完全忘記了全國第一把手的職責是改善人民生活、使國家富強，而是把所有的時間都放到喝酒把妹的事業上，好像皇帝的本職就是努力開創吃喝玩樂新局面。而且，他還變得喜怒無常，性格常常讓人摸不清──這傢伙可是殺人狂，你要是沒摸透他的心思，殺身之禍就會馬上來臨。要命的是，他變態起來時，居然對石邃也毫不客氣。

父子矛盾就在這種狀態中產生了。

石虎為了汲取石勒的教訓，老早就讓石邃主持中央。石邃有時向他報告，石虎如果心情不好，就把那張臉一板，罵道：「老子不是叫你主持嗎？連這點屁大的事也問我？你這是在主持朝政，還是來當機要祕書？」

第六節　父子成仇

　　有時他無可事事時，突然發現石邃好像很久沒向他彙報工作了，很多事都下令了，他還不知道，又把石邃叫來，大罵：「你老子還活著，腦子還好用得很，這些事你為什麼不報告就下令了？」如果這些事只是在他偶然發暈的時候發生，也算不了什麼。可這些事每月都發生幾次，而且，有時他鬱悶起來，不但罵石邃，而且還來個「黑手高懸霸主鞭」，把石邃狠狠地鞭打幾下。

　　石邃就是木頭人，這時也會叫幾聲苦，何況他也是個身上獸性比人性多的傢伙。他捱了多回鞭子，覺得不能再這麼過下去了。在一個天氣陰沉的日子裡，他很陰沉地對中庶子李顏說：「我老爸實在太不好應付了。再這麼下去，我馬上就要崩潰了。看來只有採取斷然措施，我才有活下去的路子可走。」

　　李顏是個膽小鬼，一聽這話，我的媽呀，這不是傳說中的謀反嗎？這萬萬不可啊！可他只是臉色刷白地看著石邃，一言不發，後來，覺得雙腿的支撐能力突然下降，全身都伏在地面上，像個爬行動物一樣，爬在石邃面前。

　　石邃跟很多變態的人一樣，雖然手中權力很大，可以任意殺人砍人，但卻沒有一個鐵桿死黨，在關鍵時刻為他分析形勢、提出對策、把握機會，然後勸他是該懸崖勒馬，還是放手一搏。他只能一個人在那裡發狂發瘋，決定採取行動，去要他老爸的人頭。

　　石邃雖然脾氣火爆，一想到老爸的那張臉，就忍不住咬牙切齒，但他也知道，憑他現在手中掌握的力量是搞不定石虎的，因此他稱病，表示暫時不能主持朝政，特此向老爸請假，請石虎批准。石虎雖然動不動就罵他打他，但那只是在變態發作的情況下做出的舉動，其實內心還是喜歡這個兒子的，一接到假條，當場劃了個大圈，說准假。

　　其實，現在石邃的身體強壯得很，你就是叫他赤手空拳去打一隻老虎，

157

第三章　權力永遠是大亂的根源

估計也能跟武松差不多，他現在是想放下一切，把所有精力都投入到推翻石虎的行動中，他把手下的官員和衛士五百多人集合起來，宣布要發動一場偉大的改革，把石虎拉下馬，政變要是成功了，大家都是高官，現在我們大吃大喝之後，馬上到冀州去，先殺石宣。

大家一聽，連飯都吃不下。

石邃絕對不是這方面的高手，居然看不出他的這些手下沒有一個跟他是一條心的。雖然大夥面前擺了大魚大肉，桌上也全是名煙名酒，可沒幾個在放開肚皮吃吃喝喝，倒是他自己一個人吃得很過癮，不一會兒就喝醉了。

他在喝醉的情況下，居然還記得他的歷史使命，帶著這五百個人向冀州出發。

才走不到幾里路，大多數人都騎著馬脫離隊伍逃得不知去向。只一會兒，隊伍就只剩下幾個人了。

李顏一看，覺得再不說話，實在太對不起中庶子這份薪資了，就向石邃下跪，勸石邃不要一失足成千古恨啊！

這時石邃也覺得頭有點痛，我們喝的是不是假酒？回去看看，是不是誰送的假茅臺？就決定往回走──你想想，這樣的人政變能成功嗎？

他的母親知道這件事後，心裡急得要命，馬上派個太監過去，責罵了石邃一頓。這個太監也是個倒楣的太監，代表皇后過去，話還沒說幾句，還沒開始威風，石邃就發起火，大罵起來，老子是什麼人，你這傢伙也敢來教訓老子？以前只割了你的龜頭，現在老子砍你的人頭。直接就要了這個太監的狗命。

本來，對石邃這個傢伙，很多人都已經看穿了他的本性，但誰也不敢說。只有那個佛圖澄仗著有佛祖保佑，常對石虎說：「老大，別的地方你

第六節　父子成仇

都可以去，只有太子宮，你去不得。你要是硬去，那是你的事。到時，你別怪我沒提醒過你。」

這時，石虎正走在去太子宮的路上，想去探望一下石邃的病情，突然想起大和尚的話來——他和石勒之所以成為大和尚的鐵桿粉絲，就是因為大和尚的預測能力太厲害了，因此，他可以把任何人的話當狗屁看待，但絕對不能不聽大和尚的話——他馬上就下令掉轉方向回宮。

他回到宮中後，又覺得這天下是什麼道理？便大喊大叫：「老子是皇帝啊，是天下權力最大的人啊，現在怎麼連父子都出現了信任危機。」

他狂叫過後，還是不敢親自前往，就派他最親信的女尚書代表他前去探望，回來向他彙報。

石邃這時的變態更上一層樓，已經到了完全失控的地步，也不看看這個漂亮的尚書是老爸當前的紅人，一看到她，就一招手把她叫到跟前。女尚書當然不會想到，這麼向前一跨，就跨進了鬼門關。石邃等她來到跟前時，拔出佩劍一揮。女尚書慘叫一聲，永遠閉上了美麗的眼睛。

石虎這時才知道，事情真不簡單了，馬上把李顏等人逮捕起來。李顏本來就是個懦夫，這時一被逮捕，人家還沒有審問，他就已經全盤說出了。本來，石邃的這些行動，跟他一點關係也沒有，而且他曾勸阻過石邃，才沒有讓事情擴大化，算起來應該是有功人員。可石虎哪管這麼多？你是中庶子，負責管教督促太子，現在太子變成這個樣子，你不負責誰負責？——他自己就沒有想到，他把石邃生下來，更應當負主要責任——叫人把李顏連同三十幾個人拉下去砍了。

到了這時，石虎仍然沒有殺掉石邃的想法。他把石邃關在太子宮裡，進行了審訊，幾天後，又把他放了出來，很想把這事來個大事化小、小事化無。如果石邃這時頭腦正常，做人再低調一點，誠懇認錯，把那個太子的尾巴好好地收藏起來，老老實實地做人，事情估計也就到此為止了。可

159

第三章　權力永遠是大亂的根源

這傢伙腦子的主要成分是花崗岩，到了這個時候，居然還沒有軟化，被免除責任追究之後，來到太武殿與老爸見面時，只是板著那張面孔，向老爸行了一個普通的禮節，然後就覺得此地不可久留，馬上調頭就走。

石虎這時仍然沒有生很大的氣，派人跑過來提醒他說：「老大讓我對你說，太子到這裡後，還應當去見見皇后才對啊！」──石虎既然還叫他太子，說明石虎現在仍然看好他，想原諒他。

可石邃卻理也不理，一副真理在握的模樣，依然一臉神氣，大步走開。

這一下，石虎心頭的怒火被點燃起來，馬上下令廢除石邃的太子職務，所有待遇跟首都下等平民一樣，而且就在當天半夜，派幾個武士過去，把這個新科平民殺了，而且把他的大大小小的老婆和大大小小的子女二十六人一起殺掉。還做了個史上最強的棺材，把二十幾具屍體全裝在裡面埋葬。最倒楣的是太子宮中的那些人員。在石邃還威風地當太子時，他們天天怕石邃突然搞變態，拿他們開刀，跟石邃根本不是同路人。可現在石虎一生氣，全把他們劃成太子黨，把二百多人通通抓起來，全部處死──誰覺得冤枉誰到地府裡再申辯了。

最後，連同石邃的母親也一起處分，免去皇后的職務，降為東海太妃。

接著封石宣接任太子之位，成為新的接班人。

這是咸康三年下半年發生的事。

第七節　蜀中之變

而咸康四年，對於成都的李家集團來說，絕對可以算是極不平凡的一年。

第七節　蜀中之變

李期透過不正當手段當了皇帝之後，只與李越分享權力。當然如果只是分享一下權力，而在執政理念上，真正來一個立黨為公、執政為民，一心一意帶領四川人民拚經濟，同樣能夠把這個皇帝做得有滋有味。可李期卻認為自己現在是皇帝，是皇帝就是愛怎麼樣就怎麼樣，搶誰殺誰，不是依法辦事，而是全憑心情，弄得很多官員都覺得天天生活在恐怖之中，不知道哪天腦袋會落在地上。

現在心裡危機感最強烈的是那個李壽。李壽此前曾是李雄的親密同袍。李雄死的時候，他是唯一的託孤之臣，不管能力還是人氣，在四川盆地裡都是數一數二的，後來雖然立場不堅定，沒有完成李雄交付的任務，讓李期和李越奪了權。李期和李越現在也怕李壽，恨不得馬上除掉他，免得心裡老是不舒服。可李壽不是李班，只會流淚不會政變，手中除了皇帝大印之外，沒有別的武器，李壽手中掌握著實實在在的兵權，沒有絕對把握，千萬不能過分地刺激他，因此就只有懷著複雜的心情處處提防他了。

李壽覺得再在這兩個傢伙的忌憚下生活，不但一點不幸福，而且說不定哪天會被他們搞定，因此也是處處小心，每次來到首都時，都事先叫部下派人前來報告敵人入侵了，然後就以此為藉口，像逃難一樣逃離首都。

他拍著腦門想了很久，還是想不出一條保命的辦法來。這時他記起了龔壯。這個龔壯是四川一帶有名的隱士——隱士本來是超級潛水員，其主要目的是不想讓人發現，這傢伙卻成為著名人士，變得跟公眾人物沒差別。我想，他是有自己的目的。龔壯的上面兩輩人都被李氏集團的第一代領導人李特殺死，因此他恨李家恨得要死，時時刻刻都想報仇雪恨。他在老爸被殺的當天，就開始穿孝服，發誓不報仇絕不脫掉——現在李氏都換了幾代領導人了，他卻還穿著那身孝服。

李壽知道他是個人才，曾多次請他出來當自己的手下，保證待遇很高，可他就是不接受。

第三章　權力永遠是大亂的根源

龔壯這時也看到自己的機會來了，在李壽想到他的時候，就主動去找李壽。

李壽一看，當然高興得要死，馬上把所有的人都打發出去打牌的打牌、下棋的下棋、把妹的把妹，然後悄悄地把自己的擔心向龔壯合盤說了，問他現在該怎麼辦？

龔壯是有備而來的，早就打好了腹稿，見對方發問，馬上就說：「四川這個地方，原來是晉國的地皮，人民也是晉國的人民。後來你們李家強占過去，然後獨立，可人民仍然懷念著晉國。如果老大勇於下定決心，帶著部隊殺向成都，宣布重新回歸大晉的懷抱，一定會得到大家的擁護，還用擔心什麼性命之危。」

李壽一聽，看來只有這麼做了。就叫來長史羅恆、解思明，宣布了自己的決心，叫他們一起做好進攻成都的計畫。

這時李期也隱隱約約地聽到了些風聲，覺得有點不妙，就派中常侍許涪前往李壽的大本營，看看李壽到底有什麼動靜。許涪本來很聰明，可在這事上做得很菜——既然懷疑對方了，就應該祕密觀察，暗中做好準備。可他居然派個太監帶著個中央檢查組到李壽的司令部，這不等於刺激人家是什麼？而且，這還不算，他派人去把李壽的弟弟安北將軍李攸一把毒死。他認為，除掉了李攸，李壽沒有了得力的幫手，就沒有力量了。

哪知，李壽聽說老弟被毒死，知道李期已經向他亮出底牌，不放手一搏他就沒有活路了，馬上假造一封他妹夫從成都給他的來信，說李期已經宣布要將他逮捕法辦。

他把這封信向所有的部下公布。李壽歷來很得軍心，這些部下向來願意為他賣命，覺得要是這個老大被抓過去法辦，他們的日子也到頭了，因此都大叫，不能讓老大被抓走啊！誰跟老大作對，誰就是跟我們作對。

第七節　蜀中之變

李壽深知時間就是生命的道理，這事宜早不宜遲，馬上就作了戰鬥動員，然後帶著步騎兵一萬多人從涪城出發，奔襲成都。這傢伙到底是李驤的傳人，骨子裡保持著流民的傳統，在大軍出發前，對大家說：「只要攻入成都，兄弟們就可以大肆搶劫一次，不管是百姓家的還是官員家的，通通沒有禁區。」大家一聽，有財發了，有美女泡了，信心一片高漲，士氣指數直達巔峰。

他任命李奕為前鋒，輕裝上陣，到成都開飯。

李期那顆腦袋還沒有開竅——連人家的老弟都毒死了，竟然還沒有做好準備，看到人家的大軍喊殺連天而來，這才知道李壽真動手了。可此前一點準備都沒有，這時哪還來得及做什麼？

這時，李壽的兒子李勢是翊軍校尉，聽說老爸的部隊打了過來，馬上打開城門，歡迎大軍入城。李壽就這樣兵不血刃地占領了成都。

李期一點都動彈不得，只得派人代表中央對李壽的部隊進行親切地慰問，希望李壽還承認他這個皇帝。

李壽上書先羅列了李越、景騫、田遐以及那個許涪等人一大堆罪狀，說他們「懷奸亂政」，不殺不足以平民憤，當場誅殺。這些人一成斷頭鬼，李期就徹底孤立了。

李壽在控制成都之後，兌現了「自由搶劫」的諾言，士兵們帶著大刀長矛在成都城裡大肆劫掠，每個人都滿缽滿盆後，這才叫停。

接著，李壽假造了太后的聖旨，把李期廢為邛都縣公。雖然保留了個貴族的頭銜，但卻被關在宮裡，一點自由也沒有。然後為李班平反，追認為「哀皇帝」。

李壽就這樣把成都的大權全部接管。那幾個助手羅恆、解思明、李奕都勸他自稱鎮西將軍、益州牧、成都王，帶領大家回歸大晉的懷抱，把李

第三章　權力永遠是大亂的根源

期這個反賊送到建康當見面禮。可那個任調和司馬蔡興、侍中李豔卻建議李壽不要怕，把這個皇帝當下去，李期能當，老大為什麼當不得？

李壽一聽這話，心頭又活躍起來，可看到那麼多人反對，知道要是硬著頭皮稱帝，肯定不會得民心的，就想了個辦法。這個辦法其實小兒科得很。就是請來幾個算命的，讓他們算一下自己的八字，看看適不適合當皇帝。

那幾個算命的一看他的臉色，就知道，如果說他不能當皇帝，自己那顆腦袋的保險係數直接就會降低為零，就在現場掐著手指頭說：「完全可以當幾年的皇帝。」

李壽還沒有發話，任調就首先鼓掌大叫：「能當一天都夠了，何況可以做幾年皇帝呢！」

解思明還在反對：「如果當幾年天子，還不如當世世代代的貴族好啊！」

李壽這時馬上背誦了那兩句孔老夫子語錄：「朝聞道，夕死可矣！」他在這裡是活學活用了孔子的話，意思是說，只要這命裡真的能當上皇帝，死去又算什麼？

於是李壽馬上宣布登極，成為四川盆地的新領導人。不過，他卻把國號從大成改成大漢，稱為大漢帝國，大赦，年號興漢！然後拉了一車的上等禮品到龔壯那裡，請龔壯出來當太師。可龔壯當慣了隱士，過慣了自由生活，硬是不願做官，把那張委任狀和全部禮品都退回去。

李壽對成都官場進行了一次全新的整頓，以前的當權者包括李特時期的元老全都換掉，通通退居二線，把自己手下的心腹都推到領導職位上來。

李期這時仍然當著那個縣公，享受著貴族的待遇，但他的心態已經無法平衡，終於在一個月黑風高的夜晚，發出一聲孤苦伶仃的長嘆：「天下

主乃為小縣公，不如死！」堂堂一個皇帝，現在變身成一個縣公，還有什麼臉活在這個世界上？他跟很多要臉的人一樣，覺得臉面比性命貴重多了，因此找來一根繩子，上吊了事。李期總共在這個世界上活了二十五年。如果他不當這個皇帝，憑他的能力，這輩子肯定過得很風光——到了這時，才知道，皇帝也不是個好職業。

第八節　絕地反擊

在四川盆地上演改朝換代的大戲時，石虎和慕容皝的蜜月期也結束了。他們再一次用行動證明「只有永遠的利益，沒有永遠的朋友」。

把段遼徹底擠出歷史舞臺之後，石虎對這場戰爭進行了一次深刻的總結，得出一個讓他十分不滿意的結論，那個燕王慕容皝在這場戰鬥中，並沒有帶兵前來跟他會師，而是提前對段遼採取軍事行動，最後讓趙國的軍隊在正面作戰，他老兄的大軍卻游而不擊，只顧掠奪人口和財產，摘取勝利果實比誰都賣力。石虎這麼一想，就覺得上了慕容皝的當，被他那個假投降衝昏了頭，誠心誠意地去當了他的炮灰。這麼一個小小的集團，居然也敢來吃老子的豆腐，這不是把老子看扁了是什麼？別的當可以上，但上這種當實在是太沒有面子了。

石虎本來就是個火藥桶，非常容易生氣，而一生起氣來，就要打仗殺人。他這次一生氣，馬上就叫囂著把慕容皝一把扁死，老子就不相信扁不死這個小人。

太史令趙攬說：「老大，不是我向你潑冷水。這段時間看星相，看到本年的星座，正巧成了燕國的保護傘，如果出兵，恐怕不成功啊！」他的

第三章　權力永遠是大亂的根源

原話是這樣的：歲星守燕分，師必無功。

如果是佛圖澄說出這話，石虎絕對不敢不信，可你趙攬是什麼東西？老子讓你在這裡領個薪資，只是基於為社會製造一個就業機會而已，你不老老實實地過日子，竟然敢亂說這種話？那星座是什麼東西？他一「守燕分」，慕容皝就平安大吉了？那還要那麼多軍隊做什麼？以後看到歲星在什麼地方，就跑到那個地方去，那不就安全了？你這話分明是妖言。於是掄起鞭子就在趙攬的身上猛抽幾下，看你以後敢不敢再亂說不利於國家的話。

慕容皝聽說石虎要拿他開刀，馬上進行一番調整，動員所有能夠動員的力量，準備應對燕國有史以來最嚴酷的戰爭。

沒過多久，趙國幾十萬大軍就已經密密麻麻地開了過來。

燕國人長期在關外生活，雖然動不動就打仗，經常看到流血場面，可從沒見過麼大的陣仗，個個都嚇得臉色慘白。

慕容皝看到部下個個都是這個臉色，心頭也有點波動起來，就悄悄地問高詡：「你說說，我們該怎麼辦啊！」

高詡卻一點沒有懼怕，說：「趙國的部隊雖然很強，但也沒有什麼可怕的。我們只要死死地守住，他再多的兵力也沒有什麼用處。讓他們在城外熱熱鬧鬧吧！我們當觀眾。」

石虎這次是鐵定了心，要像吃掉段遼一樣一口吃掉慕容皝。他在大軍壓境的同時，還派出很多奸細，深入燕國，號召大家起來反抗慕容家族的壓迫，投奔自由趙國，享受幸福新生活。

石虎的這個政治攻勢還是很成功的，一時之間，「成周內史崔燾、居就令游泓、武原令常霸、東夷校尉封抽、護軍宋晃等皆應之，凡得三十六城」。沒多久，另外一些人也一點不看好慕容皝，覺得改換門庭的時機來

第八節　絕地反擊

了,便都挺身而出,要當燕國的叛徒內奸,奪取燕的地皮,貢獻給石虎。冀陽太守宋燭本來是個堅定的主戰派,守城也很認真負責,可對內卻疏於防範,硬是被幾個不知從哪個地方跑過來的流竄犯殺死,然後舉城向趙國投降。營丘太守鮮于屈跟他的名字一樣,,也是個容易屈服的人,這時看到這麼多個地方都投降了,也決定緊跟形勢,向石虎的軍隊獻上一份投降書。

本來,投降為的就是想改個環境、換個公司,想把生活過得更幸福一點,而且投降的成功率是很高的,只要一舉白旗,大多都能順利過關。可鮮于屈卻是個倒楣的傢伙。他的倒楣是因為,他屬下的武寧縣縣令孫興是個死硬的主戰派,聽說他的上級要投降,就號召大家誓死不當亡國奴,然後把鮮于屈抓起來殺掉,關閉城門,死守到底。

北韓縣的縣令孫泳也是個不怕死的,表示堅決打擊趙國侵略軍。地頭蛇王清卻不同意,竟然想祕密跟趙兵裡應外合,搞定孫泳。可孫泳卻精明得很,很快就識破了王清的意圖。他當然不放過王清,一把將他抓起來,斬立決。王清的同黨都怕得要死,排著長隊前來自首。孫泳擺擺手,說沒有你們的事,都給我守城去。

咸康四年的五月九日,趙國侵略軍已經逼到棘城城下。燕國的首都變成了最前線。

慕容皝看到城外趙國大軍雲集,而且戰鬥還沒有正式打響,燕國各地都紛紛易幟,響應侵略軍,現在只有首都還掌握在自己手中,其他土地都成了趙國的地皮、老百姓也成了趙國的良民。慕容皝的內心也裝滿了恐懼,打算棄城逃走──至於逃到什麼地方,心裡也根本沒有底。

帳下將慕輿根堅決反對做這種蠢事:「現在趙國侵略者很強悍,把我們的首都層層包圍。我們已經變成弱勢群體。老大如果要逃跑,只怕腳一動,他們就取得全勝。然後就會把我們的老百姓組織起來,全成為他們的

第三章　權力永遠是大亂的根源

公民，敵人勢力就更加強大，誰也不能跟他們對抗了。我認為，現在趙兵最希望的就是老大開門逃跑。老大為什麼一定要中他們的計？我們現在只能堅守這座城，拚命擋住他們的進攻，他們短時間內肯定奈何不了我們。我們在守城的過程中，密切注意形勢的變化，說不定還可以抓到某些機會，取得勝利。如果實在守不住了再跑。為什麼現在就做這個望風而逃的蠢事？」

慕容皝一聽，只得暫停逃跑的念頭，可心裡那一堆滿滿的恐懼卻一點沒有減少。

如果照這個狀態發展下去，慕容皝沒幾天就會徹底崩潰。這傢伙的幸運是有一幫既不怕死，也有膽量更有能力的死黨，在生死存亡的的關鍵時刻，都能跳出來幫他出主意，鼓勵他堅持下去。

玄菟太守劉佩覺得慕容皝的這個神情，對城內軍心民心的打擊跟原子彈沒什麼兩樣，就對他說：「現在的形勢是這樣的。城外敵軍千萬重，城內軍心亂如粥。個個害怕，人人慌張。全城的安危全靠老大一個人了。既然到了這個地步，就應當做出老大的樣子來，帶頭樹立起必勝的信心，鼓舞全城的鬥志，不要老讓大家生活在絕望之中，要讓老百姓看到一點希望。因此，請老大從現在開始，收起臉上的懼色。現在情勢已經萬分危急，人心即將崩潰。請趕緊命令我出城進行一次攻擊。即使不能取得勝利，但也可以穩定一下城中軍民的情緒。」

到了這個時候，腦子已全方位遲鈍的慕容皝當然只得聽從這些鐵桿手下的建議了。

劉佩精選了幾百個大力士，組成一個敢死隊，突然喊殺連天地打開城門。

城外的趙兵個個都知道，城中的燕兵數量少得可憐，估計早已進入惶惶不可終日的地步，離沒精打采地舉著白旗出來投降的日子已經不遠了。

第八節　絕地反擊

因此，個個都在那裡擺著神氣的姿態，好像勝利已經來到一樣。這時看到城門大開，都以為敵人比預期的還要脆弱，提前出城投降了。

大家正準備熱烈歡迎投降的燕國人，哪知城門一開，衝出來的是一群喊殺連天的敢死隊。

這幾百個敢死隊員舉著兵器，殺向一點沒有心理準備的趙兵群中，真的讓人想起那句「虎入羊群」的話來。一時間，燕國部隊「所向披靡」，獲得了一場巨大的勝利，然後還安全返回城中。

城中的人心這才穩定下來，原來趙國兵雖多，其實一點不可怕，屬於紙老虎而已。

當然，這只算是一場小勝，對整個戰局而言，實在產生不了很大作用。

慕容儁的信心仍然不足，他又問封奕：「你說，下一步該怎麼辦？總不能老這樣組織敢死隊去攻擊一下吧？」

封奕說：「石虎這個人的特長就是殘暴，而且殘暴得過頭，到了天人共憤的地步。一個統治者到了這個地步，什麼災禍都有可能在他身上發生。現在，他帶著趙國的全部家當狂奔遠征，雖然威風得要命。可我們是守，他是攻，雖然戰鬥力很強，但一點不可怕。屯兵堅城之下，時間一久，內部就會有問題。現在，我們要做的，就是什麼也不做，只要嚴防死守，總會有機會的。」

慕容儁一聽，情緒這才穩定下來。

也有人勸慕容儁，不如投降了吧，現在投降，還是有點資本的，還來得及——如果這話早些時候說出來，也許會有點效果。可現在慕容儁已經不是前幾天的慕容儁了。

趙兵終於忍不住了，這麼多的部隊在城下圍了這麼多天，還取不了這個孤城，也實在太丟趙國人的臉了——於是發起了聲勢浩大的攻城戰

第三章　權力永遠是大亂的根源

役。總攻令一下達，趙兵殺聲震天地衝向城牆，密密麻麻地爬上城頭。史書上的描述是「趙兵四面蟻附緣城」。

燕兵在慕輿根等人的帶領下，在城頭上沒日沒夜的死守，連續打了十多天，硬是把城頭守得穩穩的。

趙兵這才知道，這個孤城堅固得很，再打下去也是啃不動這塊硬骨頭的，而且如果老在這個地方跟慕容皝糾纏，國內哪個強人突然發難起來，只怕老窩都被人家端掉了。因此，不管從哪個角度看，這場戰爭應該到此為止了。

五月十三日，石虎釋出了撤軍命令，龐大的趙兵開始向後撤。

可在撤退的過程中，趙兵居然只顧找回頭路，完全忽略了城中燕兵的存在。

慕容皝這時頭腦已完全恢復正常，一看，這不是機會是什麼？馬上派他的兒子慕容恪率騎兵二千人出城追擊，在趙兵的屁股後猛砍一頓。

趙兵雖然人多，但卻亂了陣腳，一點反抗能力也沒有，被殺得大敗。慕容恪只以兩千人馬，居然砍翻了對方三萬多人。趙兵的大營瞬間崩潰，各路人馬都四散而逃，連手中兵器也全丟下了。

在趙兵全軍潰散的情況下，只有石閔一軍還保持完整。

這裡有必要介紹一下這傢伙。石閔的老爸叫石瞻。石瞻本來也不姓石，而是姓冉，本來是陳午的心腹。後來，石勒剿滅陳午，冉瞻成了俘虜。石勒覺得這個戰俘看上去很順眼，就叫石虎收他做養子，從此冉瞻就變成了石瞻。石瞻後來生了石閔。石閔比他的老爸厲害多了，武力指數和智力指數都很高。連石虎也特別喜歡他──石虎當然不知道，他這個可愛的孫子，是他們石家後來的掘墓人，而且掘得比誰都深，連全族都被滅得一乾二淨。這時，石閔的職務是游擊將軍。

第八節　絕地反擊

　　石虎吃了這個大敗仗之後，回到首都，又大量提拔了一批人。其中蒲洪拜使持節、都督六夷諸軍事、冠軍大將軍，封西平郡公。

　　石閔對石虎說：「這個蒲洪絕對不是個簡單的人。他的幾個兒子也都個個強悍。而且現在他手裡還掌握著五萬大軍，防地就靠近首都，這是很危險的。我認為，對這樣的危險分子，就應該製造個車禍之類的事故，讓他人間蒸發，以除後患。」

　　石虎卻不同意，擺擺手說：「不要想得太複雜了。老子現在正想依靠他打過南方去，滅了晉國和漢國呢，哪能殺了他。」對待蒲洪比以前更好了──這傢伙徹底忘記了蒲洪曾經背叛過他，後來不得已才又向他投降。

　　慕容皝在石虎大軍敗退之後，派出部隊，討伐那些叛變的城池。你不用想就可以知道，那些還沒有接仗就先投降的人有什麼戰鬥力？只幾下就捷報頻傳，收復了全部喪失的國土。慕容皝大力表彰了那些有功之臣後，馬上就加大力度來個秋後算帳，誅殺了很多立場不堅定的人。後來功曹劉翔看到慕容皝的屠刀越砍越深，實在不像話了──當初連你都差不多要投降了，可怪起人家來就毫不留情，這不對吧？他就出面勸了一下慕容皝。慕容皝一聽，覺得還真的有理，就放下了屠刀，很多人這才保住了性命。

　　當然，石虎打了這個敗仗後，心裡一點也不服氣，還在準備著跟慕容皝大打一場。

第三章　權力永遠是大亂的根源

第四章
庾氏家族時代

第四章　庾氏家族時代

第一節　庾亮又威風了起來

晉國這幾年來很平靜，這個已沒有強人的國家，倒是有了不折騰的幾年。

這時，司馬衍已經越來越大，但大權仍然掌握在王導的手裡，王導這時雖然威風，但他只甘願當腐敗官員的保護傘——只要不觸及利益的核心，他是很寬宏大量的，不管你有沒有能力，他都樂於跟你交個朋友，努力把與人為善的傳統美德發揚下去，而從沒有其他野心，因此，司馬衍手中基本沒有什麼實權，但位子的安全係數很高。

我們無法知道，司馬衍內心裡對王導的真實想法，但從表面上看，他對王導的尊重，在中國歷代皇帝中是少有的。咸康四年的五月十六日，他又下詔，王導升任太傅、都督中外諸軍事，郗鑒為太尉，庾亮為司空。到了第二個月，又任王導為丞相，撤銷司徒府，把原司徒府的人員和事務都併入丞相府，使王導成為名符其實的政壇一號人物。任命之後，司馬衍還特意發表了一篇表彰文章，說我向來命苦，才當上皇帝，就接連碰到災難，幸虧有王丞相帶領大家齊心協力，幫助我把這個天下平定，功勞比天還大，可以跟伊尹相比。現在請你更加努力，帶著大家團結在我的周圍，「永為晉輔」，不要辜負人民的期望啊！

這一年，王導可說是好事連連，被大力提拔之後，他的那個大老婆曹氏也跟著翹了辮子。

這個曹氏長得如何，史書上沒有記載，但她的嫉妒心卻是史上有名的，伴隨著強烈的嫉妒心，往往就是人見人怕的悍婦形象——像當年賈充之妻一樣，曹氏不但嫉妒心強，而且性格也極為強悍。王導可以不怕皇帝，不怕蘇峻手下那些見人就殺的暴徒，但卻很怕這個老婆。

王導是大名士，大名士的共同愛好就是喜歡美女，因此也像很多人一

樣，收購了大量的美女。可他怕曹氏知道後，會惹出麻煩來，就偷偷摸摸地租房子，讓這些美女居住。

可這麼大規模地收購美女，當然很難保密，何況曹氏又不做別的工作，全副精力只用在防範老公上，兩隻眼睛把王導盯得死死的，比國防部監控某個間諜還要厲害，沒幾天，她就知道王導已經「營別館，以處眾妾」。曹氏心頭的憤怒馬上狂漲，親自去那個「別館」，看看老傢伙到底這段時期養了多少個情婦，看看這些情婦都長得什麼樣？

王導一看，曹氏一到那裡，場面可就不是一般的慘了，急忙登上坐駕──其實也就是一部牛車，前往別館，先把那一群美女藏起來。牛雖然已經加速到極限了，但王導仍然怕時間趕不及，不斷地「以所執麈尾柄驅牛而進」，想快牛加鞭，設法早到一刻好一刻，牛跑得氣喘吁吁，他也氣喘吁吁，把大名士的風度全丟在大街上了。

後來，蔡謨知道這事後，就決定戲弄一下這個全國頭號名士，很嚴肅地對王導說：「朝廷要替你加九錫了。」

王導當然沒有發覺蔡謨是在戲弄他，聽了這話之後，就趕忙發揚謙虛謹慎的優良作風，說我有何德何能，哪敢受什麼九錫，請朝廷收回這個決定啊，不要拿這樣的榮譽開玩笑。

蔡謨接著說：「這個九錫很特別，沒有別的東西，好像只有一駕牛車和一根長柄麈尾。」

王導一聽，這才知道被這個傢伙耍了，心裡大怒，對人家說：「我當年在洛陽跟大名士們一起閒談的時候，連蔡謨是什麼東西都還不知道。」不過，他也拿蔡謨沒辦法，只是生生悶氣而已。

曹氏一死，王導在個人生活上，得到了大大的解脫。

可那個庾亮卻一點也沒有解脫的感覺。他對王導越來越有意見，認為

第四章　庾氏家族時代

現在該死的不是曹氏，而是王導。

王導自從專政以來，所任用的官員，沒有一個是遵紀守法的，倒是個個都在貪汙腐敗，屁股坐在高官的位子上，除了吹牛聊天就是貪贓枉法，正經事一件也做不了，因此很多人都覺得再這樣下去，會有亡國的危險。

庾亮的權勢已成為陶侃第二，認為不能再讓王導這麼下去了，準備跟郗鑑聯合起來，扳倒王導。他寫了一封信給郗鑑，信中說，這個天下，是皇帝的天下，以前皇帝年紀還輕，輔政大臣可以說了算。可現在皇帝已經長大了，王導這個老匹夫把大權拿得比以前還穩固，而且還利用職權之便，大量提拔不適任的人。我們倆都是託孤重臣，這時還不起來反對他，把這些腐敗官員徹底趕下臺，實在對不起人民，對不起死去的先帝啊！

郗鑑一看這信，知道庾亮又囂張起來了，這傢伙容易自滿，但能力卻有限得很，曾經一不小心就把國家搞得大亂了一場，好不容易有幾天和平的日子，現在正是穩定壓倒一切的時候，哪能再內鬥？你以為這麼一來就能把腐敗官員都清除？告訴你，要是認真算起來，在職的誰不貪？你要反腐得先反一下自己。把大家都清理掉，只會白白地弄垮國家。你要反是你的事，但我的態度很明確──堅決反對。

這一盆冷水潑下去，庾亮的熱情就全部蒸發，從此不再提這件事了。

可是陶稱卻把庾亮的這個陰謀告訴了王導。

王導一黨的核心成員知道後，都勸他要提防庾亮，王導卻說：「這有什麼好提防的？我跟庾亮都是利益集團的核心，哪能互相防範？這是沒有根據的話，有腦子的人都不會把這話放在心上的。就算真的發生這樣的事，我也不在乎。庾亮要來，就讓他來吧。我現在覺得很累，正想把擔子放下，從這個位子上閃人，回去當名士呢！」

接著又寫了一封信給那個告密的陶稱：「庾公帝之元舅，宜善事之！」

第一節　庾亮又威風了起來

從這封信上看，王導的氣量倒是宏大得很。

可他真正的內心世界卻很酸楚。

當時在人氣排名上，除了司馬衍，沒有誰的排名在王導前面，可庾亮身為地方強人，卻牢牢地掌控著中央大權，而且因為手裡有槍桿子，又虎踞首都的上游，是權勢和實力兼有的人物，大家一看，就都跑過去巴結他，讓王導覺得很不舒服。

有一次，王導在跟很多人喝酒的時候，一陣西風吹來，他舉起扇子，擋住他的鼻子，說：「元規塵汙人。」元規是庾亮的字，這話是說，這風把庾亮的灰塵吹了過來，汙染人啊！王導是史上有名的老好人，很少講人家的壞話，這時忍不住說出這幾個字，說明他很恨庾亮。

當然，如果庾亮能下定決心除掉王導，重整晉國的吏治，晉國的復興也不是沒有可能的。不過，再轉過頭來看看庾亮，製造麻煩的決心很大，但掌控局勢的能力卻很有限，如果真的由他來替代王導，對晉國的中興也沒什麼幫助，只會白白掀起一場大亂，對當時的人民造成一次動盪而已──唯一的貢獻，就是又替中國歷史加上精采的一筆。

庾亮不再為難王導，王導就繼續把他的用人原則貫徹下去。

庾亮不能打倒王導，大概覺得老在武昌那裡住著，手裡拿著全國最雄厚的兵力，不做出一番事業來，實在有點說不過去，就決定北伐。而且這時──也就是咸康五年的正月，廣州刺史鄧嶽出兵，攻打漢國的寧州。漢帝國的建寧太守孟彥覺得當晉國的員工比當李壽的部下有面子多了，就把他的上級寧州刺史霍彪抓起來，向鄧嶽投降。這樣，寧州又回到大晉帝國的懷抱。

這也大大地鼓勵了庾亮對外作戰的信心──漢國也不怎麼樣嘛！

庾亮為了北伐，也先進行了一次大規模的人事調整：桓宣為都督沔北

177

第四章　庾氏家族時代

前鋒諸軍事、司州刺史,鎮襄陽;又表其弟臨川太守庾懌為監梁、雍二州諸軍事、梁州刺史,鎮魏興;西陽太守庾翼為南蠻校尉,領南邵太守,鎮江陵;皆假節。以上的這項人事任命中,只有桓宣是外姓的,其他兩人都是他的老弟!這傢伙利用北伐的機會,大力打造了他們庾家的權力基礎。

當然,他也知道,僅靠他的這幾個比他還菜的兄弟是做不出什麼偉大的事業來的,偉大的事業是靠有能力的人來幫他開創的。因此他又辭去豫州刺史的職務,讓那個在平定蘇峻之役中有上佳表現的毛寶接任,而且毛寶還監揚州、江西諸軍事,跟那個西陽太守樊峻一起帶著一萬人駐防邾城——庾亮雄心很大,但卻犯了個極大的策略錯誤。當年,陶侃還活著的時候,就曾有人勸陶侃派個加強師去鎮守邾城。可「侃每不答」,那幾個建議的人就不停地在陶侃的耳邊年年講、月月講、天天講,講得陶侃也煩起來,就帶著大家渡江過去,順便打了一次獵,然後對大家說:「老子在這裡能夠擋住敵人,是因為有長江這條大水。現在邾城在什麼地方?在長江的北岸,跟內地隔開,卻直接地面對敵人的勢力。敵人都是貪小利之輩,一定會天天來騷擾。我們就得天天跟他們糾纏。以前,東吳就在這個小城裡常年駐軍三萬多。我們要是在這個地方駐軍,對江南的防守一點都沒有幫助。如果胡人大舉而來,我們就要去跟他們拚命爭奪,實在划不來,不如擱置、共同開發的好。」

也許很多人這時會想起陶侃的話來,但庾亮即使想起來,也不會把這話當話。他對陶侃一直懷恨在心,只是當時陶侃太過強大,又是他的救命恩人,他再怎麼恨也不能表現出來——不但不能表現出來,反而還要在陶侃面前做出友好親切的樣子,好像自己跟陶侃的感情是鐵板一塊一樣。直到這時,他才拿到有分量的發言權,他雖然不能把陶侃怎麼樣了,但可以把陶侃的策略構思駁回,也可以把陶侃的後代拿來洩恨一下。

這個時代好像也是個容易洩密的時代。庾亮想陰謀推翻王導,方案的

第一節　庾亮又威風了起來

腹稿都還在修改,就讓陶稱知道得清清楚楚,然後把情報透露給王導。而陶稱告密沒幾天,庾亮就知道了──偏偏這個陶稱又是陶侃的兒子。

本來庾亮就有點討厭陶稱華而不實的作風和做人態度,再加上這傢伙又是陶侃的兒子,這個討厭就更加深了一層,再後來,陶稱又做這件吃裡扒外的事,庾亮的火氣就爆發了,不收拾一下陶家的人,這輩子算是吃虧到底了。

這時他仍然任命陶稱為南中郎將、江夏相。

陶稱是個性格不穩定的傢伙,一得到提拔,馬上就得意起來,去武昌面見庾亮時,居然帶著二百多個雄糾糾的武士,顯得威風無比。哪知,庾亮這次召見他的意圖是要他的小命。當他大大咧咧地走進庾亮的辦公處時,庾亮一揮手,兩邊武士盡出,把他綑得嚴嚴實實,同時拿出一張紙,上面密密麻麻的全是他的罪狀。

他大叫:「我哪有這麼多罪?要是真犯這麼多罪,需要多少時間和精力啊,我有那麼多時間嗎?你們羅列罪狀也要有點根據。」

庾亮只是冷冷一笑,一揮手,武士就把陶稱的頭當場砍掉。這是什麼年代?殺人還需要那麼多理由嗎?這小子到死居然還不理解什麼叫「欲加之罪,何患無辭」,算是白做陶侃的兒子了。

庾亮北伐的雄心很大,可策略計畫和其他安排卻一點也不大氣,而且還在北伐的偉大旗幟下,打造庾家勢力。本來,他讓弟弟庾懌在魏興那裡當老大。可他的老弟一到那個地方,就叫苦起來,這可是個邊疆城市啊,吃過晚飯去散步,稍一不小心就一步走進了敵人的地盤。在這樣的地方當軍政一把手,立功的機會絕對很多,但苦頭絕對更多。庾懌是來混資歷準備當更大的官的,不是來流血犧牲立戰功的,就向哥哥訴苦。

庾亮當機立斷,馬上把老弟調回,改到半州那裡當太平官。

179

第四章　庾氏家族時代

庾亮決心是很大的。他現在決定先拿成都的李壽開刀——這個新生政權無論從哪個方面來說都相對軟弱，取得成功的可能性要大一點。

第二節　毛寶之死

故事的開頭情節也確實跟庾亮設計的一樣。

他首先任命武昌太守陳囂為梁州刺史，派這個新任刺史率部向漢中進軍；派參軍李松向巴郡、江陽進軍。

李松一點也沒有辜負庾亮的期望，戰鬥一打響，馬上就捷報頻傳，俘虜了漢國的荊州刺史李閎和巴郡的太守黃植，直接把兩個傢伙送到首都，向中央報喜，讓全國大大地沉浸在勝利的喜悅裡。

李壽馬上任命李奕為鎮東將軍，接替李閎，到巴郡鎮守。

庾亮以此為契機，要求中央批准他進行北伐，光復大晉故土。他說，打贏了蜀漢一場戰鬥，算不得什麼。李壽就那點斤兩，想什麼時候擺平就可以什麼時候擺平。現在最大的敵人是石虎。我準備帶十萬大軍把大本營放在石城前線，把各路大軍開到沔水、長江一帶，大舉進攻石虎。

司馬衍這時很民主，接到這個報告後，馬上交給大家討論。

王導認為，可行，應當批准。

郗鑒卻堅決反對，理由是：「後勤遠遠跟不上，哪能採取大規模的軍事行動？」

那個蔡謨的反對理由更是長篇大論：「打戰最需要看的就是時機。時機是如何評估的呢？很簡單，就是看胡人處於什麼樣的狀態，而胡人的狀

第二節　毛寶之死

態完全取決於石虎的狀態——也就是說，石虎強悍時，胡人就強，石虎弱時，胡人就跟著弱。我們就來分析一下這個石虎吧！石虎早年是石勒最強的悍將，石勒的江山一大半就是他打下來的，現在他們的國土面積跟當年曹操時代差不多。石勒死後，石虎就採取血腥手段，殘酷打擊內部敵人，把所有的反對黨全部搞定。他的那些反對派，以前也都強得很，可他收拾起他們來，輕鬆得不得了。現在大局牢牢地抓在石虎的手中。從他的這些表現來看，你們說說，他能算是豬頭一個嗎？現在很多人認為，前段時間，胡人向襄陽進攻時，一點成果也沒有取得，就認為石虎的名字雖然可怕，但實際也強不到哪裡去。這種觀點是大錯特錯。當時在襄陽跟他們對戰的是桓宣，而胡人的主將是石遇，兩人都不是雙方重量級人物，不管勝敗，意義都不算重大。現在是征西大將軍親自出馬，帶著全國的大軍，高調北伐，口號是席捲河南，打倒石虎，光復大晉，石虎還能坐得住嗎？他肯定會親率全部的軍隊出來，跟庾亮一決勝負。請問大家一句話，按實際軍事能力來看，庾亮比得上那個石生嗎？他能夠真的抵擋得住石虎嗎？如果他能擋得住石虎，為什麼連個蘇峻也擋不住？」

　　大家一聽，蔡謨這話實在是一點都不菜，憑庾亮那個憤青頭腦和能力，要跟石虎決鬥，實在是太粉嫩了，因此，都投了反對票。

　　連王導也沒話說了。

　　司馬衍馬上下詔，叫停庾亮的北伐行動。一場大戰就在這場辯論中打不起來。當然，如果司馬衍的腦袋多了點衝動，局面肯定就不一樣了。可這哥兒們雖然年輕，頭腦卻冷靜得很。

　　司馬衍的性格雖然不錯，可手下的員工沒幾個是像樣的——王導雖然政治能力很高，但卻生就一副不願得罪人的性格，最後就成了腐敗官員最大的保護傘，半壁江山就變成一幫腐敗分子的天堂，到死也沒有幫司馬衍制定出一個光復中原的決策來。而且，沒多久，這個腐敗分子的保護傘也死了。

第四章　庾氏家族時代

王導是在咸康五年七月十八日，也就是在剛剛否決庾亮北伐不久後死去的。他的喪事辦得很隆重，規模和級別都複製當年霍光的待遇，而且還使用天子特有的禮儀。

王導雖然是全國腐敗分子最大的保護傘，可他的生活卻不算腐敗。他當了三任皇帝的宰相，當世沒有誰的權勢比他大，按道理來說，鉅額來歷不明的財產肯定數不清。可他死時，大家一看，他的糧倉裡沒幾粒存糧，平時穿在身上的，也沒幾件名牌，只是比地攤上擺的好一點而已。他當腐敗分子的保護傘，並不是贊同大家貪汙，只不過是不想得罪人而已。可他沒有想到，他不想得罪人，放過那些貪贓枉法的貪官，卻導致了大晉日後的更加衰敗。

從此，晉國的官場朝著更加腐敗的道路上大步前進。

王導一死，顯赫了幾十年的王氏家族終於開始走下坡。下一個望族，庾亮的家族已經直竄上來，成為當時最強的優質股。

司馬衍在辦完王導的喪事後，根據王導的遺願，提拔丹陽尹何充為護軍將軍，進入中央工作，同時下詔任庾亮為丞相、揚州刺史、錄尚書事，全面接管王導遺留的權力，再一次成為實際最高領導人。

可庾亮卻堅決推辭。這傢伙以前在中央掌權過，知道這些職位貌似權力大得很，可最後卻被一個地方強人痛扁得差點小命都丟了，庾亮深知在這個時代，不是誰官大誰就厲害，而是誰拿槍桿子誰才最威風。因此，他寧願當他的地方強人，堅決不到中央上任。不過，他不到中央工作，並不表示他放棄了那個最高位子。他又向司馬衍推薦他的老弟庾冰。司馬衍馬上任命庾冰為中書監、揚州刺史、錄尚書事，主持中央。

庾冰同樣是憤青一個。這傢伙初掌大權時，也跟很多人一樣，相信手中的權力是萬能的，只要下決心，沒有辦不成的事。而且他剛上任時，也屬於有理想有道德想為人民謀利益的官員，沒日沒夜地工作，讓人想起

第二節　毛寶之死

「鞠躬盡瘁」這個成語來。

他還大力整頓了用人制度，對有能力的人能夠徹底放下架子，還下令只要有能力，都可以破格提拔，不管他的出身是世家，還是草根。庾冰的整頓讓人覺得大晉政壇氣象一新，王導的風格被徹底扭轉。如果照這個方針實行下去，晉國的復興也還有一點希望。

但庾冰的本性跟他的哥哥沒什麼差別，出發點都不壞，否定王導的用人制度更是件大好事。問題是他在否定王導時，否定得過了頭。原先王導在處理犯錯的官員時，歷來寬大得無邊無際。庾冰老早就不滿王導的這個做法了，因此他一上任，馬上就來個重典治吏，誰犯了錯誤，都得來個嚴懲不貸，無不從重從嚴。丹陽尹殷融覺得他這麼做有點矯枉過正了，就勸他不能這樣下去。

庾冰板著那張「以法治國」的臉說：「王導那麼有能力，都已經受不了寬大的後果。我就這點能力，要是放鬆下去，哪能收拾得了？」

那個范汪又從迷信的角度上說，近來天象有點異常，再這樣做下去可能不行啊老大。可庾冰這時推行新政正過癮，哪管什麼天道？抬頭大聲說：「少來這一套。天上的事深奧得要命，我管不了那麼多，我只知道全心全意為人民服務。」

大家一聽，誰也不敢做聲了，很多人以為，這傢伙要變成徹頭徹尾的酷吏了，以後大家都戰戰兢兢地過日子、老實做人了。哪知，沒過多久，他就累了。他這一累，就露出了虎頭蛇尾的本色來──原來的工作態度突然來了個一百八十度的大轉彎，對作奸犯科者的寬大比以前王導的尺度還要寬。再後來，就乾脆憑自己的心情，高興的時候，誰都沒事，煩的時候，誰惹他誰就死定了。那些他辛辛苦苦制定出的條款全都作廢──司馬氏集團攤上這樣的舵手，能把整個集團帶入正常軌道那才是怪事。

沒幾天，專門為王導而設的丞相府也宣布廢除，恢復司馬徒府。

183

第四章　庾氏家族時代

過了幾天，郗鑒的病也重了起來。

客觀地說，郗鑒是晉室南渡以來不可多得的人才，不光政治立場堅定，而且有能力，在平定王敦、蘇峻的叛亂中，發揮了重大的作用。郗鑒從來沒有野心，立了大功，也不伸手要官，為自己謀取利益，在關鍵時刻成功地讓陶侃和庾亮停止向王導發動兵變的圖謀，使還沒有喘過氣來的晉國避免了兩場大動亂，這功勞是說多大就有多大，這意義對於晉國而言，也是說多大就有多大。可惜，他太過淡泊，雖然是政壇的三駕馬車之一，算是決策層的主力成員，可一直只當方面大員，很少參與中央決策，更沒有出來主持中央，不能發揮更大的作用，為司馬氏作出應有的貢獻。這對他來說，也許沒有什麼，可對司馬氏而言，卻是巨大的損失。

郗鑒知道自己這一病，肯定不會再好起來，就把大權交給他的長史劉遐，然後上書請求退休，還建議中央在處理他的部屬上要多些理智少些衝動，同時推薦那個勇於戲耍王導的蔡謨當都督、徐州刺史。

司馬衍絕對是個厚道的皇帝，一接到郗鑒的信，一句話也不說，馬上下詔，任蔡謨為太尉軍司——相當於郗鑒的參謀長，還加侍中，算是滿足了郗鑒的最後心願。

郗鑒沒多久就死去。司馬衍馬上任命蔡謨為征北將軍、都督徐、兗、青三州諸軍事、徐州刺史、假節。

這時，左衛將軍陳光不知是吃了什麼藥酒，還是別的原因，突然雄性激素過度分泌起來，上書中央，要求中央批准他帶兵北伐，去猛扁石虎一頓，為國建功立業。

司馬衍看到那張請戰書，也覺得熱血沸騰起來，當場下令陳光去攻擊壽春。

蔡謨得知後，趕緊上書，一個長篇大論，說明現在北伐的時機仍然不成熟，壽春更不是想打就能打得下的。因為壽春城池不大，但工事堅固，

第二節　毛寶之死

而且我們需要急行軍五十多天才趕到，我們還在行軍途中，敵人其他地方的援軍早已抵達，在那裡等我們氣喘吁吁地去送死。而且陳光的部隊，是國家最精銳的部隊，我們用最精銳的部隊去攻打一個小城，即使得到了，也沒什麼利潤可賺，要是搞砸了，後果會很嚴重的。如果誰說這是個好策略，那誰的頭殼裡裝的肯定是豬的腦汁。

司馬衍耐心把蔡謨的信看完，身上的冷汗已出了不少，這才緊急收回成命。

而恰在這時，庾亮的北伐部署又遭到了重大的挫折。

這傢伙一上臺，就以否定前任政策為能事，硬是把陶侃早已論證過不能在邾城駐軍的決策當屁話，派晉國最得力的軍事人才毛寶到邾城當最高指揮官。他以為，有毛寶在，什麼鳥都飛不過邾城。

石虎聽說晉國派部隊在邾城駐紮，就覺得心情超級不爽，馬上下令出兵攻打。當時，他派出的首發陣容是：總指揮是尚書令夔安，主力隊員是石鑒、石閔、李農、張貉、李菟五條好漢，共五萬人，南下攻打荊州和揚州，另出兩萬人進攻邾城。

這個陣勢可說是現在石虎能排出的最佳陣容了，拿下邾城的決心之大可想而知。

毛寶看到敵軍勢大，來得凶猛，靠邾城的力量，實在難以抵擋，急忙向庾亮求救。毛寶是當時少有的智勇雙全的軍事人才，既有能力，也有敢拚的大無畏精神，在蘇峻之役中已有多次精采的表演，現在他都覺得問題嚴重，那這個問題是真的嚴重了。

可要命的是，庾亮卻認為一點不嚴重，邾城的城防工事堅固得很，毛寶的能力很高，就是叫老子去攻打，也攻不下來。他很樂觀地認為，趙國的軍隊要短時間內攻破邾城，那是做白日夢。因此居然沒有派出援軍，讓毛寶再好好地表演一次。

第四章　庾氏家族時代

大戰在咸康五年的九月拉開帷幕。

那個後來成為史上有名的強人的石閔首先在沔水之南，大顯身手，一戰而大破晉軍，斬殺將軍蔡懷。

接著，夔安、李農陷沔南；朱保再敗晉兵於白石，殺鄭豹等五將軍。最後，張貉猛烈圍攻邾城，一戰而下之。守城士兵六千人被殺。毛寶和樊峻突出重圍，奪路渡江南逃。可卻被淹死在長江水中——一代戰將就這樣被庾亮置於死地。

夔安繼續擴大戰果，攻取了胡亭，向江夏大步而來。晉國的義陽將軍黃衝、義陽太守鄭進看到連毛寶都死了，這仗還有什麼打頭？在敵人還沒有開到時，就趕在前面向趙國投降。夔安進而包圍石城——庾亮曾信心十足地要把總部放在這個地方，如果沒有中央的制止，現在庾亮的麻煩可就大了。

幸虧竟陵太守李陽在關鍵時刻，穩住陣腳，勇於出戰，硬是把一路勝利而來的夔安打敗，殲滅敵人五千多人，一舉逆轉了戰場形勢。夔安這才不得不後撤。不過，他在撤退時，仍然把漢水以東的七千戶人家全部帶走，都安置到幽州一帶，國民身分證都轉換成北方良民證。

雖然前線已經完全可以用兵敗如山這個詞來形容了，可庾亮仍然在死撐著——跟當年和蘇峻對壘時一個樣——信心十足地上書要求允許他帶大軍進到石城，準備北伐——他在上這個書時，居然還不知道邾城已經徹底完蛋了，毛寶早已成為烈士。

中央的回覆還沒有到，他就聽到了邾城失陷的消息。

他剛一聽到這消息，有點不相信，邾城不是堅不可摧嗎？毛寶不是英勇無敵嗎？這消息不是八卦吧？但後來，他不得不相信了。這個消息最後像一根從天上突然打下的悶棍，一下就把他擊垮。

他知道，這次大敗，主要責任應該由他來負，如果真的追究起來，免掉他的一切職務也不算量刑不當。於是，他又把剛翹上來不久的尾巴收藏起來，做出一付可憐相，上書中央，請求貶謫三等。

　　如果是一個強悍的皇帝，肯定會趁著這個機會，把庾家的勢力一把打掉。可是司馬衍大概受王導的影響太深了，最大的特長就是做個老好人，當然不會拿下庾亮的烏紗帽。他下詔恢復庾亮舅舅的職務，而且還提拔那個怕死的庾懌為豫州刺史，監宣城、廬江、歷陽、安豐四郡諸軍事、假節。司馬衍的這個舉措，實在是太驚人了——庾亮當了這麼多年的全國一號強人，戰功沒有立下一點，最後打了個著名的大敗仗，不但一點事也沒有，居然還提拔那個怕死的老弟來安慰一下哥哥。

　　不過，庾亮在這麼多次失敗之後，心情也鬱悶不已。到了第二年，也就是咸康六年的正月初一，在全國人民共慶新春佳節的時候，庾亮卻嚥下了最後一口氣——這年，他才五十二歲。這傢伙靠皇后妹妹當上大官，走的是外戚路線，但並不像歷史上的那些外戚那樣把皇帝外甥的天下當成自己的天下。他還算是有心為自己的外甥保駕護航的，可能力太菜而又自以為是，最後不但沒有幫外甥建立太平盛世，反而弄得天下大亂，連妹妹的性命也丟掉了，是典型的志大才疏之輩。他上臺後，對內搗亂，對外失敗，簡直一無是處，但對庾家卻大有貢獻。

第三節　又一次換屆

　　司馬衍在骨子裡肯定知道，他的這幾個舅舅也不是什麼好人，但礙於面子，在庾亮死了之後，仍然讓庾家的人繼續掌權。他在讓何允當上中書

第四章　庾氏家族時代

令、錄尚書事後，仍然提拔庾亮的弟弟庾翼接管庾亮的權力，當上都督江荊司雍梁益六諸軍事、安西將軍、荊州刺史，在武昌辦公。這年，庾翼三十六歲。

庾翼雖然年紀不大，跟庾亮是兄弟，但他比庾亮實際多了。

他剛上任時，很多人並不看好他，覺得他這個年齡，喝酒把妹，一夜不睡，那是完全有能力的，可接過庾亮的擔子，恐怕還是太粉嫩了。可庾翼硬是徹底拋開吃喝賭嫖，全心全意投入工作當中，什麼口號也不提，只是老老實實工作，認認真真辦事，軍政大權兩手抓，做得有模有樣，只幾年時間，當地的民生就大有改善，財政收入節節攀升，比他的哥哥強多了。

司馬衍對他的舅舅們雖然不斷地重用，但心裡對這個局面還是很不高興的。他在庾亮死後，大力提拔王導的死黨何充，就是意在平衡庾家的勢力。有一件事，可以讓我們知道司馬衍真實的內心世界。

咸康八年正月，庾懌派人送給那個曾經舉報過王敦的王允之一罈名酒，說是送來一點春天的祝福。王允之的智商不低，一聽是庾懌送的名酒，馬上就把兩家的關係從頭到尾回憶了一遍，得出結論，庾王兩家的關係是貌合神離。庾亮要以暴力的手段搞定王導的事，早已是公開的祕密了，王導對庾亮的不爽，也很少沒人不知道的。現在庾懌突然送來這罈酒，恐怕不是什麼好酒。

王允之心裡覺得不踏實，就把一隻狗叫來，然後把酒倒給狗喝。狗一喝到名酒，連叫一聲都來不及，當場斃命。王允之嚇了一大跳，身上的冷汗到處都是，但卻面不改色，把狗埋掉之後，偷偷跑到司馬衍面前，把這事很低調地說了。

司馬衍再也忍不住了，對庾懌說：「以前大舅多次把天下搞得大亂了，現在小舅是不是要接力下去，再亂一次才高興？」他的原話是；「大舅已亂天下，小舅復欲爾邪。」難道你們要把庾家打造成一個製造動亂的家族？

第三節　又一次換屆

庾懌做夢也想不到他的這個外甥會講出這種話來，這才知道，自己兄弟幾個在皇帝的心目中是大大的不得分。庾懌雖然敢向王允之下毒，其實膽子小得不能再小了，被這話一嚇，精神壓力越來越大，最後徹底崩潰，把毒藥一喝，走完人生最後一步——沒有毒死王允之的本事，但毒死自己的能力還是有的。

另外一件事，也說明庾家跟司馬衍的關係也不是那麼親密的。

咸康七年，慕容皝派劉翔到建康，想爭取晉國封他一個大將軍的官，還希望發給他一枚燕王的大印。這傢伙這些年來，在東北一帶上竄下跳，把燕國打造成東北第一強的勢力，不管是鮮卑族的內部勢力，還是石虎的趙國大軍，都被他扁得遍地找牙、滿世界慘叫，個人野心也越來越膨脹，可慕容皝也是個很自卑的傢伙，覺得自己出身不那麼正統，雖然自稱了燕王，總覺得這個王的底氣太薄弱，不管怎麼看，總有點來歷不明的感覺，因此就想請晉國按照流程給他一個封號，這才派這個劉翔出差。

劉翔的口才很不錯，到建康後，到處去攀關係，天天去說服高層人士，哪知，晉國的那些高層這方面講原則得很，說大將軍都是主持中央軍事的，哪能像慕容皝那樣天天在邊疆的軍營裡？而且從漢代以來，只有宗室的人才可以封王，我們不能打破這個先例啊！而且劉翔的姐夫諸葛恢也堅決反對。

最後劉翔找了中常侍彧弘——還是太監厲害，直接就去找司馬衍。司馬衍聽了彧弘的話，覺得有道理，心裡就有點猶豫起來。

但現在真正的決策人不是司馬衍，而是庾冰。

庾冰現在主持中央，生殺大權全握在自己的手中，也沒拿過「王」的印章，因此內心裡很不願意讓慕容皝當什麼燕王，所以一直不表態，只在一邊看大家爭論。估計慕容皝也知道這傢伙不開口，他這個燕王就永遠沒有合法的時候，劉翔白白辛苦走那麼多的路，累得腿差不多斷了，卻一點

第四章　庾氏家族時代

功勞也沒有，於是慕容皝就寫了一封信給司馬衍，說現在大晉帝國全由庾家幫掌權。這些年來，國家亂成一鍋粥，全是姓庾的搞出來的，這樣的人適合當政嗎？同時，他還寫信給庾冰，說你就會抓權力，對國家一點貢獻也沒有——如果慕容皝是在江南，庾冰只把這封信讀完一半，就一把撕掉，然後大筆一揮，將他就地免職，之後叫幾個槍手弄個貪汙的罪名，對他先來個審訊，然後移送司法機關，當作重要案件來處理，然後讓他人頭落地，最後對全國人民宣稱，中央反腐的立場是堅定的，不管他的職務有多高、權力有多大，只要是貪官，就一定要依法嚴懲。可現在，慕容皝遠在東北，庾冰的手再怎麼長，也伸不到那裡。他又得知慕容皝同時也寫了一封信給司馬衍，內心就怕了起來——怕慕容皝以此為號召，叫大家把庾家幫拉下來——他深知自己這些年來，仗著手中的權力，玩權術玩死了很多人，現在他的冤家多得很，最怕的是，這些冤家團結起來跟司馬衍立場一致，他就什麼都完了。

庾冰只得去找司馬衍，說，還是同意慕容皝當燕王吧，免得他天天來這裡煩人。

司馬衍當然沒意見。

從這件事上看，庾冰對司馬衍還是有隔閡的，否則，他完全不用那麼恐懼。

我想，此時，司馬衍對他的舅舅們的意見在心裡的發酵也差不多到成熟的時候了——這哥兒們雖然即位多年，也算是資深皇帝了，以前大事小事都由王導說了算，那時可以說是年紀太小。可現在都二十幾歲了，天天穿著皇帝的衣服，卻還只能蓋公章，什麼事都由舅舅來拍板——性格再怎麼柔弱，也會覺得不高興的。

這種不高興長時間下去，後果是很嚴重的。

可是司馬衍不高興沒多久就生病了。

第三節　又一次換屆

咸康八年的五月,司馬衍的龍體開始欠安,吃了一個月的藥,病情卻越來越重。到了六月五日,司馬衍都覺得有點不妙了起來。

不光司馬衍覺得自己不妙,連身邊某些人也知道,這個帥哥的日子不會長久了。司馬衍估計平時也是王導式的人物,對身邊的人從來都是平易近人,沒給過什麼下馬威,因此身邊的人也不怎麼把他放在眼裡。到了這個時候,不知是哪個人野心突然冒出了來,做了份假公文,關閉宮門,連宰相級別的大官都不許進來。消息一傳出來,大家的腦門都同時轟的一聲巨響,不知道發生了什麼事,更不知道要怎麼辦了。

倒是庾冰這時還保持清醒——如果他這時不清醒,他就不是庾家幫的帶頭大哥了。他大聲宣布:「肯定有陰謀!」親自掛帥,一查,果然是那些別有用心的人做的好事。

到了這時,大家開始緊急討論司馬衍的繼承人——司馬衍才二十出頭,按現在的標準,才剛好符合法定結婚年齡。不過,他是皇帝,歷來早婚。這時他已生有兩個兒子:司馬丕和司馬奕,都還天天讓奶媽抱著過日子。按照慣例,只要是男的,是司馬衍的孩子,不管年紀多大、學歷多低,他們其中的一條好漢,都有資格繼承這個皇帝的位子,至於大政方針,估計又是司馬衍的老婆從幕後走到臺前了——庾冰最怕的就是這個局面了,因為,那時他就得退居二線,從一號人物變成靠邊站的人。當然,他也可以像王導那樣,從來都做老好人,再怎麼靠邊站,也照樣過著幸福生活。可他的死對頭太多了,他一靠邊站,就會靠到刑場那裡去。

因此,在討論接班人的時候,庾冰說,現在國家還處於非常時期,幾個強大的敵人天天盯著我們,因此,必須選出一個成熟的皇帝。所以我推薦司馬岳。

司馬衍本來就是個沒有原則的老好人,而且人又病到這個地步,再一聽這話好像也很有道理,因此在咳嗽幾聲之後,艱難地點點頭,同意舅舅

第四章　庾氏家族時代

大人的這個意見。

庾冰一看，心裡大大地鬆了一口氣。

可何充卻認為，皇位父傳子，是歷史是慣例，如果改變這個傳統，會造成動亂的。以前，武王的老弟周公是史上少有的人才，可武王仍然只傳給他的小孩，而沒有傳給周公啊！皇上想過沒有，如果把皇位給了司馬岳，以後皇上的兒子怎麼辦？

可這時，庾冰的膽子已經壯了起來，底氣也足了，當場否決了何充的意見。

司馬衍剛才點過頭，這時就更不好反悔了，只得下詔，任司馬岳為皇太弟，但叫司馬奕去當琅邪王司馬安的養子，想透過司馬安來當他兒子的保護傘。

辦完這些事後，司馬衍把庾冰、何充、司馬睎、諸葛恢叫到病床前，說，我估計活不過明天了。看在這些年我做老好人的份上，以後你們幫我照顧一下老婆和孩子，別的也不多說了。

司馬衍這話說得倒是很及時──六月七日剛說，六月八日就「駕崩」，才二十二歲。他五歲當皇帝，當了十八年，在位的時間倒不算短，而且經歷了幾個著名的歷史事件，但因為他一來年輕，二來是個弱勢皇帝，因此這些事件都與他有直接關係，但他卻從不發揮決定性作用，每個事件的過程，他只是在其中當個最專業的觀眾，沒力量也沒能力發揮。他在這十八年的皇帝生涯中，沒做出什麼可圈可點的事，唯一能讓人稱道的就是有著克勤克儉的傳統美德──這種美德去當一般平民家庭的家長，倒是很合格，但對一個要在亂世中崛起的君王而言，用處接近於零。

那時的人雖然個個都是唯心主義者，中央還設立相關部門，專門看天象，用他們所理解的天文知識來決定很多政策，但在皇帝即位的這件事上，從不翻黃曆，老皇帝今天嚥氣，新皇帝半夜就做好制服，第二天早上

第三節　又一次換屆

就舉行儀式——比現在很多地方簡潔多了。

司馬衍六月八日死掉，司馬岳馬上就從哥哥手中接過權力大棒，於次日即皇帝位。

司馬岳為了安慰一下剛死去的哥哥，當上皇帝之後，下的第一個詔書就是封司馬衍的兒子司馬丕為琅邪王、司馬奕為東海王。司馬岳做人小心得很，登基大典一結束，他所做的事就是把所有的國事都交給庾冰和何充全權處理，自己全心全意地去為哥哥守靈，而且在守靈期間，遵守傳統，把嘴巴閉得緊緊的，一句話也不說。到了七月一日，守靈期滿，要安葬司馬衍。司馬岳步行送葬，一直走到閶闔門，這才上車來到墓地。

司馬岳為哥哥入土為安辦完所有的手續之後，這才把大家召集到金殿上，宣布自己將正式上朝。他看了看所有的人，最後把目光定格在庾冰和何充的臉上，說：「我能有今天，都是靠兩位啊！」

庾冰一聽，心情超得意。可何充卻實事求是得很——何充知道，現在的江東是庾家的天下，而且司馬岳的屁股能放到那個龍椅上，也確實是庾冰一個人的力量，如果你硬去沾這個光，庾冰一不高興起來，後果說多嚴重就有多嚴重，因此馬上就說：「皇上能有今天，應該歸功於庾冰。如果先帝採納我的建議，現在可不是這個局面了啊！」

司馬岳也是個臉皮很薄的哥兒們，一聽這話，心底的那股羞愧就快速地湧上來。從這件事上也可以知道，司馬岳的性格跟他哥哥差不多，這種人如果當個守成之主，帶頭提倡一下勤儉節約的傳統美德、建設一下禮儀社會是不錯，但在這個天天戰火紛飛、你死我活的動盪時代中，掌握著這個方向盤，絕對勉為其難。

何充是個政壇老鳥。現在他是朝中地位僅次於庾冰的人物，在局外人看來，這一定是個可以呼風喚雨、放聲說話的強人，可何充卻清楚得很，他的名字雖然排得很靠前，但真正說了算的只有庾冰，庾冰一有什麼決

第四章　庾氏家族時代

定,誰也動搖不了。他這個二號權力人物,根本插不上嘴。而且他也清楚地明白,庾冰正在努力打造庾家的權力大廈,要是覺得誰對他造成威脅——哪怕只有一點點嫌疑,他也不會放過你的。何充知道,如果再在這裡跟庾冰當同事,下一步就不好說了,因此,馬上就要求到地方上去。庾冰一看這個上書,覺得也很不錯,這個礙手礙腳的傢伙能主動離開權力中心,還算有點頭腦,馬上就批准,下了個命令,任命何充為驃騎將軍、督徐州、揚州之晉陵諸軍事、領徐州刺史,鎮京口。

司馬岳在立皇后這件事上,比別的皇帝似乎慢了一點——很多皇帝在即位的時候就把皇后搞定——當然除未婚皇帝之外——他六月即位,到十二月底才立他的妃子褚蒜子為皇后。

這個褚蒜子的名字看起來很土,其實她的老爸就是那個褚裒,當時的大名士,那個在蘇峻之役中成為烈士的桓彝一見到他,只看了他一眼,馬上就下了這個評語:「季野有皮裡春秋。」季野是褚裒的字,這話是說,褚裒對很多事物,表面看起來,好像很麻木,其實他心裡比誰都明白。那個後來在歷史上大名鼎鼎的謝安也說:「裒雖不言,而四時之氣亦備矣。」

褚裒現在是豫章太守,不管是人氣還是能力都還算不錯,因此,司馬岳就決定把這個新科國丈調到中央,擔任侍中、尚書,跟庾冰一起分享權力。如果是別人,一接到這個消息,馬上就會丟開所有的事,連夜向首都趕路,跑得雞飛狗跳。可褚裒卻冷靜得很,老早就知道中央不是一個宜於生存的地方,而且歷史經驗也在不斷地告訴他,外戚掌權到頭都沒有好果子吃,因此就堅決推辭,苦苦要求,願在地方當一輩子老百姓的父母官,不要在中央任什麼職務。司馬岳只得答應,提拔他當了建威將軍、江州刺史。

褚裒是個不可多得的國丈,而他的女兒褚蒜子也是晉國不可多得的皇后。在兩晉的皇后名冊中,最有名的兩個皇后,大概就是那個賈皇后和這

個褚皇后了。一個在西晉司馬衷時代指手劃腳，讓司馬氏直接從最輝煌的時代走向衰敗，而這個褚皇后卻恰恰相反 —— 當然，這是後話，暫且按下不表。

褚裒不願參與朝政，對於庾冰來說，肯定是一件可以讓他笑歪了臉的好事。現在的情況是，他在中央掌握大局，他的另一個兄弟庾翼在外面帶著大軍當地方強人，一裡一外，把權力拿得穩穩的。

不過，庾翼的人品還不算壞，工作認真負責，做人也很踏實，而且很大氣，腦子裡滿是建功立業的強烈願望，一談到北伐兩個字就熱血沸騰。他北伐的熱情不比他的哥哥庾亮差，但卻比他的哥哥務實多了。

庾翼知道，光靠自己的熱情及手下的實力，想把石虎打倒那是不可能的。要北伐必須有得力的人才。

他很快發現了一個人才。

第四節　桓溫出場

這個人就是桓溫。

桓溫是桓彝的兒子。據說他剛出生不久，還沒有取名字，溫嶠到家裡作客，看到這個小孩覺得眼睛一亮，就說：「此兒有奇骨，可試使啼。」大家把小孩弄哭，溫嶠一聽，向桓彝說，恭喜了，你這個兒子「真英物也」。

桓彝歷來是溫嶠的粉絲，一聽這話，馬上就為孩子取名桓溫。

桓溫長大後，果然一表人才，是帥哥型的猛男，或者說是猛男型的帥哥。後來他的老爸在蘇峻事件中被害死。那時桓溫才十五歲，就發誓要為他的老爸報仇，天天「枕戈泣血」，說不把凶手揪出來，絕不姓桓。那個

第四章　庾氏家族時代

涇縣縣令江播曾經參與殺害桓彝，聽到這個消息也怕得要命。不久江播就病死了。江播病死的時候，他的三個兒子比他更怕桓溫舉著大刀殺進來，要他們的小命，因此天天帶著兵器為老爸守靈。

桓溫知道後，心裡暗罵，帶著兵器老子就怕你們了？看是你們的兵器厲害還是老子的大刀乾脆。他直接來到江家，說是來弔喪的。江家的那幾個守衛也都是豬頭，居然讓他大步進去。

他來到江播的靈前，看到江家三個兄弟正在那裡悲痛著。三個人一看到桓溫殺氣騰騰的臉，馬上嚇得崩潰起來，連原先準備好的兵器也拿不出手。

桓溫很憤怒也很從容，先把江家老大一刀當場砍死，鮮血濺滿江播的靈位。

另外兩個兄弟一看，連救命也叫不出來，只是披著孝服奪路逃命，心裡希望老爸能保佑他們逃出去。可江播剛死沒幾天，當鬼還當得不熟練，因此也不能保佑這兩個兒子。桓溫追上去，一刀一個，殺得輕鬆自如。

按道理說，桓溫這是暴力殺人，把他抓起來，判個殺人罪完全沒有錯。可那是不講道理的時代，他這麼做不但沒有受到一點懲罰，反而到處被讚揚，都說他殺得好，這三刀實在是「快哉，三刀」，人氣馬上狂漲起來。

桓溫越長越帥氣，越來越英武，最後居然成功泡到了南康公主，成為司馬紹的女婿。你想想，光靠這個駙馬都尉的身分，要當個高官就已經容易得要命了，再加上他本身的才幹，在當時的官場上混，不坐上直升飛機那才是怪事。

桓溫二十三歲就當上琅邪太守，成為琅邪的第一把手。

不過，當時高層讓他當上這個官，也只是看在他是駙馬的份上，並沒

第四節　桓溫出場

有看出他的能力。

真正發現他是個大人才的，是庾翼。

桓溫和庾翼兩個人的性格都差不多，因此很快就成為了好朋友。庾翼覺得只有讓桓溫的官再大一點、手中的力量再強一點，他的能力才能發揮出來，就向司馬岳說：「我向皇上推薦一個人才。就是老大的妹夫桓溫，是個英雄，更是我們南渡之後少有的人才。如果皇上只把他當妹夫看，那就太可惜了。最好馬上讓他成為地方強人，把大晉中興的擔子交給他，他一定可以圓滿地完成任務。」

可當時，很多人都推薦另外兩個名士，一個是杜乂、另一個是殷浩。這兩個傢伙絕對是個合格的政客。他們向孔明學習，老早就玩起隱居的把戲，雖然人家請他們來當官，但他們都嫌職位太低，因此硬是不出來。兩人這麼一堅持，天下的人就都說他們是管仲，是諸葛亮，人氣更加狂漲，說如果國家連管仲和諸葛亮都不用了，還用誰？謝尚在殷浩隱居的地方，看到這傢伙之後，回去就長嘆一聲：「深源不起，當如蒼生何。」如果這傢伙不出來當官，天下的老百姓不用活了。

可庾翼一點也不看好他們，淡淡地說：「這兩個傢伙，最好先讓他們閒著，等天下太平了，我們再開個大會，慢慢討論，到底什麼職位適合他們這樣的人。」庾翼的眼光確實很準確，知道這種玩隱居把戲的名士絕不是什麼好人，想靠這種手段來增加當官的籌碼，是小人一個，除了炒作外，沒有別的本領。

庾翼經過幾年的準備，認為可以向北進軍了。他對整個形勢進行了一番研究，認為只有把石虎和李壽的反對力量都聯合起來，到處製造他們的麻煩，四面向他們進攻，才有成功的可能。這些年來，張駿和慕容皝都還在打著司馬氏的招牌，尤其是慕容皝，多次把石虎軍打得滿地找牙，不管處於多大的劣勢，也都是每戰必勝，好像是石虎的天然剋星一樣。這些力

第四章　庾氏家族時代

量應該好好地利用。

他派出使者，請慕容皝和張駿一起合作，選好日期，共同向石虎發動軍事行動。

不過，晉國中央高層的人都覺得，現在國內還困難重重，戰幕真的不能馬上拉開。只有庾冰、桓溫和司馬無忌投了贊成票。

這時，是建元元年的七月──司馬岳在去年上半年繼位，到了第二年才改元。主持改元的就是庾冰。他覺得「建元」這兩個字不錯，就拍扳定調了。

哪知，有個記憶力特別好的官員突然想起當年郭璞的預言來──郭大師當年說了這麼一句預言：立始之初丘山傾。當時庾冰一看，這話就像天書一樣，不管怎麼研究也研究不出個所以然來。這時，那個官員看到這個建元之後，馬上對庾冰說：「以前郭大師說的，現在我明白了。『立』字，就是建立的立啊，『始』字跟『元』字也是一樣意思啊！丘山，不是岳字嗎？這個建元要不得啊！」

庾冰一聽，全身涼了個透，只在那裡發呆。雖然想到要改，可事情到了這個地步，改就行了嗎？這是老天爺的意思啊，你能讓老天爺改變他的決定嗎？

也是在這個時候，有個特大喜訊傳來，趙國的汝南內史戴開，對石虎嚴重不滿，就帶著幾千人來到武昌，向庾翼投降。

戴開的投降大大地鼓舞了司馬岳，下詔要計劃光復中原。庾翼的信心就更加雄厚起來，著手進行準備，組建了一個北伐團隊：任桓宣為都督司、雍、梁三州、荊州之四郡諸軍事、梁州刺史，目標是丹水；桓溫為前鋒都督，假節，率軍進入臨淮──桓溫就是從這裡開始，正式登上歷史的舞臺。這傢伙後來雖然人品有問題，但這時他絕對是一個愛國的憤青，

第四節　桓溫出場

跟著庾翼一心只想光復中原，還沒有別的心態。

庾翼知道，打仗不光靠人才，不光靠成千上萬不怕流血犧牲的士兵，還要有堅強的後勤保障。所以下令在他所轄的六個郡裡，大量進行徵兵，並把所有運輸工具以及糧草都徵集起來，準備全力支援前線。自司馬氏把江東作為光復基地、讓首都在這裡落戶後，江東就一直處於動盪，和平時間少得可憐。這些年才剛剛平靜下來，庾翼的北伐雄心又冒了出來，又搜刮走了大家剛有的一點積蓄——老百姓只想過溫飽的生活，哪有那麼多的雄心壯志，看到自己的東西都被徵集了，當然就開始有意見。

可庾翼現在覺得自己的任務是光復中原，而不是聽人民的意見。

他在做完前期準備之後，就打算把自己的大本營遷到襄陽——以前他哥哥想把大本營北移時，司馬衍就否決過，所以他這次吸取了哥哥的教訓，不直接說到襄陽，而是向中央要求移到安陸。

哪知，司馬岳在這方面跟他的哥哥立場一致，跟大家討論之後，也認為大本營不宜亂動，派人過去緊急叫停。

可庾翼卻固執得很，雖然幾個使者先後來到，向他宣讀中央的命令，要求他服從中央的決定，可他卻一點也不把這個決定當一回事，下令司令部出發，來到夏口之後，再上書請求把辦公地點設在襄陽。

到了這一步，大家馬上知道，皇帝掛在腰間的那顆大印是比不過強人手裡的槍桿子的，因此誰也不再說什麼了——說了也完全沒用。

司馬岳只得下詔，任庾翼為都督征討諸軍事——全國的武裝力量都可以調動了。

這時，庾冰覺得老在中央發號施令也有些膩了，覺得不如到地方當個強人，每天帶著一群衛隊，威風凜凜地過著強人的生活，只有人家對自己行禮，自己也只需要哼一聲而已，哪像現在，每天得對這個外甥皇帝點頭

第四章　庾氏家族時代

哈腰，累得很，所以就請求皇上把自己也外放當地方軍政一把手。

司馬岳一看，這個威風的舅舅終於要離開自己的身邊了。這可是求之不得的事，馬上同意，以冰都督荊、江、寧、益、梁、交、廣七州、豫州四郡諸軍事、領江州刺史、假節，鎮武昌，作為庾翼的後援。

司馬岳顯然已對舅舅專權有了很大的意見，庾冰一離開之後，馬上把跟庾家政見不同的何充調到中央，任都督揚、豫、徐州之琅邪諸軍事，領揚州刺史，錄尚書事，輔政。還把他的妹夫桓溫也提拔了一下，都督青、徐、兗三州諸軍事，兼徐州刺史，最後讓他的岳父大人褚裒當了衛將軍、中書令。

從這個人事安排上看，司馬岳也開始找機會挖庾家的牆腳、培植自己的勢力了。

做完這些動作之後，建元元年也就結束了。

第五節　庾家開始衰落

歷史如期地進入建元二年。

這年的正月，石虎的大殿上發生了一件奇怪的事。

石虎這時也想南征一下，集中了一百多萬大趙國的子弟兵。可他在太武殿請各級官員大吃大喝時，突然有一百多隻白雁降落在可以跑馬的大道上。石虎覺得很不高興，下令弓箭手們放箭，把這些大雁全射下來，給大家下酒。可弓箭手們強箭如雨之後，竟一隻也射不中。包括石虎在內的所有人都當場發愣，不知道到底是怎麼回事。

那個曾經被鞭打過的趙攬找了個機會，很神祕地跟石虎說：「天象告

訴我，這些白雁突然聚集在宮中，表示不久宮中就會成為空殼。所以最好不要南征。」石虎以前不信趙攬的話，最後吃了個大虧，所以這時就不敢不聽了，只在首都進行了一次盛大的閱兵，然後叫大家回到工作崗位。

石虎現在越來越相信趙攬了，最後釀成了一樁冤案。

原來，石虎立的太子也不是什麼好人，做的壞事一點也不比他哥哥少。

領軍將軍王朗覺得太子實在不像話，就向石虎打了個小報告，說：「太子不知道是怎麼搞的，天天砍伐宮裡的木材，還大量毫無目的地引來漳水，被強迫參與的民工有幾萬人，大路上到處是哭叫之聲。老大應該出面阻止這種工程。」

石虎一聽，過去一看，王朗說的果然一點沒有錯，馬上叫太子石宣不要再玩這種遊戲了。

石宣一聽，可惡的王朗。老子玩老子的，關你什麼事？不整你一次，老子不姓石。石宣的腦袋還是會拐點小彎的，並不直接去找王朗的麻煩，而是把趙攬找來，把搞定王朗的任務讓他去完成。

趙攬一聽，頭馬上就大了起來。可他知道要是不搞定王朗，他的頭不僅僅是大了，而且有被砍的危險。他拍著那顆已經有點發痛的腦袋，最後決定只能利用專業去完成這個任務。

他對石虎說：「老大，近來我看天象，熒惑星一直停留在房星的身邊。房星就是天王星，現在熒惑星來到了天王星，天王星怕有災難啊！」

石虎雖然在戰場上不怕死地大砍大殺，可到了這個時候，也是個怕死的人，一聽到這話，神情馬上就緊張起來，問趙攬有什麼辦法？你能夠看懂天象，也肯定會有解決這個問題的辦法。

趙攬說：「辦法是有一個，只有找一個身分尊貴王姓的人來幫老大擋這個災了。」

第四章　庾氏家族時代

石虎說：「你就說說吧，誰去擋最有效果？」

趙攬說：「現在王姓官員裡地位最高的就是王朗。」

石虎這段時期以來，跟王朗的交情很好，不願他去死，就說：「另外推薦一個吧！」

趙攬一聽，這個任務無法完成了。可如果不另推薦一個，他自己馬上就玩完了，只得說：「按現在排名往下，就是王波了。」

王波這時是中書監，本來跟這事一點關係也沒有，僅僅因為趙攬的信口胡謅，最後成為這個事件最大的受害者。

石虎就這樣決定讓王波當他的替死鬼。當然，殺人也要個理由才行。石虎把帳本一翻，翻出了一件舊事。

這件事是在四年前，那個被晉國俘虜的李閔不知道用了什麼辦法，居然衝破牢籠，成功越獄，然後一路狂奔，逃到趙國。李壽知道後，寫信請石虎把李閔放回去。這時李壽跟石虎雖然算不得是友好鄰邦，但也從來沒有交惡，因此放一個打了敗仗的李閔回去，也不是什麼了不起的事──按石虎的性格，這個事肯定會成交。可石虎看到信的開頭，寫著「趙王石君」這四個字，心情就不爽起來──你一個躲在大石山區裡到現在還沒有什麼威名的小子，居然敢跟老子平起平坐？他居然沒有自作主張，而是叫大家討論，該不該放走這個李閔？

大家一看他的臉色，就知道他是不想放李閔的。

可那個王波卻說：「我認為，放走李閔是利大於弊。我們可以請李閔發個誓，讓他回去說服李壽，勸李壽歸順我們大趙。如果成功了，我們不費兵力就擺平了四川地區；如果不成功，也只是損失一個逃犯而已。」

正巧這時，挹婁國進貢給趙國一個叫「楛矢石砮」貢品──楛就是一種植物，楛矢就是楛樹做的箭，砮則是一種可以做箭頭的石料。這在當時

也算是不可多得的東西。王波在提出那個建議之後，接著往下說：「乾脆連這個東西也轉讓給李壽，讓他知道，現在我們國威遠播，連那麼邊遠的地方都歸順了。」

石虎一聽，覺得很有道理，就照著王波的話去做。

哪知，李閎回到蜀地之後，李壽居然下詔說：「羯使來庭，貢其楛矢。」自己贈送他們禮物，反而成為趙國向他們進貢，把石虎氣得暴跳如雷，當場把王波免職。不過，這個免職也不算嚴重，還讓他以平民的身分任原職。後來，又恢復了原來的待遇。

所有的人都認為，這事就到此為止了。

哪知，這時石虎被趙攬一矇騙，想讓王波當替死鬼，一時找不到把柄，就又翻出這個舊案，宣布王波罪大惡極、禍國殃民，必須嚴厲處置。於是，王波就這樣被押赴刑場，執行腰斬。而且他的四個兒子也同時被殺，所有的屍體全部投入漳水，成了魚的飼料。可沒多久，石虎又覺得，這樣殺了王波，有點過分了，就又追認王波為中書監，還封他孫子為侯——幾代人為他去當替死鬼，也該有點苦勞啊！

王波死得不明不白，雖然對王家來說，是一件巨大不幸的事，但對當時局勢沒有什麼影響。而接下來另一個人的死，卻是與歷史的發展有直接關係的。

因為，這個人就是司馬岳。

司馬氏除了他們的奠基人司馬懿活了七十三歲，靠長壽優勢擊敗曹家王朝奪取天下之外，其他子孫也都像曹操的幾代繼承人一樣，沒有一個活得長壽，而且更要命的是，壽命跟智商成反比——那個司馬衷是史上最弱智的皇帝，可卻是晉朝開國以來，在位時間除司馬炎之外最長的皇帝。司馬紹是晉朝最聰明的皇帝，完全有能力帶著大家完成大晉帝國的復興大

第四章　庾氏家族時代

業的,可才坐了幾年的皇位,龍椅還沒有坐暖,就去世了。而他的兒子雖然當了十八年的國家元首,但因即位太早,五歲登基,才剛成年不久就掛掉了。後來傳位給司馬岳。這個司馬岳就更差了,才當了兩年的皇帝,連團隊成員都還來不及整頓好,就生起病來。

司馬岳剛當皇帝,業務還不很熟悉,手腳也還沒有展開,但他比他的爺爺要強多了。他的爺爺司馬睿雖然是晉室南渡之後的第一代領導人,勉強算是開國皇帝,但卻一點進取心也沒有。司馬岳還是很有點北伐中原的企圖心的。他支持庾翼北伐。

可庾翼在用人上卻犯了個錯誤,派桓宣打頭陣。

桓宣這些年來,以極少的兵力死守襄陽,打退了趙軍的多次進攻,成了大晉帝國的信心,是晉國不可多得的軍政人才。庾翼也是把他當作王牌,以為讓桓宣一出馬,肯定一仗就能打出個好彩頭、打出大晉的國威來,因此讓他去進攻丹水。

可歷史早就證明過,桓宣防守反擊能力相當強悍,可以說是當世無雙,可是攻堅奪城的能力卻菜得很。趙國丹水第一把手李羆看到晉國軍隊衝上來,也學著桓宣守襄陽的辦法,來個防守反擊,一下就把桓宣的部隊打垮。

庾翼一接到戰報,桓宣不是常勝將軍嗎?不是多年保持不敗紀錄嗎?為什麼現在敗了?肯定是打仗不用心,驕傲自大。本來是想讓桓宣出馬,先撈到個信心,哪知卻被他搞砸了。庾翼一氣之下,下了個命令,對桓宣進行了處分,然後降為建威將軍。

桓宣受到處分之後,心情十分鬱悶,想想自己這些年來,以一人之力,獨守襄陽,在一個沒有後勤的前線,戰無不勝,可就打了這麼一個敗仗,馬上就受到這麼大的處分——你們庾家打了多少敗仗?弄了多少次大亂?為什麼從不見誰受過處分?桓宣越想越不爽,最後由不爽變成化不

第五節　庾家開始衰落

開的憤怒，終於由憤怒轉為疾病，不到幾天，兩眼一閉，與世長辭。桓宣的死，完全可以稱得上是晉國的巨大損失。

可庾翼卻一點也不覺得有什麼損失──這個傢伙一死，位子正好空出來，庾翼讓自己的兒子庾方去填補空缺，直接任義城太守，全面接管桓宣的部下。

在庾家不斷掌權的時候，新科外戚褚裒再一次提出辭呈，要求交出錄尚書事的大印。

潤八月十四日，司馬岳只得下詔，任岳父大人為左將軍，兼都督兗州、徐州之琅邪諸軍事，駐防金城。

簽發這個命令之後，司馬岳的身體馬上就垮了下來，而且十分嚴重，沒幾天大家就覺得皇上已經到了「不可救藥」的地步了。

庾氏家族的兩大強人庾冰和庾翼知道後，馬上提出讓會稽王司馬昱當繼承人──他們的意圖很明顯。

何充這時再次站出來，提出還是按傳統慣例，讓司馬岳的兒子司馬聃為合法繼承人。

這一次，司馬岳肯定已經看不慣庾家的專權了，因此，這時他沒走他哥哥的老路，而是同意了何充的建議──這個建議對晉國以後的命運發揮了很大的作用。因為這個建議，為另一個強人的閃亮登場奠定了堅實的基礎。

九月二十四日，司馬聃被立為太子。

九月二十六日，司馬岳在式乾殿閉上了那雙年輕的眼睛──這時，他才二十三歲，比他的哥哥多活一歲。

九月二十七日，何充向大家宣布了司馬岳的遺詔──這意味著，司馬岳已把中央的話語權交給了何充，庾氏兄弟只得站在一邊豎著耳朵聽

第四章　庾氏家族時代

著，心裡覺得超級不爽。

這個遺詔的內容其實跟歷史上其他遺詔沒有很大的區別，無非就是讓司馬聃接任皇帝，皇后褚蒜子當皇太后。

這時，這個司馬聃才兩歲，話還講不清楚，當然沒辦法主持大局了。大家就又按傳統慣例，請皇太后稱制，代理皇帝行使最高權力。於是，大晉帝國一腳邁進了褚太后時代。

褚太后一上臺，馬上按司馬岳的既定方針，讓何充出來主持中央，為錄尚書事。何充這時也做個表面文章，說既然當這個錄尚書事，就不應該再占著中書監的位子，改授個侍中就行了。褚太后立即批准。

何充又賣了個乖，說，褚裒是皇太后的老爸，按道理應當由他來當權才有利於國家的發展，最好請他來參錄尚書，跟自己一起把持大權。

於是，中央以皇帝的名義下文：「以裒為侍中、衛將軍、錄尚書事，持節、督、刺史如故。」

可褚裒仍然堅持他的原則不動搖，認為自己是外戚，外戚干政歷來是弊大於利，還是讓他留在地方──在哪裡都是為人民服務啊！

這樣一來，高層只好同意，又下了個詔書：「改授都督徐、兗、青三州、揚州之二郡諸軍事、衛將軍、徐、兗二州刺史，鎮京口。」實際權力比以前大了很多，而且首都也在他的掌控之下──從這方面看，這個褚裒的智商絕對不低，史上很多外戚比他差得遠了。他知道。現在不是在中央當了頭號人物權力就大，而是誰手裡有槍桿子才可以說了算。王導那麼有能力，這個江東集團幾乎是他打造出來的，可因為只當個頭號政治人物，有幾次都差點翻了船，如果這不是個名士吃香的時代，王導老早就被人打倒在地，再踏上一隻腳永世不得翻身了。庾家之所以這些年來，掌握著大晉這駕馬車的方向盤，並不是因為庾冰在最高層，而是因為庾翼是帶

第五節　庾家開始衰落

著全國最強大部隊的地方強人。如果沒有這一支強大的力量作後盾，庾冰的聲音根本發不出幾公尺遠。

褚裒老早就理清了這個關係，因此就一辭再辭，既搏得了名聲，讓人氣狂漲，又撈到了實惠——反正，中央高層那裡，是他的女兒說了算，女兒有什麼事不請示自己的老爸，難道還去請教別人？這樣，他完全可以跟女兒互動一下，就把晉國的大權牢牢地控制在褚家的手中，而別人一點也不眼紅。

沒幾天，大家又定了個規矩：以後褚裒在公眾場合面見太后時，必須公事公辦，跟大家一起行跪拜的禮節，但家庭聚會時，褚裒可以享受老爸的待遇。

不管褚裒辭不辭職，庾家都覺得自己的戲份越來越少了。可這個社會本來就是一朝天子一朝臣——何況庾家兄弟還不是功臣，而是靠外戚當政的，因此淘汰得沒人同情。

庾冰這時的職務雖然沒什麼變化，但顯然已沒有以前那麼熱門了，不管看什麼東西都覺得不順眼——人一到這種地步，往往就活不了幾天。

十月還沒過，庾冰就病了起來。

在庾冰病得連粥都難以喝下去的時候，皇太后褚蒜子派人過去對庾冰說，庾老大，你還是回中央主持政務吧，國家需要你啊！

庾冰一聽，當然知道這全是客套話，為什麼以前國家就不需要我？現在老子都動彈不得了，連拉屎的力氣都沒有了，你才來說這話？他當然堅決辭讓。到了十一月九日，庾冰就掛掉了，訃告上顯示，他享年四十九歲。

庾冰是庾家兩大強人之一，他一倒下，庾家就只剩下庾翼一人獨撐局面了，勢力馬上就顯得單薄起來。

庾翼這時的心情肯定很複雜，他去奔喪的時候，把大營指揮權交給他

第四章　庾氏家族時代

的兒子庾方之，又因為這個兒子太年輕，怕出什麼意外，還讓毛寶的兒子毛穆之當顧問，為他監護庾方之。而且為了提高安全係數，他還把司令部撤回到夏口，這才前去參加哥哥的喪禮。

褚太后雖然年輕，而且涉足政治還沒幾天，資格算起來，絕對新嫩得像根小蔥，但她絕對不笨。她知道，庾家手中的力量還是強悍得很，萬萬不能明著得罪他們，因此在庾冰死後，又下了個詔書，把庾冰遺留下來的江州刺史和豫州刺史的位子都交給庾翼。

庾翼把豫州刺史的大印退還中央，準備再一次移駐樂鄉。但中央卻批了「不同意」三個字。

庾翼知道，如果再不做出點成績來，他們庾家的事業就走到頭了，因此大力發展軍事，開田墾荒，做好下一次北伐的準備。

司馬岳死後的第二年，就到了永和元年。

從這年的正月一日開始，年輕的褚蒜子正式到朝堂上班。她在太極殿上掛了一簾白紗窗，懷裡抱著她的那個兒子司馬聃，聽大臣們的工作彙報，處理國家大事。

第六節　一對變態父子

在褚蒜子這個外表柔弱的女子著手整頓司馬氏政權的時候，石虎卻在拚命地大興基礎建設。

這傢伙有一天站在靈昌津，看著滔滔黃河，心裡馬上澎湃起來，靈光一閃，覺得要是能在這裡修建一座黃河大橋，實在是做了一件千古未有的大事啊！他一激動起來，也不做一下實地考察，馬上下令史上第一座黃河

第六節　一對變態父子

大橋工程動工。民工們把石頭投入水中，想堆成橋柱。可黃河水力太猛，石頭丟了一船又一船，卻全被大水沖得不見蹤影。石虎總共徵調了五百多個民工，沒日沒夜的往河裡扔大石頭，還是連大橋的影子也看不到。

石虎大怒，不是說沒有做不到的事，只有想不到的事。現在老子想到了這事，你們硬是做不到。一氣之下，把建橋工程的技術人員通通殺死。

不過，他殺了工程師之後，也知道，即使自己去做這個工程師，也沒辦法把這座橋建起來的，於是就宣布黃河大橋工程到此為止。

有什麼樣的上級，往往也會有什麼樣的手下。

石虎這樣的老大，他的手下自然也會有幾個變態人物。

那個石鑒比石虎還要瘋狂。他在自己的轄區內加大稅收力度，弄得人民叫苦連天。可他一點也不覺得苦。石鑒還有個愛好，看到哪個官員的頭髮一長，就叫人過去把頭髮一把一把地拔下來。弄得那些他手下的官員們個個頭痛得要命。可石鑒卻覺得好玩得很，把這些拔出來的長頭髮都加工成帽穗，用不完的邊角廢料，就當獎品發給宮女們用。石鑒的長史實在忍不住了，把被拔下來的頭髮，拿去給石虎看。

連石虎都覺得這樣做，實在太不像話了，讓這樣的人守邊關，誰也不會為他賣命的，現在你拔人家的頭髮，等敵人打過來了，手下不全跑光才怪，到時你連頭都會被人家拔掉。如果是別的人，石虎肯定不殺也來個嚴厲處置，可這到底是他的兒子，因此只是下了個命令，把這個兒子調回首都，讓石苞去接替他駐防長安。

石虎除了有大興土木的愛好外，還有打獵的特長。這傢伙年輕時是個優秀的獵手，可年紀一大，再加上生活品質越來越好，原先的肌肉就全變成肥肉，體重也天天在增加，最後這個馬背民族出身的傢伙因為太胖，連馬背都跨不上去。可他打獵的興趣仍然濃厚得很。不能上馬了，他就生產

第四章　庾氏家族時代

了一千輛獵車，叫大家都坐著獵車一同出去打獵，弄得一路車輪滾滾，規模讓人震憾。

為了讓打獵大見成效，他劃了一塊直線五百多公里的地區當作皇家的獵區——史上最厲害的黃河大橋做不成，但現在這個人工獵區卻是史上規模最大的，而且這個獵場正好位於中國人口最密集的地方。他派御史專門負責獵場的安全工作，裡面飼養的野生動物，享受著皇族人員的生活待遇，誰要是得罪了這些動物，就等於得罪了皇室人員，最高可判死刑。這些管理獵區的御史，每個都不是好人。他們每天在獵區周圍轉幾個圈，兩隻眼睛骨碌碌地盯著美女以及其他值錢的東西，只要覺得哪個美女長得性感、哪匹馬長得健壯，馬上就搶過來，如果不願意，他們馬上就說你「犯獸」，告到相關部門，結果就會被嚴厲處置——因此被砍下腦袋的，就有一百多個人。

石虎愛好美女的程度一點也不輸司馬炎。他覺得洛陽到底是一座古都，現在破爛到這個地步，讓人看到，實在有損太平盛世的光輝形象，因此決定投入大量的物力財力，對古都洛陽進行一次大規模的基礎建設，除了那些穿衣戴帽工程外，還要修復那些宮殿。為了完成這個任務，他前後徵用了二十五萬民工、耕牛二萬頭。當然，蓋了這麼多的宮殿，如果只有他和一群太監住在裡面，既沒有美感，也沒有意思。為此，他又下令徵調大量美女，而且還進行了一次很有深度的體制改革：皇宮的美女級別增加到二十四等；東宮的增加到十二等；其他貴族的則保持原來的九等。要充實這麼多的宮殿，需要的美女數量大得驚人。

石虎下令大量徵集美女，一下就弄到三萬多人，浩浩蕩蕩地集中到首都，然後分為三級，一部分安排到大內，一部分送到東宮當太子身邊的工作人員，另外一部分就當作獎品，頒發給那些貴族。

皇太子石宣和那些貴族覺得只被動地接受石虎分配來的美女，實在太

第六節　一對變態父子

缺乏刺激感了，就都積極主動起來，親自出馬加班找美女，又搜到一萬多人，個個滿載而歸，人人臉上蕩漾著勝利的微笑。

那些地方官一見，你們皇族是人，難道我們就不是人了？便都挽起袖子，跟中央保持高度一致，以百倍的熱情投入到選美中——由於以石虎為首的中央精選了一次，接著石宣帶著那些貴族又搜刮了一場，美女資源已漸枯竭，這些地方官就把目標鎖定已婚婦女——只要他們看中的，不管妳的老公是什麼人，如果妳不哼一聲，只在一邊哭鼻子，那就除了悲傷，別的事都不會有，如果不同意，那就抓起來，出路只有兩條：被砍頭、或者自己動手了結性命。據不完全統計，被殺和自殺的不下於三千多人。

這些美女成群結隊地被送到首都後，石虎高興得臉上的橫肉全部消失。他決定也像司馬炎一樣，把選美當作目前各項工作的重中之重，親自對美女們進行面試。他做了個檢閱臺，讓美女們從他的面前輕盈地看過來——當初司馬炎其實粗略得很，只要覺得誰性感一點，就用紅布在那個美女的手臂上打個結，算是過了面試關，以後就成為皇宮中的美女——石虎卻認真仔細多了。他用自己發亮的眼睛對美女們詳細檢視，然後根據自己的感覺，當場為美女們評職稱、定等級。

石虎對這次史上最強的選美活動感到很滿意，特意為此召開了個盛大的表彰大會，對搜刮美女數量最多、品質最佳的十二個官員表揚、記功，最後都封為侯。

你想想，在這樣的活動之下，底層人民還能活下去嗎？一時之間，很多地方的老百姓都開始逃難，逃得最多的是揚州地區和徐州地區的人民，只幾天時間，這些地區差不多變成了無人區。石虎知道後，一點反省的意思也沒有，只是強硬地斥責那些地方官員不顧民生，不能安撫百姓，造成了這樣的局面。這種地方官要來做什麼？殺！郡縣首長為此而被判死刑的有五十多人。

第四章　庾氏家族時代

　　金紫光祿大夫逯明實在看不過去——明明是你的政策造成的，卻把罪過全部推到別人的頭上，這像什麼話？這樣的皇帝還像什麼皇帝？便找了個機會勸石虎不要再這樣下去了，這可是暴君的行為啊——不信你翻翻歷史書看看，哪個明君做過這些事。

　　石虎一聽，橫肉馬上布滿臉上，大聲叫罵起來，原來老子在你的眼中是個暴君？是個昏君？老子打了這麼多年仗，才打出這個江山，現在老了，就只有這個愛好了，難道滿足一下，就成了暴君昏君了？龍騰武士出來，把這傢伙處理了。

　　邊上馬上有力地跑出幾個龍騰武士，使出絕技，以空手拉殺逯明。

第七節　桓溫滅蜀

　　晉國這一年做了一件很不可思議的事，就是不斷地下詔任命褚裒為中央高官，而且褚裒總是堅持不到中央上任。這時，不知是何充出的主意，還是褚太后的主張，皇帝又下詔讓褚裒任揚州刺史、錄尚書事。

　　褚裒一看這個詔書，正覺得不好處理，劉遐和長史王胡之對他說：「這個大權你不想攬，但又不能落到人家的手中。不如讓司馬昱來當吧！他是皇室，是自己人，而且現在他的人氣高漲，大家都把他當成現代的周公。」

　　褚裒一聽，馬上上書給他的女兒，態度十分堅決地表示辭職，又回到京口官復原職。褚太后當然聽從老爸的意見，馬上下令提拔司馬昱，任司馬昱為撫軍大將軍，錄尚書六條事——不是主持全面工作，而是只管六部的事務。

第七節　桓溫滅蜀

　　司馬昱就是從這個時候走上歷史舞臺，這年他只有二十七歲。雖然大家都把他看作是當代的周公，其實他只是一個專業名士而已。這哥兒們一點政治野心也沒有，臉上表情永遠那麼淡泊，心頭從來沒有激情澎湃過，每天的主要任務就是清談，經常請來那幾個新銳名士劉惔、王濛和韓伯到家中聊天喝酒。他當了大官之後，就利用職權，把另外兩個年輕名士也拉進他的聚會，開展清談：一個是郗鑑的孫子郗超，一個是謝萬。

　　這兩家都是很有來頭的，是世家子弟，出身絕對厲害。尤其是郗超，藉著他爺爺的勢頭，年輕時就人氣直升，而且他長得帥氣，氣質好得要命，老早就擺出一副名士的派頭，不把世俗教條看在眼裡，跟他老爸的性格完全相反。他的老爸叫郗愔，一天到晚緊閉嘴巴，相當於半個啞巴，很少人聽到他說話，處處表現得與世無爭，可卻是個很吝嗇的人。生在這樣的家庭，又有這樣的金錢觀，家裡的積蓄當然相當豐富了——史書上提到郗愔的富有，是這樣寫的：積錢至數千萬。

　　郗愔卻還是勒緊褲帶，不病到萬不得已絕對不請醫生，累積了這麼多錢，為的就是給孩子們留下大筆遺產。有一天，他把兒子郗超叫來，一臉神祕地帶著這個兒子來到錢庫，打開大門，對兒子說，老爸的這些錢，其實都是你的。你可以隨意用啊！

　　郗超一看，你怕我不會用錢？他把所有的親戚以及那些酒友叫來，像放救災物資一樣，把錢全發給他們，只一天時間就發放完成。他老爸節省一輩子的錢，就全沒了。

　　那個謝萬是謝安的弟弟，也是清談群體中的菁英分子。

　　這幾個傢伙跟司馬昱最談得來，司馬昱當上了執政大臣，當然也會拉他們一把，有話一起聊，有官一起當，讓郗超當了撫軍掾，謝萬則當他的從事郎中，從此可以天天在一起，一邊工作一邊清談——當然，工作永遠是次要的，清談才是不朽的大業。

第四章　庾氏家族時代

褚裒雖然也是名士出身，靠名士風度打下權力基礎，但他的骨子裡還是個聰明得要命的政客，知道清談可以用來說天下荒唐事，交天下朋友，但是不能用來治國。他之所以推薦司馬昱這個清談高手出來當政，我想，他是有自己的深意的——讓這麼一個不關心政治的人坐在那裡，跟放一塊石頭在那裡也沒什麼兩樣，不管她的女兒說什麼，司馬昱都不會有什麼反對意見，這樣就不必擔心他女兒大權旁落了。女兒的大權一在握，就等於他在控制整個國家的運轉。而且還有個好處，決策對了，是他女兒英明，錯了，自然由這幾個清談高手來承擔。

褚裒知道，運氣正朝他家迎面而來。

而接下來的事，更是大大有利於褚太后。這件事，就是庾翼突然背上長出毒瘡來。這個天天把北伐當作自己歷史使命的傢伙也很熟悉歷史——大凡歷史人物的背上出現了這個東西，不管權力多大，本事多高，都會在不久之後徹底掛掉。

庾翼雖然背上生瘡，但腦子的運轉還是正常得很，還在為他們庾家著想。他忍著巨大的疼痛，上書給中央，說他的兒子庾爰之這麼多年來得到他的精心培養，經過多年的磨練，能力早已跟他不相上下，完全可以接替他的職務，全心全意為國家效勞，為人民服務了，因此建議讓庾爰之代輔國將軍、荊州刺史。並叫這個兒子全權處理他的後事。他當然覺得只推薦他的兒子，有點說不過去，就同時推薦司馬朱燾為南蠻校尉。

到了七月三日，庾翼終於死掉，也只有四十一歲，正是年富力強的黃金階段。

庾翼一死，他手下的千瓚就叛亂起來，殺死冠軍將軍曹據，準備拿著曹據的首級當資本去投降趙國。可庾翼其他的部下哪能放過他？朱燾跟毛穆之、江彬、袁真都一臉正氣地帶兵殺了過來，一把將這個千瓚殺掉。

可一到八月，豫州刺史路永也改變了想法，丟下司馬氏的刺史大印，

第七節　桓溫滅蜀

跳槽到石虎那裡。石虎當然很高興，讓路永到壽春去駐防。

由於庾翼的死，這個大晉最強的職位就空缺了下來，中央高層馬上討論，到底由誰來接替這個最重要的職務。很多人認為，庾氏兄弟在西部經營了這麼多年，已經把那個地方經營成有庾家特色的地區，那裡的人民已經習慣了他們的統治，因此，還是用庾家的人在那裡當第一把手，使那個地方的局面穩定下來。中央接受庾翼的最後請求，讓庾爰之接過他老爸的班。

何充表示堅決反對，說：「西部不是庾家的傳統地盤，而是我們大晉的西大門。跟我們的兩大敵人都接壤，策略地位險要得很。如果交給有能力的人接管，以後平定中原也不是什麼難事；如果交到一個菜鳥手裡，恐怕沒幾天國家就會到了最危險的時候。以前陸抗在這方面早有分析。現在把這麼一個地方交給一個新手去治理，我萬分不放心。我推薦桓溫來擔任這個職務。桓溫的謀略，在座沒人可以比得過他，是個難得的文武雙全人物。」

大家一聽，覺得很有道理，可又有人──估計也是庾家那幾個最後的粉絲，說現在庾爰之早已拿了他老爸的大印，大事小事早就已經說了算，只怕他不會老老實實地交給桓溫，到時鬧出亂子來，後果是相當可怕的。

何充說：「這個就不用大家擔心了。要是桓溫對付不了庾爰之，還算什麼文武雙全的人才？要是他解決不了庾爰之，那就讓庾爰之解決他算了。」

可以說，何充對桓溫的能力是看得很準的。他的這個建議，一來可以讓西大門有個強人守衛，二來也可以徹底擺平庾家最後的殘餘勢力。

當然，他只看到了桓溫的正面，那個丹陽尹劉惔卻把桓溫的兩面全看到了。劉惔小的時候，和桓溫是好朋友。據說，桓溫長得「豪爽有風概，姿貌甚偉，面有七星」──這個七星估計也就是七顆麻子。劉惔對他的這

第四章　庾氏家族時代

個哥兒們了解得很透澈。不過,他並沒有從桓溫的其他方面來說明桓溫的人品不行,而且是從桓溫的面相做了個玄之又玄的闡述:「溫眼如紫石稜,須作蝟毛磔,孫仲謀、晉宣王之流亞也。」這個相貌跟孫權和司馬懿是同個版本的——有這種面相的人一般都不老實,歷史已經多次證明,這樣的人都有反骨。

不過,劉惔對桓溫才能的佩服也是像滔滔江水那樣,無窮無盡地奔騰不息,但他同時看到這傢伙很不老實,總有一股勃勃野心在蠢蠢欲動,就對司馬昱說:「桓溫絕對是個天下奇才。但絕對不可以讓他在重要的位子上穩坐,而且還要不斷地壓制一下他的官位,不要讓他升得太猛。」為此,他勸司馬昱親自鎮守長江上游,掌握全國的方向盤,他自己願意跟司馬昱過去,當他的貼身手下。

後來的歷史證明,劉惔的這個預言太精確了。如果司馬昱能夠聽從劉惔的話,歷史絕對是另一個樣子。可是司馬昱這樣的人能有聽取這種意見的能力和勇氣嗎?而且即使他這一次聽從了這個正確的意見,可到了長江上游後,憑他的能力,又能做出什麼名堂來?說不定還把一大批清談高手全部帶到那裡上班,別的事都不做,每天對著滔滔江水,你來我往,只顧把酒捋滔滔,讚美著江心秋月白,別的事都不在話下,恐怕結果跟那個王澄也差不多。而且司馬昱根本就不願去邊關,因此馬上就否決了劉惔的建議。

劉惔又提出,老大可以不去,那就讓我過去吧!

司馬昱這次卻堅持不同意。

九月十三日,朝廷下詔,正式任命桓溫為安西將軍,持節,兼都督荊、司、雍、益、梁、寧六州諸軍事,除此之外,還有兩個兼職:南蠻校尉、荊州刺史,馬上一躍成為晉國強人中的超級強人。那個庾爰之果然一點反抗也沒有,很乖地交出了全部權力——庾家就這樣從權力巔峰突然

第七節　桓溫滅蜀

掉下來。

估計又是何充出的主意，第二份詔書接著下來，任命劉惔為監沔諸軍事、義成太守，接替庾方之，然後把庾爰之、庾方之送到豫章，把庾家最後的殘餘力量也掃地出門。

桓溫在這時，就跟劉惔有了小衝突。有一天，桓溫趁著大雪天去打獵，經過劉惔那裡，就去看看老朋友劉惔在做什麼，或者可以請他一起去湊個熱鬧。哪知，劉惔的態度卻一點也不友好，上下打量著全副武裝的桓溫，居然對他說：「老賊欲持此何為？」

桓溫一聽，居然叫老子老賊？如果是別的人聽到這兩個字，肯定殺氣騰騰，可桓溫臉上的表情一點也沒有變化，他也知道劉惔對自己還是很佩服的，因此只是淡淡一笑，說：「我要是不這麼提高警惕，天天做好打仗的準備，你們能這麼安然地清談嗎？」

沒幾天，那個力挺桓溫的何充死掉。何充是王導和庾亮推薦出來的，但他一直反對庾家。何充似乎是專門為推薦桓溫而來到這個世界上的。現在這個任務一完成，他的生命也就宣布結束了。

桓溫確實比庾氏兄弟強悍多了。這傢伙在北伐的理念上，跟庾氏兄弟一樣強烈，可在做法上卻高明多了。庾家兄弟歷來把趙國當成頭號敵人——這也沒什麼錯，現在趙國的實力確實是最強的，屬於當時的超級大國，當成頭號敵人一點沒有錯，錯就錯在把這個頭號敵人也當成北伐的頭號對手。本來，晉國的戰鬥力就不如趙國，而一開始就去直接啃硬骨頭，能啃得下去嗎？

桓溫接手之後，馬上對形勢進行了一次客觀冷靜地評估：現在石虎正把全部精力放在基礎建設、打獵、玩美女的事業上，無心向南，使得晉趙邊境在相當長一段時間沒有戰事。因此，他可以抓住這個空隙去找李氏的麻煩——如果把蜀地在短時間內平定，劃歸大晉的版圖，不但讓晉朝的

第四章　庾氏家族時代

勢力擴大很多，而且也為晉朝打了一劑強心針，信心大大地提高，為下一步跟石虎決戰打下基礎。

於是，桓溫把他那雙堅定的眼睛投向了更上游的漢國。

而且這時，正是伐蜀的大好時機。

此時，李壽已經死去，他的兒子李勢當了第一把手。

李壽在年輕時還是很有能力的，可後來也跟很多獨裁者一樣，第一把手當得久了，心態也不斷地發生變化，最後越來越自戀，國家也就開始走下坡。而他的兒子更是個公子哥兒，玩樂的能力不錯，但執政的能力卻太菜，才當皇帝沒幾天，就把老爸手下最有能力的馬當和解思明全部解決，而且誅滅三族。他的手下太保李奕的能力和聲望都不錯，覺得漢國不能讓這樣的人來統治，就當起陳勝吳廣來，在晉壽揭竿而起。大家看到他高舉叛亂的大旗，有很多人都自帶兵器加入他的隊伍。只幾天功夫，他的部隊就發展到幾萬人。他帶著這些剛組建的部隊進攻成都。

李勢雖然是個腐敗透頂的傢伙，但卻是一個不怕死的皇帝，看到李奕的部隊浩浩蕩蕩地殺了過來，便果斷地暫時告別腐敗，親自上到城頭，深入戰爭第一線進行抵抗。

李奕的部隊人數雖然龐大，但大多士兵都是新嫩的──美女是越新嫩的越好，可士兵太新嫩就不行了。李奕也是個不怕死的漢子，他向新兵們做出表率，親自當攻城突擊隊員，而且玩的居然是純粹的個人英雄主義──單槍匹馬去衝擊城門，可才衝到門邊，還沒有表演一下，就被人家一箭射死，當場謝幕。

帶頭大哥一玩完，那幾萬部隊馬上就變成群龍無首的亂兵，都爭相四處逃散。

李勢大獲全勝之後，並沒有吸取教訓，而且放下兵器之後，馬上就恢

第七節　桓溫滅蜀

復原來的本色，天天只在皇宮裡玩著自己愛玩的事，連大臣們也很少見。只信任幾個小人物，把幾個壞事做得有聲有色的小人當成心腹。

於是，國內馬上陷入一片蕭條。

桓溫這時提出搞定李勢的計畫，絕對是恰逢其時，是最佳機會。可還是有很多人表示反對，認為李家治蜀這麼多年了，根基牢固得跟三峽大壩沒區別，憑我們這點力量，還逆流而上，能搞定他們？他們不來侵略我們就不錯了。

弄得桓溫也有點猶豫起來。

這時江夏相喬袁站了出來，大聲對桓溫說：「老大，如果做什麼事，都要大家全部舉手贊成了才去進行，估計這輩子也不用做什麼了。現在李勢正在腐敗生活中瘋狂享受，正是把他搞定的最好時機。這種時機不抓住，難道等他清醒了才打過去？李勢現在肯定會以為，他離我們遠得很，地勢又險要，除非吃錯了藥才去找他的麻煩。可我們偏偏去打他。這種出其不意的打法，是最容易成功的。我們要是占領了蜀地，還怕什麼胡人？有人又說了，我們大軍西去，石虎會乘虛來打。其實這更不用怕。先不說石虎現在也玩得正上癮，就是他把眼睛向南邊一望，也會以為，我們遠征之後，肯定會留下重兵防他的。老大，不用再猶豫了啊！很多事就跟那句一話一樣──眼睛一睜一閉，一天就沒了。時機一猶豫也就消失了。」

桓溫一聽，對！做上級要有領導者的果斷！

這傢伙一果斷起來，比他的前任乾脆得多。

永和二年十一月十一日，桓溫下令向漢帝國發動軍事行動。

以前，庾氏兄弟每次北伐，總是把方案提交中央，等中央的答覆之後才敢行動。可桓溫知道中央那幫人都是曹劌所說的「肉食者」之流，要是想得到他們的認可，這輩子你就是老死在這裡也不能打一仗。

第四章　庾氏家族時代

　　他的大軍已經出發，這才把情況上報中央——管他同意不同意，到時總不會拿他怎麼樣。

　　桓溫這次決斷得不錯，而用人更是用得正確。他讓范汪當全權留守，讓喬袁當先鋒——這跟當初司馬昭重用鍾會一個樣。因為，他手下這麼多的人中，除了喬袁外，個個反對伐蜀，如果讓那些人當先鋒，進軍的步伐還沒有邁出，就先定好大敗回頭的路子了。

　　只有像喬袁這樣的人才信心百倍、才敢拚死向前。

　　勝利往往屬於這樣的好漢！

　　這時，晉高層果然認為，從荊州到蜀地路程太遠了，路況很差，行軍起來太艱苦——這跟當初司馬昭伐蜀時大家的意見是同一個版本。而且，當初司馬昭給鍾會的部隊人數遠遠多於蜀國，這時桓溫軍隊的數量卻沒有多少。就憑這點力量深入蜀地去孤軍奮戰，有取勝的把握嗎？

　　恰好在這時，桓溫的反對黨劉惔站了出來，說明桓溫肯定會大獲全勝，滅掉李勢，吞併四川全境。所以，大家不要擔心他不成功，而是要防範他得了蜀地之後，挾滅敵國之威，全面控制中央。

　　大家對劉惔的話只相信前面那部分，後面那一截就都春秋筆法了。因此，朝廷同意桓溫出征，大家靜候消息，準備大喝慶功酒。

　　桓溫並不管中央那些高層在為伐蜀之事七嘴八舌，帶著大軍早已出發，向蜀地狂奔。連續跑了幾個月，到了永和三年的二月，他本人來到青衣。

　　面對晉國部隊的深入，李勢當然不敢掉以輕心，馬上發出緊急作戰動員令，拉響了一級戰備警報。他叫他的叔叔李福、堂兄李權以及前將軍昝堅帶著大軍去抵抗晉國侵略軍。

　　這幾個傢伙來到合水，開始時，倒還有商有量，有人提出，可以在岷山一帶設個埋伏圈，讓桓溫的侵略軍來個自投羅網。可昝堅卻不同意，帶

220

第七節　桓溫滅蜀

著部隊從江北鴛鴦碕渡向犍為——他認為，晉軍有什麼可怕？為什麼一定要設伏才能將他們打敗？老子面對面跟他們對決，仍然可以把他們扁得連爹媽都叫不出聲。

這幾個傢伙開會的積極性很高，可到了這個地步，仍然商量不出個共識來。

桓溫繼續進軍，於三月抵達彭模——再走一步就是敵人主力部隊的防區了。

這時，有人建議，應該分兵兩路，用來分散敵人的兵力。桓溫還沒有拍板，喬袁就大聲反駁，說這樣做等於自殺。我們孤軍深入敵國，成功就大獲全勝，失敗了所有的腦袋就全部丟在這裡，所以應該集中在一起，爭取一戰而勝。如果分成兩路，只要一路失利，大事就全面不妙了。現在不如放下所有的物資用具，每人帶著三天的乾糧，做出破釜沉舟的勢頭，向前死衝，勝利還是向我們傾斜的。

桓溫大聲表示同意這個方案，留下孫盛和周楚帶著非戰鬥人員看住物資，親自帶著部隊高喊拿下成都的口號大步前進。

這時，李福帶著大軍向桓溫的留守部隊發動進攻。孫盛一點也不怕，帶著本來戰鬥力不強的留守部隊奮勇抵抗。這些本來是部隊中的二線士兵、替補隊員，都知道，如果這時不拚命，就只有沒命了，因此都超水準發揮，在孫盛的帶領下，大喊大叫著對李福的部隊迎頭痛擊，居然勢不可擋，把李福的部隊打了個灰頭土臉。

桓溫這時對後方一點不管，只是下死令向前衝，很快就遭遇李權的大部隊。桓溫連一聲招呼也不打，命令部隊全力攻擊。雙方連打三仗，毫無退路的桓溫取得三連勝。李權的部隊最後徹底潰散，只剩下他一個人靠熟悉地形，從一條小路逃回成都，結結巴巴地向李勢報告，敵人太厲害了，如果老大不御駕親征，誰也打不過啊——反正我是知道自己打不過了。

221

第四章　庾氏家族時代

　　而那個漢國的鎮軍將軍李位聽說李權和李福都雙雙認輸了，認為這兩個人比自己厲害多了，都被打成這個樣子，自己還上場做什麼？乾脆舉起了白旗，榮膺李漢政權第一個投降將軍的頭銜，也很有成就感。

　　那個反對設埋伏的昝堅這時還帶著自己的部隊，整整齊齊地開到犍為，正在說大話要跟桓溫在這裡大戰三百回合，把桓溫打敗，讓他那些膽子磨損了的同事看看，勝仗是怎麼打的。可話還沒有說完，偵察員過來報告，敵人已從另一條道路北上了，早不在這個地方。老大要大戰三百回合，時間得往後推遲、地點也得重新確定了。

　　昝堅這才摸著那個太過簡單的腦袋說，原來桓溫不是老實人——都到什麼時候了，連敵人的行蹤都搞不清楚，帶著主力部隊到處撲空，這仗還用打嗎？當然，他還是認為，這仗還是能打去的，下令快速向成都方向回撤，等到看見桓溫部隊的尾巴時，桓溫的遠征大軍已經在距離成都不到十里的地方，布下陣地，專等狂跑而來的敵人。

　　昝堅的部隊這時連跑了幾天，汗水流得全身差不多虛脫，哪還有什麼戰鬥力？看到敵人在那裡殺氣騰騰地擺著架勢，知道再向前衝一步，就等於送死，便都一鬨而散。

　　李勢再次拿出上次死守成都的勁頭來，帶著最後的家當在笮橋與桓溫決戰。

　　可很多辦法只能用一次，再用一次就不靈了——而且上次他的對手是那個太有表演欲的李奕，而這時他的對頭卻是當世少有的戰爭強人桓溫。

　　戰鬥剛一打響，李勢的部隊確實占了上風。桓溫的先頭部隊被打得只有招架之功，連參軍龔護都光榮犧牲，全軍的士氣立刻低落下去，害怕的氣氛馬上瀰漫起來，大家都想往回退走。可這時還有退路嗎？

　　正在關鍵時刻，敵人的箭頭紛紛落在桓溫的馬頭前面，只差那麼一點

第七節　桓溫滅蜀

點就可以把桓老大射得像隻刺蝟了。

桓溫聽著這些涼嗖嗖的利箭，心裡也發毛起來，估計這仗再打下去，他就會跟龔護一樣了，馬上下令鳴鑼退兵。

你想想，連桓溫都這個樣子了，別人的心裡還能承受得住嗎？那個傳令兵又從沒有作戰經驗，心志哪能多堅定，這時還能在這個地方聽老大的命令已經是奇蹟了。他聽說要鳴鑼，馬上掄起椎子猛打。哪知，由於過度慌亂，這幾下吃奶的力氣使出，卻全打在鼓面上，一時間戰鼓轟隆。而這時喬袁也已經拔出寶劍，奮力督戰，叫大家只有像我一樣捨生忘死，才能取得勝利。一時間，晉軍像突然吃了過量的興奮劑一樣，士氣神奇般地大振起來。

曹劌早就說過：「夫戰，勇氣也！」打仗靠的就是士氣，士氣一上漲，這仗就好進行下去了。

李勢軍看到剛才都差不到崩潰邊緣的晉軍突然發狂起來，個個都像瘋子一樣衝殺上來，見馬砍馬，見人殺人，而且全不怕人家殺他們，就都害怕起來，都不願跟瘋子一般見識，全退回去，到了這個時候，誰後退誰崩潰。桓溫這時也清醒了起來，下令追擊。

李勢不由大叫倒楣，明明勝利在望了，似乎只加半把勁、再過幾秒鐘就可以把桓溫全軍搞定，哪知形勢卻突然逆轉起來，而且逆轉得莫名其妙。他根本不知道，逆轉這個形勢的，居然是對方那個差不多快崩潰的鼓手。桓溫得了這個機會，當然不會放過，惡狠狠地揮兵前進，一把火把成都小城燒掉。

李勢這時身邊已經沒多少兵員了，還在身邊團團轉的士兵大多都像無頭蒼蠅一樣，連刀子的作用也記不起來了。李勢知道自己已經玩完，連夜從成都逃出，狂奔九十多里，到葭萌城才下馬休息。

第四章　庾氏家族時代

　　李勢的氣還沒有喘完，鄧嵩、昝堅就跑了過來，說，老大，還是識時務為俊傑，投降了吧？再跑下去，我們可跑不動了。

　　李勢一聽，只得點點頭，派散騎從事王幼為全權代表，拿著一封口氣很低下的信去見桓溫，表示這次將堅定不移地投降晉朝──老大不給投降我也要投降，一直投降到老大批准為止。

　　桓溫當然表示同意。

　　李勢按照傳統慣例，叫手下把自己綁起來，然後帶著一口棺材去見桓溫。

　　桓溫才一上臺，馬上就打了個漂亮仗，滅了一個敵國，在天府之國代表晉朝接受亡國之君的投降，滿頭滿腦都是虛榮心。他把李勢送到建康，讓大晉人民一起享受這個勝利的果實。

　　桓溫在成都停留了一個多月，也像當時的鄧艾一樣，封了很多官，用來管理蜀地這塊新地區──只要真的是德才兼備，願意為晉朝效勞的，通通都給個職務，讓他們好好為人民服務。桓溫在這方面表現出了他的政治天才，很快讓當地群眾覺得看到美好的明天。史書上說「百姓咸悅」。

　　可百姓悅了，王誓、鄧定、隗文這三個傢伙卻一點都不高興，在一起喝酒時，酒氣一衝腦門，便覺得這次敗得太窩囊了，好像我們幾個還沒有打出水準來，要不再跟他們對戰一回？這幾個傢伙也很乾脆，一有這個想法，馬上就行動，也不管桓溫的大軍還沒有撤走，敵人的力量還很強，就來個造反。這時，桓溫一點也不把這三個傢伙放在眼裡，派兵過去，只幾下就把這三個傢伙徹底擺平。

　　其實，桓溫現在的所作所為，跟當初鄧艾滅蜀之後是同個模式的，只是鄧艾當時碰到的是司馬昭，而現在桓溫的上級卻是個孤兒寡母，更要命的是團結在這孤兒寡母周圍的人全是一群除了清淡之外，沒別的本事的名士。因此，桓溫的命運跟鄧艾是天壤之別──當年鄧艾父子可是被衛瓘

押回去,然後在半路砍頭。桓溫卻在把四川一切搞定之後,帶著大軍凱旋而歸,一時威風得好像前無古人。

他回到江陵的時候,就被提拔為征西大將軍、開府、封臨賀郡公。

搞定李勢之後,桓溫的底氣空前強悍,晉國就要走進桓溫時代了。

第四章　庾氏家族時代

第五章
後趙的衰敗

第五章　後趙的衰敗

第一節　少年謝艾

　　滅蜀之戰的全勝，對當時的局勢而言，無疑是巨大的。晉國的基礎在南渡之後，出現了前所未有的穩固，同時，又造就了一個無人可以控制的超級強人——桓溫。不過，現在桓溫的想法還是比較單純的，腦子裡還是忠君報國平天下的遠大理想，時刻都想著揮兵北上，把以石虎為首的胡人天下，一舉搞定，成就一番豐功偉業。而現在晉國的決策權也牢牢地掌握在褚太后的手裡，中央沒有再出現王導、庾家兄弟那樣的寡頭當權人物，也算是外有強人、內有強手的大好局面。

　　現在石虎那邊的形勢卻越來越不「大好」了。

　　當然，表面上，大趙帝國仍然是北方一枝獨大的超級強國，誰都知道，要打他們的主意，等於雞蛋碰石頭。但別人不敢打他們的主意，並不意味著他們就安分守己地在邊界上巡邏而不找人家的麻煩了。

　　強大集團的邊關將領，稍微有點勇氣的，都想不斷地向弱勢一方爭奪一點利益，奪取一點地盤。

　　永和三年的四月，也就是桓溫班師回江陵的時候，趙國涼州刺史麻秋大概看到桓溫只一戰就滅了李勢，而且用兵也不多，內心那個建功立業的浮躁心態就發酵起來——他這時面對的是張駿。張家的勢力跟李家比起來，根本不是一個等級，桓溫能成功，老子為什麼不能成功？

　　這時，張駿已於去年掛掉，現在西涼地區的老大是張駿的兒子張重華。張家自從單獨經營西涼地區以來，歷經三代，雖然勢力範圍不大，力量比較弱小，但領導人的智商都正常，手下也很得力，先是在劉曜這隻狼身邊求生存，後是在更強大的石虎鼻子下過日子，雖然每天都擔心吊膽，生活在危機感之中，但都挺了過來——如果讓張家的人去代替晉國的領

導人，局勢將會好得多了──當然這是題外話，歷史上是永遠沒有這種假設的

麻秋覺得現在張重華剛當上一把手，還沒有熟悉政務，內部還在整合當中，新團隊還沒有磨合好，正是可以在去年戰果的基礎上，向他們再次揩油的大好時機，便向張重華的枹罕進攻。

西涼集團的晉昌太守郎坦看到敵軍眾多，攻勢很猛，覺得枹罕城池太大，而人員不多，難以防守，就打算放棄外城，集中力量死守內城。

武都太守張悛說：「這樣不行。你一放棄外城，全城的人心都會浮動起來，到時就難以收拾了。」

幸虧這次戰鬥的最高指揮官不是郎坦，而是張瓘。張瓘這時是寧戎校尉。他聽了這兩個助手的話之後，覺得張悛的話更有道理，馬上集中力量，固守外城。

麻秋覺得自己部隊多、士氣高、裝備好，拿下這個枹罕肯定是一點問題都沒有的，現在最關鍵的是讓時間更提前一點，消耗更小一點，所以一來就把全部的八萬部隊都用上，把枹罕團團包圍，為了做到讓城裡的一隻鳥也飛不出大趙軍隊的手心，僅在城外挖的壕溝就有幾道，而且還下挖地道、上架雲梯，當時能用的攻城武器和辦法都同時用上，想讓敵人來個防不勝防。

哪知，城中守軍卻強悍無比，不管你如何進攻，用多少工具、多少戰術，他們只是團結一致，看到敵人冒頭就砍。幾天下來，麻秋的攻城之戰一點沒有進展，倒是死了幾萬人。這才知道，攻城不是兒戲，自己的子弟兵會打仗，可人家的軍隊也不吃素的。

石虎這時也發現麻秋的情況不大好，覺得要是收拾不了一個枹罕，大趙的面子實在找不到地方擱置了，便叫劉渾帶著二萬人去支援現在腦袋只

第五章　後趙的衰敗

會冒汗不會想辦法的麻秋，務必把這個枹城拿下。

這時，趙國軍隊也有了個好得不能再好的機會。

這個機會就是那個郎坦創造的。郎坦絕對是個心胸狹窄的人物，他那個放棄外城死守內城的建議不被採納之後，就覺得心情越來越鬱悶，認為張瓘和張悛把自己當豬頭看。他一咬牙，就把他的死黨李嘉叫了過來，要他去把趙軍帶進城裡來，看看他們有守住外城的本事嗎？

李嘉一開始做得很順利，把一千多趙兵成功地帶到城邊。可才攀上城牆，就被百倍警惕的守軍發現了。張瓘馬上帶著大軍趕到。那一千個趙兵和李嘉一樣，想不到張瓘會突然出現在他們面前，一時慌了手腳，丟下二百多名同袍的屍體，狼狽地逃走了。

張瓘下令放火，把麻秋的攻城工具一把燒掉。麻秋看著劈啪的大火，心想連裡應外合都搞不定人家了，看來再攻下去除了付出更大的代價之外，不會有其他收穫，便退回大夏。

石虎接到戰報，心裡很不高興，不就一個枹罕？裡面不就是那個張瓘嗎？張瓘算什麼人物？國際軍事人才排行榜上，恐怕連翻幾十頁都還看不到他的名字啊，居然也打不過？老子不相信。他把中書監石寧叫來，說，現在任你為征西將軍，再帶二萬部隊過去，作麻秋的後援，繼續打擊張重華。不把張重華打倒，你就不要回來了。

戰爭的規模就這樣擴大起來。

所有的人都知道，張重華形勢已經嚴峻到極點了。

立場不堅定的人，這時就已經雙腳打顫，全身的每個細胞都在恐懼之中。

宋秦就是在這個情況下，受不住一天比一天來得猛烈的恐懼的襲擊，終於帶著二萬戶人家，投降到趙國那邊去了。

第一節　少年謝艾

可張重華卻一點也不怕——到了這時，怕是解決不了問題的。他在這次危險中，把一個所有人都不看好的年輕人提拔到領導職位上來。這個人就是謝艾。其實謝艾已在去年的一場大戰中，有過上佳的表現。

那時，張駿剛掛掉，張重華才十六歲。石虎知道後，認為一個十六歲的小孩是最好欺負的，就叫麻秋出兵。

張重華動員全國力量，要大打一場保家衛國的戰爭，把軍事的指揮權都交給裴桓。

裴桓拍著胸膛，很乾脆地帶著大軍東進，很快就來到廣武。可他來到廣武後就一點也不果斷了，以最快的速度設下大營之後，就全軍就地休息，一點也不想出擊。

涼州參軍一看，裴桓的這個打法，是等死的打法，就趕緊去見張重華，說：「老大，國家的存亡，全看軍隊強不強，軍隊強不強，全看將領屬不厲害。現在裴桓的資格很老，可能力一點也不強啊！資格老能打得了勝仗嗎？如果不趕緊換人上場，這場決賽，我們輸定了。我推薦個人才去接替裴桓。這個人就是謝艾，文武全才。」

張重華雖然年紀不大，但頭腦很不錯，也知道裴桓的這個打法是不行的，馬上讓人把謝艾叫過來。

謝艾其實是個書生，外貌跟衝鋒陷陣的將軍一點不匹配，但口氣卻狂放得很，說：「老大，你只要給我七千人，我打個大勝仗給你看。」——比當年那個「紙上談兵」的趙括口氣還要大。

可張重華卻相信他，當場任命他為中堅將軍，撥給他五千精兵，讓他去反擊麻秋。

謝艾一點條件也不講，帶著部隊從振武出發。這傢伙雖然年輕，口氣也狂放得好像沒有譜，可智商卻高得要命，做事一點不魯莽。他比誰都知

第五章　後趙的衰敗

道,他手下的五千兵跟麻秋的大軍比起來,等於雞蛋碰石頭,要取得勝利,靠的是超水準發揮。因此,他在暗中做了個手腳,矇騙一下他這五千士兵。夜裡,大家正靜悄悄地在軍營中睡覺,突然營門外有兩隻梟鳥在大叫。謝艾馬上大叫:「賭博的時候,拿到梟牌的就會贏。現在有梟鳥過來啼叫,這是老天爺暗示我們,趕快進軍,勝利是屬於我們的。」

這些士兵中,絕對沒有一個是唯物主義者,而且大多對賭博也很精通,聽到這話,個個都覺得肌肉緊繃了起來,熱血沸騰,大叫著,那就趕快進軍。

謝艾帶著五千兵,直接殺進趙軍的大營,取得了殲敵五千的戰果,大破趙兵。

當然,這次戰鬥,對於麻秋的整個部隊來說,只算是個小小的損失。他繼續發動攻勢,拿下金城和大夏——不過攻勢卻暫停了下來——這是前一年的事了。

我們現在把目光收回到永和三年的四月。此時,面對趙國再次大軍壓境,年輕的張重華把所有的擔子交給了年輕的謝艾,讓他「使持節」,為軍師將軍,帶三萬部隊前去與麻秋對戰。

謝艾帶著大軍臨河布陣,與麻秋的大軍隔河相望。

一場經典大戰就這樣拉開序幕。

中國歷史在這個時期,顯得很疲軟——雖然戰亂不止,白天沒有戰事,晚上就會出現群毆;這邊沒有衝突,那邊就有對打,可因為沒有強人的較量,血是流了不少,卻沒什麼精采表演。

但這一場戰鬥卻大大地引人注目。

戰鬥的規模不算大,雙方人數也只有幾萬人。

麻秋穿著軍裝、佩戴整齊,威風凜凜的坐在馬上,指揮全軍,不管從

第一節　少年謝艾

哪個角度看去，都是大將風度。

可謝艾卻坐在車裡，一身讀書人的裝扮，好像是哪個大學生到軍營裡體驗生活一樣。他在戰鼓聲中到前線來視察陣地。

麻秋威風凜凜地看到謝艾這個樣子，神經明顯受到巨大的刺激，當場發怒起來，罵道：「謝艾這個小屁孩居然敢這樣看老子不起。老子就當場收拾你！」

他馬上命令最精銳的黑矛龍驤隊出擊。

戰法：閃電戰。

目標：小白臉。

謝艾身邊那些臉上長滿鬍子、平時滿臉橫肉的人看到三千敵人特種兵像龍捲風一樣衝殺過來，都嚇得臉上肌肉僵硬，請謝艾趕快下車，坐到馬背上去，以便逃跑。

謝艾看了看衝殺過來的敵人，又看了看身邊那些緊張得牙齒打顫的手下，笑了笑，從車上懶洋洋地下來。大家才鬆了一口氣，他卻又來到胡床——這傢伙打仗帶的東西倒很多，與現在到深山老林去玩的背包客有得比——坐了下來，說：「天不會馬上塌下來的。大家進入戰鬥位置。」

他的手下以為他瘋了——只有瘋子才這麼不怕死。

他的對手卻以為肯定有埋伏——否則一個書生會這麼不怕死？

那一群衝殺上來的黑矛龍驤特種兵喊殺連天，像風一樣地衝過來後，突然停住腳步，個個左看右看，周圍是不是有敵人的伏兵、伏兵到底多不多。

在這些手持黑矛的武士們，一臉呆樣地四處張望的時候，謝艾的另一支部隊在張瑁的帶領下早已奉命從另一條道路上繞過去，這時已到敵人的屁股後面。

第五章　後趙的衰敗

而麻秋只咬牙切齒地注意著前方，恨不得把謝艾活捉過來，生吃他的嫩肉，一點也沒注意到後方。

當張瑁部的部隊出現時，麻秋才知道自己的後路已經被謝艾切斷了，這才知道謝艾不簡單，只怕他還有更厲害的陰謀詭計在等著他──近來作戰很不順利，因此還是小心為上，麻秋急忙下令撤軍。

謝艾等的就是這一刻。

他大喝一聲：「總攻開始！」

全軍一齊出動，向趙兵猛衝過去。

這時，麻秋又知道了一個道理，在關鍵時刻，部隊是不能隨意撤退的，因為大家一往後退，陣腳就全亂了，不管他的聲音有多大，口氣有多嚴厲，就是阻止不了部隊後退的腳步，更不能組織有效的抵抗。

最後的局面是，只有他一個人在大喊大叫，其他人都在發瘋地往後撤，指揮系統早已不靈。

這時謝艾的部隊已經狂殺進來，連斬趙國大將杜勳、汲魚。

麻秋知道再不退，就沒有逃跑的餘地了，趕緊抱頭衝出，一路向大夏狂跑。到了大夏時，轉頭一看，居然只有自己一個人。

謝艾此戰，一口氣殲敵一萬五千人，可以說是取得了重大勝利。

麻秋上一次沒有攻下枹罕，還可以說城牆太堅固，而且攻堅歷來難打。可現在是野戰啊，大家都站在同一起跑線上，兵力也對等，而且自己還是戰場老鳥，不身經百戰也身經九十多戰了，對方是什麼？一個被稱為百無一用的書生啊，連軍裝也不會穿，竟然被打得大敗，而且是實實在在地完敗。

麻秋不管怎麼說，也嚥不下這口氣。

五月，他跟石寧會師，帶著全部的十二萬大軍挺進到河南，準備向張

第一節　少年謝艾

重華再發動一場聲勢更浩大的軍事行動。

麻秋手下的劉寧、王擢部進展順利，兵鋒指處，很快就在晉興、廣武、武街一帶，占領了大片土地。

張重華命令牛旋率軍去抵擋。可這傢伙雖然是個資深將軍，打仗的能力卻一點都不強，帶著部隊出來，才看到敵人跑過來的灰塵，就覺得這仗不宜打，逃到梓罕城中躲起來。消息一傳開，首都姑臧的人都震動起來，不知道下一步該怎麼走。

張重華一咬牙，怕什麼怕，老子來個御駕親征！

謝艾和索遐都過來勸他，還不到這個地步啊老大。還有我們在呢！

張重華一聽，也好，謝艾，這個擔子就再交給你吧！然後任命謝艾為「使持節」、都督征討諸軍事、衛將軍，任命索遐為軍正將軍，共同帶二萬人去抵抗趙軍侵略者。

在姑臧人心亂得像一鍋開水的時候，前方還傳來了一個好消息，楊康在沙阜把趙國的劉寧打敗，使得劉寧退回金城，不敢再出來囂張了。

這時，石虎看到動用了這麼多力量，居然還拿不下涼州這麼一塊小地方，這臉面真是越丟越難看了，決定再次注資、加大投入，釋出命令，派孫伏都、劉渾再帶兩萬人去支援，由麻秋統一指揮。

這時，趙國部隊從數量上已遠遠超過謝艾手中的兵力了——如果光從這方面去計算，結果會是毫無懸念的。

麻秋帶著大軍大步進軍，直接渡過黃河，不費吹灰之力就占領了長最城，顯示了強大的攻擊力。

這種衝擊對意志不堅定者會產生毀滅性的打擊。

可謝艾信心十足，看到敵人的大軍無邊無際地衝過來，還是帶著大軍，召開了個誓師大會。大會正開到熱血沸騰的時候，突然大風颳來，軍旗呼

第五章　後趙的衰敗

啦啦地指向東南方向——那是敵人衝過來的方向。

索遐一看，抓住這個機會大叫：「現在風神已經命令我們向敵人發起衝鋒。老天爺都在向我們暗示了，還怕什麼？」

上次的梟鳴，曾為大家帶來好運，因此大家都相信，這一次仍然跟上次一樣，運氣永遠站在我們這一邊的。

八月三日，謝艾帶著大軍向麻秋發動反擊，雖然麻秋部隊數量龐大，但士氣遠沒有謝艾的軍隊高漲，決戰一開始，場面完全被謝艾控制，最後趙國的部隊就像過來跟主力隊員陪練一樣，一點戰鬥力也沒顯示出來，又被謝艾打了個大敗。

麻秋只得逃回金城，臉色灰白地向石虎作了報告。

石虎接到報告後，一聲嘆息：「想當年，老子只靠一支部隊，平定九州。現在用九州的力量，猛打猛衝，竟然搞不定枹罕這樣的小城。人才啊，人才才是第一戰鬥力。老子雖然有人，可沒有人才。張重華人不多，但都是人才啊！還是不惹為妙。」——從他這話可以看出，這個曾經被譽為當代戰神級的人物，已經被美女和年齡磨光了銳氣，從他的身上再也找不到那光芒四射的殺氣了。

張重華憑謝艾一人之力，再一次挽救了張家的勢力。

第二節　自相殘殺很暴力

石虎這時的雄心早已蒸發得一滴也不見了。此時，他控制著十個大州的大塊地區，而且這十大州是當時綜合實力最強的地方。這傢伙雖然仗打厲害，而且野心也是超級強大，可在治國方略上，卻目光短淺得很。如果

第二節　自相殘殺很暴力

是別的梟雄，手裡有了這麼多的資本後，肯定來個勵精圖治，富國強兵，把治下範圍搞得繁榮昌盛，然後收拾周邊敵人，最後統一全國是沒有什麼困難的。可他一點也沒有往這方面思考，而是沉溺於享樂，腦袋裡都是美女、豪宅、金錢，因此下得最多的命令不是什麼改革政策，而是選美女、搜刮人民財富。

經過這些年不斷地努力，現在倉庫裡的財物，已經多到「財物，不可勝紀」的地步，是真正的數錢數到手抽筋還數不完。

可石虎仍然覺得不夠，下令再搜再刮。人家報告說老大，已經沒地方搜沒地方刮了。

石虎說，沒地方？活人沒有，死人那裡還有。下令掘古墓，把那些陪葬品都挖出來──活人都沒錢用了，死人要那麼多做什麼？

而這時，他最相信的和尚吳進對他說：「我預測胡人的氣數已經跌到底了，漢民族的運氣馬上就要翻轉。所以，必須壓制住他們。要用最殘酷的手法來迫害他們。」──如果是其他人，誰也不會相信這個光頭和尚的理論，甚至會重新驗證一下這個和尚是不是假冒的佛門弟子。

可石虎卻相信了。

他馬上下令，叫尚書張群做總指揮，徵調各郡十六萬漢人、車十萬輛，運泥土到首都鄴城來，修築華林園的圍牆。這個華林園長寬都是幾十里，工程量大得要命──工程量不大，就沒有辦法讓這些漢族勞累、死亡。

趙攬、申鍾和石璞看到老大越來越像傳說的暴君了，他們都是有學問的人，知道暴君一出現，這個國家就已經走到滅亡的邊緣了，忙去找石虎，從分析天象到老百姓的苦難，說明這樣做是不得民心的，老天是不會支持的。

第五章　後趙的衰敗

　　　　石虎本來頗為相信趙攬，但他更迷信和尚的話，因此看到這幾個傢伙前來苦諫，也很生氣，只是說，我決定了，管他老天爺有什麼意見，老百姓有什麼看法。老子這個工程是要做到底了。就是早上完工，晚上死去，老子也一點意見都沒有。還命令張群排除一切干擾，盡快提前完成任務，以偉大的成績向新的一年獻禮。老子倒要看看，早上完工了，老子晚上是不是立刻口吐白沫掛掉。

　　　　當時正是雷雨季節，但張群卻不管白天黑夜、晴天雨天，一刻不能停工，使得民工不斷地死亡，工程離完工還有很多天，民工們已經死了幾萬人。

　　　　而這時，他的兩個兒子又展開了激烈的奪嫡大戰。

　　　　石虎殺了原太子後，立石宣為法定繼承人，可他心裡對那個石韜又特別喜歡，就以多培養人才為由，下令石韜跟石宣一起主持中央，輪流掌權，讓石宣很不爽，兩個人之間就產生了矛盾。只是這些年來石虎精力旺盛，兩人誰也不敢動誰，但仇恨已經潛伏在心底。

　　　　永和三年的九月，石虎突然心血來潮，居然命令石宣出京，到名山大川那裡求神靈的保佑，並順便打打獵，鍛鍊鍛鍊身體。

　　　　石宣在搞腐敗、顯排場方面，絕對不比老爸差。何況這次是奉命打獵，不打出特色來，對不起老爸；不擺出排場，對不起人民啊！他每到一個地方，都集中大量人力物力，用人群圍成一道長長的人牆。你知道這個人牆有多長？人牆共有四面，每面有一百里。他叫這些人把包圍圈裡的獵物都往中心地帶趕過去——等到黃昏時分，所有的獵物都已趕到中間了。在旁邊的文武官員都要一條腿下跪，大量燃起火把，把場地照得比白天還亮，就是高度近視的人也可以在那裡閱讀報紙。

　　　　如果是石虎，肯定會衝進去大獵一場過過癮。可石宣認為自己是享受型的，有野味吃就行了，為什麼一定要自己去當獵人。他只派一百多個猛

第二節　自相殘殺很暴力

男騎兵衝到裡面，跑馬放箭。而他自己則帶著美女站在高臺上，看這些猛男表演，直到裡面的獵物都死光光。要是有野獸奮力突圍出去，破圍之處的人員，如果有職務的，就沒收他們的馬，罰他們像馬拉松運動員一樣，徒步跑一整天。如果是個平民百姓，無馬可沒收，就讓猛男們在他的身上抽一頓皮鞭。

這次他經過三個州，一路這麼胡搞下去，僅士兵餓死、凍死就有一萬多人，至於所過州縣的財政也全被他玩光。

石虎覺得光叫石宣這麼威風地顯示排場，實在有點虧待了石韜，就叫石韜也去走一趟，像你的哥哥一樣。石韜一聽，當然高興得連老爸的姓都記不起來了，按照石宣的規格，馬上上路。

石宣聽到大街上熱鬧得比過節還要厲害，一看，原來是石韜也要出京打獵。你出京打獵也就打了，可這個排場、規格也不降低一點，竟然全部盜版老子的智慧財產權，老子當這個繼承人的優勢還顯現在哪裡？

一般到了這個時候，總會有個小人出來，在當事人的怒火裡加上幾桶原油。

這時出來的人叫趙生。這傢伙是個太監，但跟石宣的關係很好，能做到愛石宣之所愛，恨石宣之所恨。石宣恨石韜，趙生就也恨石韜。這時看到石宣臉上的怒氣差不多冒出火花來，覺得自己有澆油的必要了，馬上勸石宣當機立斷，把石韜搞定。

石宣一聽，心頭一動，趙生的這個建議非常好。

在石宣在心裡謀劃著搞定石韜時，石虎卻越來越喜歡石韜。這喜歡不斷加深的結果，就是腦袋空閒的時候常有這個想法冒泡出來：要是讓韜兒當太子就好了。可因為石宣是長子，這麼做有違慣例，因此就猶豫起來。

有一次，石宣不聽話，石虎就大怒起來，罵了一句，說現在最後悔的

第五章　後趙的衰敗

就是當初不立石韜當太子，硬是讓你這種人當繼承人。

這話石宣一聽，就覺得頭大。

可石韜聽到，高興得整天得意洋洋，驕傲得不得了，也不把石宣放在眼裡了。石韜這時是太尉，覺得原先的辦公處一點都不威風，因此就決定再蓋一個辦公處，不但大梁長度超過標準，放到九丈，而且還把它叫「宣光殿」。

石宣過去一看，見他們居然用這個招牌──這個招牌裡有個「宣」字啊，這不是故意犯他的諱是什麼？而且不光犯了諱，還加了個「光」字，這不是說老子要光著身體去裸奔了？

石宣越想怒火越燒得厲害，把那幾個建築工都殺掉，然後把那根超標大梁也砍斷，這才大步離開。

石韜當然不會就這樣夾著尾巴不了了之，他大罵一頓之後，把那根梁加到十丈。這等於向石宣叫板，這個世界上，到底誰怕誰。

石宣知道後，只覺得氣到要爆炸，決定對這個囂張的弟弟採取行動。他把幾個死黨楊懷、牟成、趙生叫來，說：「我受不了這小子的囂張了。你們誰把他解決掉，以後老子當皇帝了，就把他的封地送給誰。石韜一死，我老爸肯定會去參加喪禮。我們可借這個機會，採取更加刺激的行動。我馬上就成為皇帝了。」

這幾個傢伙一聽，哇塞！榮華富貴就來得這麼容易？好啊，我把全部家當入股。這可是原始股啊！

機會是說來就來。

永和四年的八月。

石韜覺得這天的天氣真好，秋高氣爽，宜於大吃大喝，一點不怕上火啊！

第二節　自相殘殺很暴力

　　他在東明觀裡擺了大量的酒桌，把他所有的手下都請來大吃特吃，最後醉得不成樣子，就乾脆睡在寺廟裡，體驗一下和尚的生活。

　　石宣消息很靈通，知道這個情況後，馬上派楊懷過去，用軟梯爬牆進屋，殺掉睡夢中的石韜，把作案工具都丟在現場，然後才逃走。

　　第二天，石宣首先把這事向石虎作了彙報，說接到報告，我老弟石韜不幸遇害身亡。

　　石虎一聽，呆了幾秒鐘之後，再也堅強不起來了，哀呼之後，一口氣差點提不上來，當場休克。大家忙活了好久，他才緩過一口氣來。

　　情節到了這個時候，準備按照石宣預測的那樣發展下去——石虎打算親自去替這個最愛的兒子主持喪禮。如果成行，那麼，石宣就完全成功了。

　　可那個李農卻在這個時候出來多嘴：「謀殺石韜的凶手還沒有抓住啊！老大這時出動，危險！」

　　石虎這才停止行動，但他還是決定在太武殿為石韜舉行追悼儀式。

　　石宣來到石韜的靈堂，連作秀的哭聲也做不出來，嘴裡只是呵呵連聲。他叫人掀開被單，一看，果然是那個專門在他面前耍威風的石韜，心頭的高興什麼也擋不住，最後忍不住嘎嘎大笑走出去。

　　石宣雖然控制不住自己的情緒，但他絕非豬頭，他知道，如果不盡快了結這個案件，老爸肯定會追查下去的，到時可不好玩了。他趁著石虎還沒有把懷疑的矛頭轉向他時，把記室參軍鄭靖和尹武兩個人抓起來，然後嚴刑逼供，說他們是殺害石韜的凶手。

　　可石虎卻不是石宣想的那麼簡單，他在心裡懷疑這個慘案幕後的策劃人就是石宣。

　　石虎這時知道，石宣現在的勢力已經很龐大，因此想在宮中把他解

241

第五章　後趙的衰敗

決，但他又怕石宣不肯到宮中來，就派人去騙石宣，說母親因為悲傷過度，現在病得就差一口氣了，要是不過來，只怕這輩子就見不著母親了。

石宣也是個頭腦簡單的人——到了這時，只要是宮裡的話，不管是什麼內容，都得認真分析一下才做決定。可他一點也不思考，就急急忙忙地進宮。哪知，他才一進宮門，就被宣布失去自由。

石宣謀害石韜時不夠保密，居然讓人知道得清清楚楚。石宣一失去自由，那人就在第一時間向石虎報告，揭發石宣一黨。

石虎本來就懷疑石宣，這時看到這份報告，懷疑的程度就更上一層樓，馬上簽發逮捕令，要求相關部門把石宣一黨的三個核心人物都抓起來。可楊懷和牟成早已跑得不知去向，只抓到趙生。

趙生雖然拍著胸脯保證當太子的死黨，但意志卻薄弱得很，還沒有大刑侍候，就什麼都招了出來，連個標點符號也不保留。

石虎的悲痛和憤怒達到了最高點，覺得他要是放過石宣這個兒子，自己簡直不是人了——你敢拿兄弟開刀，老子就敢對兒子下手，石虎立刻把石宣關到豬住的草房裡，還用鐵環鎖住他的下巴，看上去像一條被穿了鼻子的老牛。他還拿起那些殺死過石韜的凶器，用他的舌頭唰唰地舔著上面早已發黑的鮮血，最後，當著大家的面放聲大哭——這是一次真正痛入骨髓的悲痛，在場的人一看到這個場面，個個也都流淚起來，不敢再聽下去——石虎殺人無數，一旦大刀舉起，管你男女老少都不眨眼地砍去，年輕時經常屠城，把天下蒼生看得連牛馬都不如。哪知到了現在，自己的兒子卻自相殘殺，這才知道喪子的痛苦是多麼的難受。

佛圖澄勸石虎還是放過石宣——死了一個兒子，再殺一個兒子，那是壞上加壞啊！

可石虎這時立場堅定得很，以前老子都聽大和尚的，但這一次不聽了。

為了嚴厲地處置石宣，更深地表達對石宣的痛恨以及對石韜的悲痛，

第二節　自相殘殺很暴力

石虎在鄴城北面用木柴堆成一個高臺，上面做了個大架，安上轆轤。然後把石宣帶出。

石虎在處置石宣時，肯定花了不少腦筋。他叫石宣的部下赦稚、劉霸出場，完成所有的任務。這兩個傢伙肯定是做過彩排，分工合作，各個流程做得都很熟練。第一步是先一把一把地拔掉石宣的頭髮，然後把石宣的舌頭拔出來，讓石宣在鮮血淋漓中大喊大叫，然後用繩子牽著一邊流血一邊大叫的石宣順著樓梯爬到大架上。接著，赦稚用繩子穿過石宣的下巴，連到轆轤上，再啟動轆轤，把石宣一步一步地絞到柴堆上。劉霸早在那裡等待，石宣一到大柴堆上，他馬上舉起斧頭，砍斷石宣的全部手腳，再丟開斧頭，用手指挖出石宣那滿是悲痛、驚恐的兩眼。很多人懷疑劉霸之前是做屠戶的，否則手法不會這麼精通。他挖完石宣的眼珠後，再剖開石宣那個肥大的小腹，讓裡面的內臟全部流出來——據說，石韜死時，也是這個待遇。

歷史上，太子被處死的也有好幾個，但絕對沒誰被弄得這麼慘——當然，也很少有石宣這麼惡劣的太子。

最後一道流程是，在木柴堆上放火。石宣就在大火上被活活燒成灰。

最體現出石虎的殘忍的，就是這些工作雖然交由劉霸和赦稚去全面執行，但他卻帶著皇宮中幾千美女一齊出動，像看電影一樣到銅雀臺上當觀眾，從頭到尾，一個不能提前離場——當年他大規模的擴建銅雀臺時，絕對沒有想到，銅雀臺會被當成這麼一個看臺。

他在觀看這個由他導演的血腥大戲時，心情如何，史書上沒有進一步披露。但接下來的事，讓這個殺人如麻、嗜血如命、性如狼、凶如虎的魔頭暴君又經離了一次劇烈的傷痛。

大鳴大放地搞定石宣之後，接下來當然就是擴大打擊面——石宣的妻妾兒子等九個人也全部處死。這些人不管從哪個角度來說，都是無辜

243

第五章　後趙的衰敗

的。可石虎哪管得了？而且還發生了石虎想管都管不了的事。

石宣最小的兒子才幾歲。石虎這傢伙雖然是歷史上最缺乏愛心的人，但他卻超級喜愛這個小孫子。在他下令把與石宣有直接關係的人都解決的時候，也不知是什麼原因，他居然還抱著這個可愛的小孫子。石虎這時是在流淚的，他淚眼看著這個小孫子，越看越可愛，越看越覺得他不該死，就抹了一把眼淚，準備赦免了這個小孩——全是他爹做的事，跟他有什麼關係？

本來，以石虎手中的權力，以及他的性格，不管做出什麼舉動，誰敢說一個不字？可在他要放過這個小孫子時，那幾個執法人員居然發起狠來，說要嚴格執法，鐵面無私，大叫「王子犯法與庶民同罪」，上來從石虎的懷裡奪取這個小孩。

這幾個傢伙對石虎的家族大概了解得很透澈——今天他們殺了這個小孩的母親和兄弟姐妹們，以後他大了，那是鐵定要報仇的，因此只有在老大思想混亂時，來個斬草除根，免除後患。

這個小孫子還是很聰明的，看到這幾個傢伙滿臉橫肉地過來，就知道不妙了，死死地抓著爺爺的衣角，堅決不放手——他也許知道，爺爺有權保護他，也許什麼也不知道，但他卻在盼望著爺爺出手幫他，不要被這幾個惡人抓去啊！

我們無法知道石虎當時準確的心情，但他居然在小孫子的大聲叫喊之中，不出一聲——那個滿臉殺氣的石虎此時不知蒸發到什麼地方了。最後，他的衣帶被扯斷，他坐在那裡，眼睜睜地看著孫子被那幾個傢伙帶走，小孫子的哭聲越去越遠，最後他什麼也聽不見了。

石虎再也無法釋懷，不管清醒還是不清醒的時候，腦海總是迴盪著小孫子那最後的哭聲和抓著他衣帶的情景。

在這個情景不斷的折磨下，石虎的身體終於受不住了。

第三節　石虎最後的日子

打擊面繼續擴大。

石虎把石宣的母親即皇后杜珠也貶為平民；把原太子的核心警衛三百人全部殺死；東宮太子身邊的人員——即太監五十人，可能因為趙生的緣故，處置更為嚴厲——全部採用車裂酷刑，拉斷四肢之後，屍體採取水葬，丟進漳水，成為當年漳水魚蝦們最豐盛的晚餐。而東宮衛士十萬人則全部流放到西部邊遠山區。最冤的就是那個趙攬。這傢伙很專業，工作也很稱職，只要發現天上的星星有什麼變化，馬上在第一時間裡報告石虎。

石虎這時雖然頭腦已經發暈，連孫子也忘記出手保護了，但還記得事發之前，趙攬曾經對他說皇宮就要發生動亂，老大要作好準備。他由此認定，趙攬事先知情卻不報告，使得事情發展到這個地步，原諒誰也不能原諒這樣的人，也下令把趙攬殺死。

事件到此，算是到了尾聲，可石宣變成灰燼之後，太子的位子就出現了空缺，不管石虎怎麼威風，也得指定個接班人。

而且，燕國發生的一件事，也促使石虎覺得必須盡快解決這個問題。這件事就是燕國的老大慕容皝九月十七日死去，享年只有五十二歲。

石虎的年齡比慕容皝還要大，而且近來身體大不如前，聽到這個消息後，覺得死神離自己越來越近了，如果不安排接班人，哪天突然來個不辭而別，這個國家可就亂得不成樣子了。因此開始讓腦袋冷靜下來，全盤去考慮這個問題。

沒幾天，石虎就決定公開討論這個問題。

經歷了兩次太子事件，而且一次比一次來得嚴重、慘烈，因此，誰也

第五章　後趙的衰敗

不願賠進自己的命，討論會極為沉悶，只有張豺和張舉兩個人在發言，其他人都是來旁觀的。

按理說，張豺只是個一般將軍，在石虎集團中一點也不威風，而張舉是太尉，屬於軍方最高領導人之一，說話的分量要重得多。

張舉首先發言。這傢伙也是個政治老手，同時推薦石斌和石遵兩個人，說這兩個人最有能力，可選一個。張豺馬上表示反對，說石斌的能力沒問題，可曾經做過違法亂紀的事，從性格和本質上說，跟石宣他們沒什麼兩樣。而石遵的母親曾經被廢，再立他為太子，實在說不過去。

石虎說：「這個也不行，那個也不行，到底誰行？」

張豺的名字雖然有點不討人喜歡，職務也不算高，平時也很少有表現的機會，但他的野心卻大得很。他認為，自己的機會就要來了，因此馬上堅決地站出來，否定了張舉的建議。他這時，準備推薦石世。

他之所以力挺石世，是因為石世跟他還是有點關係的。原來石世的母親是劉曜的小女兒安定公主。當年滅劉曜時，張豺抓到了這個公主，覺得她長得跟明星沒什麼差別，就獻給了石虎。石虎一看，劉曜你別的能力很菜，可生這個女兒長得實在太漂亮了。他殺了劉曜，但卻笑納了劉曜的這個女兒，讓她成為妃子，而且喜愛得不得了。後來，這個公主就生了石世。這時，石世才十歲。

張豺這麼力挺十歲的小屁孩，絕不是為石虎著想，更不是為國家和人民著想，而是打著為了老大的旗號，百分之百地為自己著想。他看到石虎都病成這個樣子了，肯定沒幾天好活，要是這個殘暴的老大一掛，石世把年輕的屁股放到龍椅上成為皇帝，肯定會像晉國那樣，讓他母親來個「太后稱制」。這個太后也是個政治菜鳥，到時肯定會把大權交給他，讓他說了算。呵呵，這個生意值得做。

第三節　石虎最後的日子

當然，他聰明得很，並沒有直接就說我推薦石世，而是對石虎說：「以前兩個太子出事，原因就在於，他們的母親都出身於太底層了，能生出什麼好兒子來？所以呢，太子的母親最好要出身高貴一點啊！」

石虎一聽，馬上說：「你不用往下說了，老子知道接班人是誰了。」

這話說得胸有成竹，自信得沒有一點雜質，卻為以後的大亂以及石氏的徹底敗亡奠定了堅實的基礎。

不過，石虎在這個時候，居然還玩了個流程，並不直接由自己宣布石世當太子，而是叫所有高官集合起來，聯名上書，請求讓石世成為大趙帝國下一代領導核心。可大司馬農曹莫居然不肯簽名。本來，只缺這麼一票，也擋不住石世成為太子的勢頭，可石虎也跟那個薩達姆一樣，希望得票率要百分之百，因此派張豺過去問曹莫，為什麼不簽名？

曹莫說：「把國家交給一個小屁孩來管理，他能管得了嗎？所以，我不簽！」

石虎一聽，便派張舉和李農去說服曹莫。曹莫最後沒有辦法，只得簽了名。

石虎馬上封劉氏為第一夫人，石世為太子。

石虎這時雖然是大趙帝國的獨裁者，但他的職稱也只是天王而已。這傢伙對人民一點也不負責，但對這個皇帝稱號卻嚴肅得很。直到這時，也就是永和五年的正月，他已經又老又病了，這才決定宣布當上皇帝，改元為太寧——這傢伙經歷了這麼多動亂後，精力已經用盡，再也不願折騰下去而想過幾天安寧的日子了。

石虎和很多人一樣，以為太子事件已經徹底了結。哪知，卻還有一個尾巴沒有搞定，這時又引起一場大亂。

原來石虎把東宮十萬衛士全都流放到西部地區。這十萬人中，最有戰

247

第五章　後趙的衰敗

鬥力的是一萬名高力大隊。本來，這個事件不應該發生，可錯就錯在，石虎在宣布大赦時，居然宣布此次大赦的對象不包括這十萬人。

這些人在受處分時，什麼意見也沒有，老老實實地成群結隊到西部，參加西部大開發。如果沒有這個大赦，這些人也許還在向前走，可當他們來到雍城時，石虎就宣布大赦，全國所有的殺人、強姦、搶劫犯都可以大步走出牢籠，笑哈哈地重新做人，以前的犯罪行為都是白做的了，而他們什麼罪都沒有犯，只是被安排當了東宮的衛隊，石虎居然還特別宣布他們不在大赦之列，叫雍州刺史張茂押送他們繼續向西前進。大家聽到這個消息，臉色全沉了下來。

張茂看到這些人不但肌肉發達，而且因為是東宮警衛，軍事本領很強，如果暴動起來，那可不好解決，因此都沒收他們的戰馬，讓他們徒步推著小車，而車上都裝著物資。

到了這時，士兵們都已經很憤怒了，大家個個滿臉怒色，差殺人放火就只有一點點距離了。

人員、氛圍和理由都充足。

現在，就差陳勝、吳廣了。

這隊兵團原來的帶頭大哥叫梁犢。這傢伙的心裡早就不平衡了。好不容易等到大家的怒氣高漲，便決定做一番事業。他悄悄地告訴大家，只有團結起來，打倒這些官員，才能夠回到東方。

大家一聽，當然都高興得大叫梁犢萬歲，只要能回去，殺人放火也願意。

梁犢知道，要起事也得有個旗號。當然，他知道，如果他現在自己做個旗號來打，那是沒有什麼號召力的，因此，就借用了大晉帝國的旗號——這可是現在最正統的老字號了，而且又是石虎的死對頭，現在西北一帶的漢人一看到這個旗號都覺得親切得很，會直接靠攏過來。

第三節　石虎最後的日子

　　他自稱大晉征東大將軍，帶著這一群肌肉發達的猛男，扯起了造反的大旗，返身向東衝過去，根本不費力就拿下了下辯。

　　趙國的安西將軍劉寧接到報告後，馬上從安定出兵，要把這幫人攔住。他對這群士兵的底細是清楚的，知道他們雖然都訓練有素，戰鬥力不低，但現在手中連個鐵器都沒有，全是空著雙手。不是有一句老話叫「武功再高，也怕菜刀」嗎？現在政府軍的士兵手裡全是錚亮的武器，不用怕他們。打謝艾打不過，打這些空手士兵總可以大獲全勝吧？

　　哪知，他只知道這些暴徒沒有兵器，卻完全不記得這是什麼年代？隨便抓一根鐵棍，就可以衝鋒陷陣，大打出手了。

　　梁犢那一幫人，都是從全軍裡挑出來的好手，個個是尖兵，單兵作戰能力強悍得很，一個頂十個完全沒有問題。他們現在雖然缺乏兵器，可他們並不坐在那裡等死，而是深入民間，搶了大量的斧頭，然後把斧頭綁在一丈多的木棍上，大力揮舞著衝上戰場，而且個個像瘋子一樣，見人就砍，雖然兵器粗糙，但打法十分熟練。政府軍一碰上就立刻崩潰。後來，很多政府軍看到他們實在太強大，就都成了粉絲，加入他們的行列，跟他們一起大砍大殺，生猛得不得了，一路都是高奏凱歌，很快就打到長安。

　　到長安時，梁犢的部隊已到十萬人馬。

　　這時，石苞把他最精銳的部隊拿了出來，哪知，一接觸就被打得全軍潰敗，才知道自己手下的這些精銳其實一點不精不銳。

　　梁犢取得了一連串的勝利後，意氣風發得很，也不休整就大步向潼關前進，目標是洛陽。

　　石虎這才知道，這個大赦要是出差錯，同樣是件可怕的事，他叫司空李農過來，說看來你得出馬了。任命李農為大都督、行大將軍事。

　　李農跟張賀度帶著十多萬部隊南下，在新安擺開戰場，與梁犢會戰，

第五章　後趙的衰敗

結果大敗；到洛陽再會戰，再大敗，只得退守成皋，不敢再出來惹事了。

梁犢到底只是個暴徒，取得了這麼重大的勝利後，並沒有開始爭取民心，或者南下與晉國取得聯繫，趁著這個機會夾擊石虎。他只是在勝利的狂歡中，盡情地把暴徒的嘴臉表現出來，讓大軍在滎陽、陳留一帶大肆進行搶劫。

於是，梁犢很高興，群眾生活得很恐懼。

當然，石虎也生活在恐懼之中。

他年輕時也帶著軍隊到處打劫，做得比梁犢還要瘋狂好幾倍，覺得很過癮。可現在一上年紀，身上各種零件全部老化，思維也發生重大的變化，激情早已燃燒完畢，聽說梁犢的暴徒們就在首都附近囂張地搶劫，內心也怕了起來──不但肉體老化，精神也老化起來了。

他任命石斌為大都督、都督中外諸軍事。讓那個姚弋仲和蒲洪作為助手，再次出征。

石虎這時的底氣已經完全觸底，弱得不能再弱了。

姚弋仲帶著他的八千部隊來到首都，要求見石虎。

這時，石虎已經病得很重了。他也向當時的劉聰學習，怕人家見到自己不再威風凜凜的樣子，覺得太丟臉了，就拒絕接見姚弋仲，而是只把姚弋仲帶到領軍省，叫皇帝專用的大廚為他做了一餐皇帝的菜餚來招待姚弋仲。

姚弋仲來到領軍省一看，只見大桌的酒菜，不見老大，老子可不是缺吃才到這裡來的。老子是來見老大的。難道老大已經沒命了？

有人趕緊把姚弋仲的憤怒向石虎進行彙報，說姚弋仲臉上的憤怒是史無前例的嚇人。

石虎只得說，讓他來見罷。

第三節　石虎最後的日子

　　姚弋仲一見到石虎，一句客套話也不講，一開口就把石虎教訓了一頓，說他兒子都殺了，還為這事病成這樣？你的繼承人才多大？你要是挺不住，老是這麼病下去，不過幾天，保證這個天下就大亂起來。現在最需要擔心的是這個問題，而不是梁犢的事。梁犢算什麼東西？一群規模較大的強盜而已，沒理想、沒抱負、無組織無紀律，能做出什麼事業來？老子一戰就可以把他們全部打垮。

　　姚弋仲能有今天，完全靠石虎的提拔，可這傢伙一點禮貌也沒有，對石虎從來不叫老大，不管在什麼場合，都是直呼「你」──如果別的人這樣，石虎肯定會堅決滅口。可石虎那雙最聽不得別人的話的耳朵，硬是聽得進這些不禮貌的話。一來，他認為姚弋仲也是個漢子，這樣的人值得交往，二來，估計姚弋仲的勢力強悍，手下的死黨多，軍事能力強，而且對他忠心耿耿，要是亂動他一根汗毛，後果就不好收拾，再加上，石虎也知道姚弋仲的嘴很臭，但對他還是很負責的，因此不管從用人角度，還是從戰略角度上看，重用姚弋仲是利大於弊。

　　從這一點上看，石虎那顆腦袋裡還是有幾個政治家細胞的，會點用人之道和政治手段。只可惜在他一生當中，這樣可圈可點的行動只是偶然出現，平時，都是憑著心情處理事務，心情好時，倒還沒事，一旦稍微不爽，就大刀往人們的頭上砍──而且他是典型的性格火爆的人，一生中沒幾天好心情，最終打造了他一代暴君的形象。

　　石虎加授姚弋仲使持節、征西大將軍，並額外獎給他一匹配套齊全的好馬。姚弋仲這時心情好、幹勁足，穿上軍裝，當場就做了很猛的姿態，跨上戰馬，大叫一聲：「老子破敵去了。」也不跟石虎「拜拜」一下，揚鞭打馬，飛奔而出。

　　這傢伙的話果然不是胡吹的。

　　他跟石斌會合之後，在滎陽與梁犢兵團決戰。

第五章　後趙的衰敗

　　梁犢當然還囂張如故，以為憑著自己部隊強悍的戰鬥力，誰都可以打敗——一路過來也確實如此。

　　但姚弋仲卻讓他深刻領會了「勁敵」二字。

　　雙方交戰，梁犢不但大敗，而且敗得毫無餘地——腦袋也丟了。

　　姚弋仲憑這一戰之功，獲得更多的榮譽：履劍上殿、入朝不趨——以後進宮不用換鞋、不用脫劍、不用見到皇帝後快步行走，封西平公。而蒲洪則提拔為車騎大將軍、開府儀同三司、雍州刺史，封略陽公。

　　梁犢的這次起義，自己不但一點成果也沒有，而且丟了性命；石虎更是毫無賺頭可言。最大的贏家就是姚、蒲兩人，一步就高據大趙強人榜的榜首。

　　石虎幾十年縱橫捭闔，靠打仗打出今天這個局面，可現在卻要藉助這兩個投降過來的少數民族老大為他支撐門面，其衰敗的勢頭，稍有點眼光的都可以看得出。

　　雖然姚弋仲指著石虎的鼻子，要他振作起來，不要這麼病歪歪的，讓大家失望。

　　石虎還是讓姚弋仲失望了。

　　石虎以前多次逆轉戰場形勢，可現在他卻逆轉不了自己的身體。

　　他的病已經到了需要考慮後事的地步了。

　　他讓石遵為大將軍，作為關右的屏障；石斌為丞相，錄尚書事；張豺果然也進入了團隊，成為衛將軍、領軍將軍、吏部尚書，天天等在皇宮那裡，與前面兩位一起，準備接受遺詔，成為託孤大臣。

　　張豺看透了石虎，但石虎顯然沒有看透張豺，更看不透那個剛當上皇后的劉氏。

　　石虎讓張豺進入下一代領導層，目的是想讓他當上石世的保護傘。

第三節　石虎最後的日子

本來，張豺的目的應該是達到了，可他知道，這三駕馬車裡，另外兩駕可是石世的哥哥，不但排名在他的前面，而且手裡都拿著槍桿子，自己夾在這兩駕馬車的中間，能有多少發言權？不如先把他們搞定。

張豺的手段和膽量確實了得。

劉皇后呢？長得夠漂亮，野心也夠大。

以前她還當妃子的時候，只知道柔弱地討石虎喜歡，這時她的真面目就顯露了出來。她一看到這個人事決定，就知道，以後她和她兒子沒什麼好果子吃。她把張豺找來，交給他一個任務，想個辦法把石斌搞定。

辦法很快就想了出來。

接下來就是方案的實施。

由劉皇后派人去對石斌說，你老爸現在的病好轉了。如果沒事可以繼續去打獵。

原來，石斌玩打獵玩得很上癮，恨不得天天跟獵物在山裡比賽，最怕處理政務或做別的事。這時聽說，可以繼續打獵，高興得要命。

他愛打獵，也跟很多獵手一樣愛喝酒。這時，當然是一邊打獵一邊喝酒。

張豺和劉皇后對他的這兩個弱點清楚得很，馬上又製造了個假聖旨，批評他一點孝心也沒有，還當什麼高層？你愛喝酒愛打獵，以後就都去打獵吧，把所有的職務都交出來。

石斌就這樣，沒頭沒腦地成了失業人口。

別人失業了，還可以自由地生活著。石斌一回到家裡，張豺的老弟張雄就帶著五百個猛男過來，說是保護──其實是看管。

石斌就這樣成了張豺和劉皇后牢籠裡的動物。

接下來，擺平石遵。

253

第五章　後趙的衰敗

四月十九日，石遵從幽州回到首都，想看一看老爸的龍體到底怎麼樣了。哪知，卻落進張豺和劉皇后的圈套。

雖然石虎這時仍然是大權在手，可已經沒有精力去使用了。

劉皇后就偷偷地拿來用一下，又做了個假聖旨，叫石遵趕快到金鑾殿裡接受命令，內容是接管三萬宮廷衛隊，讓他馬上去關右上班。

石遵一見這個命令，淚水就出來了。

他想來見一見老爸，可只見到這個假命令。

他沒有懷疑這個命令是假的，因此就大聲哭叫著，服從命令去了。

在他走後的當天，石虎的病突然有起色，轉頭問了一下身邊的人：「石遵來了沒有？」

答：「來了，又走了！」

石虎就只有嘆氣了：「可惜啊，我看不到他。」

石虎這次的病好像真的好起來一樣，不但可以跟身邊的人交談，而且居然可以來到太極殿，差點壞了劉皇后的事。

石虎來到太極殿西閣時，那二百多個龍騰武士都集體跪在那裡。

石虎這時雖然病得只剩下幾口氣了，但頭腦還清楚著，就問他們，有什麼要求？

這些人顯然是石斌最死硬的粉絲，有的說，趕快把石斌叫過來，讓他掌握軍政；有的甚至說，讓他當太子。

總之，得先把他叫到現場，以備不測。

石虎一聽，說；「他現在不在皇宮？」他清楚地記得自己早就讓石斌在這裡等他，等到他嚥氣的那一刻。

身邊的人說：「現在石斌正喝得大醉呢，路都走不了，哪能進宮？」這

些人早就被劉皇后收買了。這幾句臺詞，不知背了多少次，直到今天才用得著。

石虎說：「馬上派老子的坐駕，去把他接過來，老子當面把大印交給他。」石虎顯然已經深感危機來了，急不可待地要把大權交給這個兒子。

但他一點也不知道，現在他的大權早已被劉皇后和張豺架空，身邊所有的人已經全部站到劉皇后一邊了。

石虎說完這話，心情馬上沉悶起來，頭腦接著暫停運轉，昏倒在那裡。

他這次出現，劉皇后和張豺被他弄得有點緊張起來。如果他的頭腦再清醒半天，劉皇后和張豺非得崩潰不可。

他這麼一昏倒，張豺馬上抓住機會，通知他的弟弟張雄，說是老大有令，殺石斌。

這時誅殺石斌並不是一件難事。

之後，又下了個詔書——當然是假的——任命張豺為太保、都督中外諸軍事，成為軍方第一把手。這還不算，還讓張豺為錄尚書事，獨自一人擔當輔政大臣，待遇相當於霍光。

所有的人都知道，這一切都是張豺與劉皇后勾結做出來的。

石虎這時所有能力都已經喪失，張豺拿了大印之後，就坐在那裡等老傢伙停止呼吸了。

石虎沒有讓劉皇后和張豺失望，沒幾天——也就是四月二十二日，告別了這個他大砍大殺過的世界。

這年石虎五十五歲。

第五章　後趙的衰敗

第四節　菜鳥是抓不住機會的

十一歲的石世馬上登基。

劉皇后升一級，成為太后，開始到金鑾殿上班，任命張豺為丞相。

張豺不接受，推薦石遵和石鑒為左右丞相。用意是用職務來拉攏一下這兩個傢伙。這兩個傢伙不是一般人，都是軍方強人。

不能惹的，就拉攏，這是很多陰謀家慣用的手段。

拉攏其實就是矇騙！

劉太后沒有不同意的道理。

張豺這時還想打擊李農。

張豺雖然很有心計，也很狠毒大膽，前面所走的幾步，每一步都成功地達到目的、踩得很踏實。可這一次卻做了一件走眼的事。他居然跟張舉一起商量搞定李農的辦法。他也不事先搞清一下兩人的底細。

兩人的底細就是，張舉跟李農是哥兒們！

計畫定下來後，張舉就把全盤透露給了李農。

於是，一場大亂的序幕終於猛然拉開。

李農絕不是坐著等死的豬頭，馬上逃到廣宗。他不僅僅是避難，而且還決定反戈一擊。當時，那一帶還有「乞活」幾萬戶——也就是從其他地方來這個地方找飯吃的外地人。這些人歷來就是社會最不穩定的主要群體——只要有誰站到他們中間，來個登高一呼，他們響應得比誰都快。

李農一過去，馬上就把這些人組織起來，成為自己的部隊，退到上白那裡，準備抗擊張豺的圍剿。

到了這個地步，張豺還放過李農，就不是張豺了。

第四節　菜鳥是抓不住機會的

於是，太后下令：命張舉率禁軍包圍上白，全力圍剿李農。

李農一看這個部署就笑了。

張豺和劉太后雖然把大權拿在手裡，拿得手心都冒出汗來，可兩個人都是權力場上的暴發戶，一點權力基礎也沒有，人脈資源也等於零。而石虎家族靠的是鐵血政策，最不稀缺的就是殺人放火的人。張劉兩人這麼一折騰，事情才一開始，馬上就感到人手緊缺，連反對黨也當作自己人來用了。

這時，張豺更大的敵人石遵正在河內，也知道老爸已經死了。而剛剛平定梁犢的那幾個強人姚弋仲、蒲洪、劉寧以及那個未來的大強人石閔正好凱旋歸來，也到河內境內，在李城那裡會合。

幾路強人雖然不算是同路人，但都不爽那個劉太后，更不爽張豺，就勸石遵當他們的帶頭大哥，打到首都去，搞定張豺和劉太后。而且說，按照現在的形勢，搞定這兩個人容易得不能再容易了。

石遵同意，就在李城宣布討伐張豺，帶大家一路打回鄴城，誰與他為敵，就是與人民為敵。

洛州刺史最先響應石遵的號召，帶兵來到李城，接受石遵的領導。

張豺原來以為，自己掌握了皇帝就掌握了一切，像當年的曹操一樣。只有他派兵過去討伐人家的道理，哪有人家帶大軍過來找他人頭的事？

可他沒有想到，他不是曹操。

曹操靠的是自己的實力，是自己打拚出來的，全國的部隊全是姓曹的。哪像他現在，除了幾個宮廷衛士以及那幾個太監可以隨意調動之外，其他軍隊他一個士兵都指揮不動。

這時看到全國到處都是反對的聲音，四面八方都是討伐的部隊，才弄懂這個世界不是官大的說了算，而是實力決定一切。

他以前可以放開膽子矇騙一下石虎，弄到大權，可現在大軍逼來，矇

第五章　後趙的衰敗

騙是過不了關的。

一個靠欺騙垂死之人上位的人，一旦沒有了矇騙的對象，立刻慌了手腳。

這時，京城沒什麼部隊，張豺只得下令把圍上白的部隊緊急調回——說是保衛首都，其實是要保衛自己。

可來不及了。

五月十一日，石遵的大軍已開到湯陰，軍隊總人數九萬，前鋒就是超級猛男石閔。

石虎折騰了這麼多年，已經很不得人心，張豺才幾個月，就比石虎更不得人心。群眾的眼睛雖然不是真的雪亮，可簡單的演算法還是會的，這時都自動表示擁護石遵。而且不光口頭表示，還紛紛跳出城外，去投奔石遵。

張豺這時沒有辦法，就下令砍殺——誰出城砍殺誰。

越殺越收不住。

最後的打擊來自張離。

張離本來什麼也不是，根本算不上人物，是張豺一手提拔出來，現在是張豺的第一號助手。按理說，對張豺這個大恩人應該忠心耿耿、戰鬥到最後一顆子彈才對。可張離不是這樣的人，看到大量的人員逃出城外，也跟上潮流，帶著手下，砍開城門——手段比那些老百姓惡劣了好幾倍，然後列隊歡迎石遵大軍的到來。

劉太后終於絕望，心裡滿是恐懼，問張豺怎麼辦？

張豺更不知道怎麼辦。他現在比劉太后更恐懼，更絕望，聽到劉太后的問話，居然只是張嘴在那裡啊啊連聲，再沒有別的音節。

劉太后這才知道，石虎替她找的這個保護傘沒一點保護作用。她只得

第四節　菜鳥是抓不住機會的

緊急下詔，任石遵為丞相、大司馬、大都督、都督中外諸軍事、錄尚書事、假斧鉞、九錫——能給的全部都給到位。

五月十四日，石遵抵達安陽城。

已經一窮二白的張豺夾著尾巴出來，歡迎這個曾經被他戲弄的老大。

但石遵不再給他面子，當場把還沒有致完歡迎詞的張豺逮捕起來。

石遵就這樣勝利了。他以勝利者的姿態，隆重進城，首先去哭了一下他的老爸，在石虎的靈柩面前發瘋地哭，之後，下令斬張豺，而且屠滅其三族。張豺都死了，劉太后當然沒有什麼市場了。不過，還有招牌作用。石遵以劉太后的名義，廢掉了石世，接著還是以劉太后的名義，命令石遵為國家領導人。

石遵當然沒有客氣，當上皇帝。這時，劉太后的招牌作用也沒有了。石遵完全合法地註冊了自己的商標，可以用自己的名義釋出一切命令了。他的第一份詔書就是封石世為譙王、劉太后為太妃——降了一格。可還沒有完，沒幾天就把這對孤兒寡婦殺了。

算起來，最倒楣的人是石世，連皇帝是做什麼的都不知道，最後卻因為自己當皇帝而被殺死。最幸運的是李農，差不多被張豺搞定，卻能逃了出來。現在他已經回到京城，石遵又讓他回到原來的工作職位上。

石遵當上第一把手後，馬上大量提拔一批自己的人：讓石斌的兒子石衍為太子；石鑒為侍中、太傅；石衝為太保；石苞為大司馬；石琨為大將軍；石閔都督中外諸軍事、輔國大將軍。這麼一看，倒是個安定團結的大好局面。

亂子，似乎結束了。

可仍然沒有完。

而且亂子的規模比以前更宏大。

第五章　後趙的衰敗

導火線仍然是原來那一截還沒有燒完的。

點燃這截殘留下來的導火線的人是石衝。

石衝認為，石遵殺掉石世，然後一點不謙讓地當上皇帝是沒有道理的。因為石世是他老爸立的，殺石世不就等於全盤否定了老爸？連老爸都敢否定，還算什麼好人？

他越想越生氣，就決定跟石遵大戰一場，用鮮血來教訓一下石遵。他動員所有的力量，討伐石遵。

他這時駐守在薊城。

石衝叫沭堅留守幽州，自己帶著五萬大軍南下，一路發出號召，要求各地人民支持他撥亂反正的行動。

喜歡熱鬧的人還是不少的。大家接到他的號召後，都帶著軍隊過來湊熱鬧。

石衝的手下馬上增加到十萬多人，全部駐紮在苑鄉，聲勢不小。

這時，石遵還在向他進行政治攻勢，派人拿了一張大赦文告過來，說中央不會追究石衝的這個行為，只當是軍事演習來處理，現在軍演結束，各回各的防區。

石衝看著這個大赦檔案，立場竟然動搖起來，說：「石世和石遵一樣，都是我的弟弟。石世死就死了，活著的人再自相殘殺，實在不厚道。還是回去吧，這個國家亂的也夠了。」

他的死黨陳暹的立場卻堅定得多了，馬上反對。最後還強調，就是老大回去，我們仍然南下，為老大打拚，勝利了，仍然歸功於老大。

石衝一聽，有這樣的部下，為什麼還要回去？繼續進軍！

石遵在處理這件事上，還是堅持有理有利的原則，依然派人去找石衝，把形勢分析清楚，後果說得透澈，希望哥哥還是不南下的好。

第四節　菜鳥是抓不住機會的

石衝不理。

石遵一看，這個哥哥也太不識相了。你以為你是哥哥你就厲害了？馬上打出自己的王牌：下令石閔以及李農帶兵十萬過去跟石衝對決。

雙方在平棘擺開戰場。

那個陳暹的立場雖然堅定，可打仗的本領一點都不怎麼樣，戰鬥一打響，什麼表現也沒有。結果石衝的部隊毫無懸念地大敗。

接下來是石衝逃跑，石閔追擊。逃到上元，石衝逃不動了，被石閔捕獲歸案。石閔懶得帶著他回去，又懶得動手殺他，更不想把他放回去，就叫他自己動手。

石衝很聽話地自殺了。

石閔解決了叛軍的一號頭目後，露出他凶狠的面目來，把石衝三萬多的部下，集中起來，全部「坑殺」。

石閔的眼光不錯。他知道蒲洪絕對不是個厚道的人，班師回來之後，馬上向石遵建議，應該解決這個傢伙，否則沒多久，秦州、雍州一帶將不再是大趙帝國的領土了。到時再解決他，難度可就大了。

石遵同意了。

石遵同意之後，卻沒有採取特別有效的措施，把蒲洪打倒，徹底收編他的勢力，只是下令免去他那個都督雍秦二州諸軍事的職務，以為把這個兵權拿掉，蒲洪就做不出什麼大事了。哪知，蒲洪和姚弋仲是同一類人物，他們靠的是自己民族子弟兵的支持，而不是靠趙國封的官。這個官職對他們而言，只是榮譽性質的。

但榮譽關係到尊嚴。

榮譽一被剝奪，就等於自尊被極大的傷害，而且也讓他覺得石遵有拿他開刀的可能。這傢伙本來對石氏集團就不那麼忠心耿耿了，當年就曾有

第五章　後趙的衰敗

過無緣無故叛國的行徑，這時被這麼欺負，哪還有什麼涵養可言？你不把老子當人看，老子就投降到晉國那裡給你看看，這年頭，你以為只有你才是好老闆？

蒲洪直接派人到建康，向晉國高層表示歸順來也！

而這時，石遵的內外政策都還沒有制定出來。

那邊的燕國卻向趙國投來凶狠的目光。

去年慕容皝掛掉，接替他的是他的兒子慕容儁。權力交替很順利。

慕容儁那個老弟慕容霸很勇猛，在燕國高層中，是他第一個把目光投向大趙帝國的。他對趙國的形勢看得很透澈，認為這個國家現在貌似很強，但內部亂得很，以前他們是拿別的集團開刀，現在卻是專門找自己人扁。現在中原人民對他們已經失望到底了，只要我們放馬打過去，人民就會紛紛加入我們的行列。

北平太守孫興也支持慕容霸。

慕容儁雖然覺得慕容霸的話沒有錯，但他卻有自己的顧慮。他的顧慮也是有道理的。去年老爸剛死，自己剛當上老大，很多事還沒有理順，哪能遠征？

慕容霸知道機會難得，如果不說服哥哥同意征趙，機會就有可能消失或者被別人搶走。他連夜騎著快馬入京，一下馬之後，馬上去見慕容儁，指出如果還用這種傳統眼光看待這個世界，機會就永遠跟你沒有緣分。而且，機會一旦不抓住，別人就會抓住搞定你的機會。你自己考慮一下後果吧！

慕容儁仍然頭腦遲鈍，認為現在趙國的亂只在鄴城，其他地方還是一派安定團結的大好局面。比如跟我們接壤的安樂，現在在鄧恆的領導下，兵精糧足，可以死死地擋住我們前進的道路。難道我們還要繞道過去嗎？

第四節　菜鳥是抓不住機會的

就算繞道，鄧恆也不是菜鳥，等我們走過之後，馬上切斷我們的退路，到時就不是一般的麻煩了。

慕容霸又大力反駁了一通。

慕容儁沒話說，但還是不想動手，總是覺得不踏實，就問封奕。封奕也是力挺慕容霸的話，最後慕容根也站出來附議。

慕容儁聽到這些人才個個都說可行，知道這事成了，馬上大笑起來，決定跟趙國打到底。

在燕國高層決定向石趙集團開刀的時候，晉國的強人桓溫當然也不會在這麼個機會面前睡大覺。而且整個晉國高層一致認為，北伐的機會已經來到他們的面前。這些人一聽到機會兩個字，都兩眼放光。

這麼多的野心都集中起來，趙國好像就到了不堪一擊的地步了。

而趙國國內的很多人也覺得石氏集團的末日就要到來了，意志薄弱的開始轉變立場。在桓溫大軍壓境的時候，趙國的揚州刺史王浹還沒有看到晉國軍隊的影子，就先派人過去，提前投降，並把壽春貢獻出來。

這樣一來，連一向保守低調的褚裒這時也信心爆棚起來，主動向中央請求出戰，而且很果斷地釋出了戒嚴令，並向泗口出發。可中央高層認為，褚裒的身分太特殊，是皇太后的老爸，是國家第一號領導人，身負重託，哪能親自到前線去？最好讓某個人去充當先鋒，為他打開前進的道路。

褚裒回信：前已遣督護王頤之等徑造彭城，後遣督護麋嶷進據下邳，今宜速發，以成聲勢。

褚裒怕桓溫搶了先手，原來早就有了部署——這是政壇老手的一慣做法。

中央高層大多數人都覺得桓溫現在已經強得誰也碰不得了，因此都不想讓他再強下去。

第五章　後趙的衰敗

基於這樣的原因，同時也基於褚裒強烈的表演欲，中央下旨：加授褚裒為征討大都督兼督徐、兗、揚、青、豫五州諸軍事基地——一下就成為當時頭號強人。桓溫在摩拳擦掌之後，只得乾瞪眼，站在長江邊當觀眾——這時，桓溫還是老實人一個，沒發什麼大脾氣，不過心裡是不平衡的。

褚裒一點推辭的意思也沒有，帶著三萬大軍直指彭城。

在南方集團信心滿滿的時候，北方人士的信心越來越下跌，很多人都紛紛南下，成群結隊前來投奔晉國。

誰都會說晉國現在形勢一片大好，統一全國只是時間問題了。

唯獨蔡謨不這樣認為。

蔡謨認為，石氏集團的滅亡，已經是沒有任何懸念了。但石趙玩完之後，晉國還會迎來更嚴重的敵人。現在，晉國雖然得到了消滅敵人、統一全國的大好機會，可卻沒有一個能夠掌握全域性的人才，仍然控制不了這個歷史方向盤。

但大家對他的這盆冷水都不當一回事。

趙帝國的平民們繼續外逃，就連魯郡五百戶居民也自發起來，武裝派人向褚裒求救。

褚裒看到北方的人民不斷響應，被勝利的想法沖昏了頭，覺得這一次想打敗仗都難。這傢伙是個政壇老鳥，但絕對不是軍事人才。在這麼大的一場戰爭面前，並沒有制定出一套作戰方案。這時看到那五百戶人家向他求援，想也不想，馬上派王龕和李邁帶著最精銳的部隊三千人去接應。

他一點也沒有想到，現在趙國亂得像一鍋粥，石遵無力整合，但軍隊卻沒有什麼損失，那幾個能打硬仗的強人也還在臺上，掌握著兵權，遠沒有像預想的那樣，已經到崩潰的地步，只要看到大晉軍的旗號就全部

第四節　菜鳥是抓不住機會的

逃亡。

石遵任李農為南主討大都督，帶騎兵二萬人去應戰。

光從簡單的演算法就可以看出，二萬人對付三千人，最後結果是怎麼回事了。

王龕在代陂與李農的大軍相遇。

王龕做夢也想不到敵人居然還有這麼多軍隊前來，而且軍容整齊，一看就知道戰鬥力還強得很，心就虛了起來，勉強應戰，最後全軍覆沒。

褚裒接到消息後，也跟王龕一樣，信心立刻消失——其實只是損失了三千人，對整個戰局還沒有多大的影響，可這個褚裒本身就不是個打仗的料，這次勇於親自上前線，是以為趙國不堪一擊了，就是派個腦殘人士前去當總指揮也能把對方扁得哭爹叫娘。哪知，敵人的戰鬥力還有，趙國子弟兵還是能夠打仗的。

先鋒被打垮，主帥也跟著垮下來。褚裒從沒有打敗仗的心理準備，接到敗報之後，整個呆住了，老老實實地收回信心，夾著尾巴退回廣陵。

駐守壽春的守將陳逵聽說主帥已經逃跑，哪還敢留在那裡等人家來痛扁一頓？他叫士兵們把全城的物資都一把火燒光，連同城牆也全部破壞，說是為下次攻城打個基礎，然後帶著部隊跑回晉國。

一場本來**轟轟**烈烈的北伐就這樣謝幕。大家的信心全成了肥皂泡，被褚裒一仗打滅，而一個史無前例的統一機會也就這樣葬送了。

褚裒這時要做的，就是向中央認錯，請中央嚴厲地處罰一下自己——這傢伙玩拚命打仗一點能力都沒有，但這方面的手法卻嫻熟得要命，只呈上一張看上去十分誠懇的檢討書就完全過關了——因為他女兒根本不會對他怎麼樣。

果然，沒幾天皇帝就下令，褚裒仍然在京口駐防，不過，征討大都督

第五章　後趙的衰敗

不用當了——這個職務只是個臨時職務，只有在開戰時才有用，現在大家熱愛和平了，還要這個有什麼用。

而這時，晉國的機會還是有的。北方亂子的規模越來越大，現在正有二十多萬人浩浩蕩蕩地南下，都已到黃河邊上，要渡過大河到大晉帝國的土地，成為大晉國的公民。

哪知，褚裒已經撤軍回到京口那裡吃喝玩樂——北方的事已經跟他無關了。那二十萬人只得在黃河邊上，等人家前來屠殺，最後全部死光光。他們到死時才知道，哪個政治集團都靠不住。

第五節　石家兄弟

趙國內亂的情節仍然在發展。

這次製造動亂的帶頭人是石苞。

石苞現在是關右一帶的老大，也看石遵不順眼——石家就有這個頑固的傳統，只要看不順眼，職務比自己低的、力量比自己弱的，操刀過來就砍過去，管你是哪部分的，比你高的，就帶兵造你的反。石苞跟石遵並沒有什麼大的冤仇，基本上沒什麼造反的理由，但造反是不需要理由的，是想造就造、想反就反的。

石苞想帶著部隊直接奔襲鄴城，以最少的代價，換取最巨大的勝利。

左長史石光、司馬曹曜認為不能造反，用很堅定的口氣反對這個一點不顧全大局的做法。

石苞大怒，我不顧全大局？你們天天吃我、喝我的，靠我發的薪資養家餬口，過著好日子，卻一點不跟我站在一邊，你們就有大局意識了？

第五節　石家兄弟

他問，還有誰的意見跟他們的意見是一樣的？

有一百多人舉手。這些人以為，這麼多反對意見，石苞總會聽的。

哪知，石苞是在引蛇出洞，看到這麼多人舉手，數都不數，叫左右把這些舉手的人全部拉下去砍了。現在剩下的全是老子的死黨了。

這傢伙殺人的行動力很高，但智商卻低得要命，除了貪婪和殘忍，沒有其他本事。大家看到他居然高舉大旗，稍有點頭腦的，都百分之百地認為這傢伙去跟石遵對戰，絕對是自尋死路。

在石苞出兵之前，很多地方實力派為了保住性命和力量，都搶先派人到晉國那裡報告消息，告訴晉國，石氏集團又要大亂，你們又有機可乘了。

在這個背景下，晉國梁州刺史司馬勳帶著部隊向關中進軍。

這本是個好機會，可是司馬勳卻太心急了，沒有等機會成熟就動手。他剛開始就在駱谷一帶一舉攻破趙國的長城保衛基地，很有氣勢地駐紮在懸鉤下營——離長安只有二百里。

這一帶的人一直對後趙的統治不服氣，曾經多次製造過麻煩，是趙國歷來最頭痛的地方。這時他們看到晉國的軍隊打了過來，便都到處起兵，響應司馬勳。

司馬勳一統計，人馬已經有五萬多人了。

形勢似乎對司馬勳大好！

但，似乎大好並不是真正的大好。

石苞聽說司馬勳的侵略軍大舉進攻，馬上就把槍口轉向司馬勳。石苞到了這時，卻顧全大局起來：他跟石遵只是兄弟爭吵，屬於內部矛盾；而跟晉國的矛盾是敵我矛盾。在敵人攻打過來時，內部矛盾一定要讓位於敵我矛盾，大家要一致對外。於是他宣布暫停襲擊鄴城，全體動員打擊晉國侵略者。

第五章　後趙的衰敗

他派麻秋和姚國帶兵去跟司馬勳進行對抗。

石遵對這次戰鬥也高度重視，派車騎將軍王朗帶著二萬部隊出發。石遵利用這個機會玩了石苞一把。他對外大力宣稱，王朗的目標是司馬勳！

其實，他真正的任務是石苞。

雖然這是個很小兒科的陰謀，但石苞卻連小兒科的料都不是，對王朗的到來，一點不設防，還擺了個儀式，熱烈歡迎友軍的到來。哪知友軍一入城，就一點不友好了——當場宣布把石苞控制起來，送到鄴城去審訊。

司馬勳聽說王朗大軍已到，就害怕起來，不敢再進軍。

他在懸鉤那裡駐紮了一段時間後，又覺得無聊起來，就放棄懸鉤，回軍突然向宛城進攻。趙國南陽內史袁景也是個和平官，只知道在那裡擺自己的架子，一點沒有防備。司馬勳打了個大勝仗，攻破宛城，斬掉袁景。不過，司馬勳的膽子也不大，取得勝利後，馬上就撤軍，退回梁州。在司馬勳開展這些動作時，晉國的幾個強人居然沒事一樣地看著，連個聲援也沒有發出，更不派兵作為後援，擴大戰果。

石遵在兄弟之爭中大占上風，連續把幾個兄弟搞定。可這只能說明他對自己兄弟是有一套的，但對另外一個強人卻一點辦法也沒有。

這個強人就是石閔。

石閔不但厲害，是一個既能舞著兵器到第一線戰鬥的猛男，也是個頭腦不簡單的高智商人才，更是個有巨大野心的英雄。

石遵對石閔是了解的。他在兵變時，為了保證石閔站在他那一邊，就對他說：「如果我成功了，你就是下一代領導人。」

石閔得到這個承諾，馬上積極起來，當然奮不顧身地為石遵賣命，把擋住他前進道路的人打得遍地找牙，順利進軍首都。

哪知，石遵的承諾只是空口白話。他一當上皇帝之後，馬上宣布讓石

衍為太子。

　　石閔在一邊咬牙切齒。他這才知道，自己全被石遵騙了。而且他知道，石遵之所以不兌現這個承諾，關鍵是他不是正宗的石家傳人，是外來戶，沒有這個資格。

　　石閔憤怒了。

　　當然，石閔不是石衝、石苞那樣的草包，馬上舉兵跟石遵硬碰硬。他只是不斷地向石遵要權，採取蠶食政策，不斷地吃掉石遵手中的權力，讓這些權力全部捏在自己的掌心。

　　石遵當然知道石閔的心思，因此就不想讓石閔獨吞大權。

　　石閔這些年來，是石趙集團裡在戰場上表現得最好的強人，這些年來，哪裡有戰鬥，哪裡就有他，哪裡的仗最殘酷，他就出現在哪裡。整個趙國的人，不管是少數民族還是漢族，一聽到他的名字，就覺得心驚膽戰，跟他碰面都不敢看他。

　　他現在的職務是都督中外諸軍事，相當於全軍的最高統帥。他看到石遵開始不買他的帳，並沒有馬上跟石遵作對，而是決定收買石遵身邊的力量。他上書請求大量提拔宮中的保衛人員，讓他們都成為殿中員外將軍，並封關內侯。這些力量是石遵的保衛部隊，完全可以劃歸石遵的死黨，原來跟石閔一點關係也沒有。

　　石遵雖然對石閔已經很提防，但一看到石閔的這個上書，不管怎麼拍腦袋也想不出石閔能動什麼手腳。他由此下定論，石閔的這個提議沒有別的目的，完全是以大局為重的。因此，也就來個認真對待。他為了表示自己對這些身邊的人員了解得很透澈，以此表明，自己這個皇帝的眼睛雪亮得很，就拿起筆來，連夜作業，在石閔提供的名單旁邊都用小楷批注，張三的優點是什麼，缺點是什麼，李四的能力呢，雖然比不上王五，但與腦

第五章　後趙的衰敗

殘還是有一定的差距的，王麻子精力旺盛，宜於像沙僧那樣挑著擔子⋯⋯

大家一看，原來我在老大的心目中就是這個形象？心裡就不高興起來，覺得跟著這樣的老大，再怎麼努力，估計也只能當基層到死的那一天了。

你想想，連身邊的守衛都這樣想了，石遵的日子還有多長？

所有的人意識到石閔對石遵的威脅將是致命的。

不過，很多人不說。

只有中書令孟准和左衛將軍王鸞本著對老大負責的態度，建議石遵拿下石閔的兵權——沒有兵權，石閔再怎麼有能力，再怎麼猛，也鬧不出什麼事來。

建議提得不錯，提得也輕鬆，幾句話就完事。可現在動石閔的兵權容易嗎？

孟准大概建議得上癮了，又提出一個更刺激也更危險的建議：誅殺石閔。

這話同樣合石遵的心意：他早就恨不得把石閔一把扁得稀巴爛。只是怕石閔強悍，不敢動手，這時看到孟准這樣堅定地站在自己的立場上，覺得自己仍然很有市場，底氣就足了起來，認為當機立斷的時候到了。

十一月，天已經很冷。

石遵熱血沸騰。他體內的溫度來源於他的這個決定：誅殺石閔！

這個決定是他走向死路的決定。

他把石鑒、石苞、石琨、石昭等幾個兄弟都叫到宮裡來——這傢伙頭腦絕對在發高燒，他以為這幾個都是他的兄弟，不管對他有什麼意見，這時都會堅定不移地站在他的這一邊，跟他同心同德解決掉石閔這個外來分子。

第五節　石家兄弟

他為了表示他們兄弟是一家，還把他們帶到皇太后面前，說，現在石閔的意圖已經明顯得不能再明顯了。如果不趕快把他搞定，我們的江山就會變色。我的意見是把他殺了。

幾個兄弟都投了贊成票。

倒是皇太后鄭氏認為，如果在李城時，沒有石閔的努力奮鬥，我們今天在什麼地方都不知道呢！現在他雖然囂張一點，可也不到死罪的地步。

在她說過這話之後，現場一片沉默。

如果一直沉默下去，後果還不那麼嚴重。

可石鑒一出宮後，就不沉默了。他派楊環騎著快馬，以最快的速度跑過去向石閔彙報了這個事情。

石閔得報之後，當場跳了起來，老子還在這裡老實做人，你先不厚道起來，想要老子的命！看誰要誰的命。

石閔做事絕對乾脆，二話不說，馬上行動。他動用武力把李農和右衛將軍請到他那裡，叫兩人參與他的行動，把石遵拉下馬。他可以廢掉石世、殺石世，我們為什麼不能搞定他

計畫很快制定好。

這個方案簡潔得很，就是派蘇彥、周成兩個將軍帶三千部隊直接衝進皇宮，把石遵抓起來。

石遵也是個菜鳥，誅殺石閔的決定被他母親否決之後，居然沒事一樣——這傢伙如果生在現代，肯定是個遊戲高手——這時他居然還和一個美女在金雀臺那裡玩得正開心，看到部隊衝了進來，知道事情壞了。石遵到底是石虎的後代，沒有在敵人面前發抖，只是問周成：「是哪位兄弟帶的頭？」

答：石鑒！

第五章　後趙的衰敗

石遵說：「我尚如是，鑒能幾時！」我都是這個樣子，石鑒還能有幾天好活？

這是石遵的遺言。這傢伙當了皇帝後，別的事做得不怎麼樣，但最後這句帶有明顯預言式的話，卻很對。

參加兵變的部隊，完全按照石閔的意圖，殺了石尊之後，又把皇太后、皇后、皇太子以及那兩個老在石遵面前建議搞定石閔、把事情擴大化的孟准、王鸞、張斐同時殺掉。

石閔這時還沒有當上皇帝的野心，果然隆重地報答一下石鑒，讓他當上了皇帝。

石鑒當了皇帝之後，對石閔的回報也是隆重的：以閔為大將軍，封武德王。讓石閔和李農共同主持中央。到了這時，石鑒這個皇帝的權力已經等於零。

可石鑒不甘於此。

他想像他的老爸一樣，做一個愛殘忍時就殘忍、想慈善時就慈善的老大，也就是說要做一個能真正掌握自己及全國人民命運的皇帝。

但他的處境以及能力，已經注定讓他只能當一個傀儡了。

不光石閔和李農不把他放在眼裡，就是蒲洪也不把他當一回事。

蒲洪雖然多次得到石虎的關照，但他內心世界並不買石虎的帳──即使表面買了，但明眼人也可以看出，這帳其實也是壞帳、呆帳。以前石虎還活著時，他都敢舉起自立的旗幟，後來實力不行，便又登出帳號，重歸石虎旗下。可石虎一來怕他手下的死黨多、力量強，二來認為這傢伙是個人才，到時可以利用一下。因此還是重用蒲洪。

可是，一直到現在，都是他在利用石氏，他卻很少讓石虎利用過。

誰也無法理解，以石虎的性格居然能容忍、放縱這個蒲洪。而石虎更

第五節　石家兄弟

加不會知道，他留下的這個蒲洪，居然會為以後的歷史留下一個伏筆。

在石虎這些凶猛的兒子拿自家兄弟練功夫的時候，蒲洪的機會也就來到了。

當年石虎在滅前趙時，把前趙的很多人遷到司州和冀州安置。這時，中原大亂，很多地方已陷於無政府狀態，那些移民再也沒有人前來管理，他們就決定組成一隊龐大的難民隊伍返回自己的家鄉。

這股難民潮沒幾天就來到蒲洪的轄區 —— 枋頭。

蒲洪一看，這麼大的一群難民，只要發給他們武器，讓他們穿上軍裝，不是一支軍容整齊的子弟兵了？他馬上出面說服難民。這些人本來就沒有個帶頭大哥，現在亂哄哄地往西北方向走著，也知道這麼無組織無紀律地走下去，只怕前景也不會廣闊到哪裡，而且蒲洪跟他們又是一個民族的，正好當他們老大。有了老大，什麼都不怕。

突然有幾萬人加盟進來，蒲洪一盤點人數：十來萬人！實力馬上就增強了起來。蒲洪的兒子蒲健這時正在鄴城，知道老爸的力量突然增加了好幾倍，心情激動得控制不住，砍開城門，跑到枋頭去找老爸。

石鑒聽說之後，當然不爽。現在石閔的問題還找不到一點解決的辦法，這個蒲洪又跳了出來 —— 蒲洪雖然還沒有公開宣布與他作對，可這麼大張旗鼓地徵員，沒有上限地擴充勢力，絕對是自立的前奏。石鑒認為，如果老讓蒲洪在這個地方發展下去，後果就會越來越嚴重。他內心想把蒲洪搞定，可連他老爸都搞不定的人，他能搞得定嗎？他就想了一個辦法，玩個異地安置的把戲，任命蒲洪為都督關中諸軍事、征西大都督、雍州內史、秦州刺史，讓蒲洪到西部地區上班 —— 反正西部現在也是個動亂的地區，乾脆把有動亂潛力的人都放到那裡，要亂你們自己亂，而且又讓這個火藥桶遠離鄴城，自己的安全係數也高了一點。

第五章　後趙的衰敗

蒲洪接到這個委任狀後，拿來跟大家一起討論。

主簿程樸認為，目前石家的力量還是很生猛的，不如先跟他們妥協一下，當地方強人。蒲洪一聽，馬上就指著程樸的鼻子罵起來：「還當什麼地方強人？難道老子就沒資格當皇帝了？」

蒲洪這時手中的力量空前強大，信心也空前高漲，聽到程樸還勸他低調做人，就越想越氣，最後覺得程樸這樣的人留在這個世界實在太傷眼睛，就叫人把他拉下去砍了。

他砍了程樸，就等於向他的所有手下宣布從今之後，切斷了與趙帝國的所有關係。

這時，晉國的褚裒已回到京口。

他才一坐下，就聽到門外有哭聲。褚裒是大名士，這時覺得這個哭聲很傷感，而且不止一個人在哭，而是一群人在哭。

如果是在別的地方，褚裒現在又累又煩，再加上他低調做人的風格，估計是不會理這個哭聲的。可現在這麼個龐大而嘈雜的哭聲在他的治下出現，他哪能不管？他雖然低調，但低調是做給人看的，是為了讓名聲更響亮，待遇更高，虛榮心更膨脹。現在他統治的地區，出現了驚天動地的哭聲，他哪還坐得住？

他跑出去問人家：「為什麼哭？今天天氣好得很，是讓人心情開朗的天氣啊！」

這些人都是在代陂壯烈犧牲的士兵家屬。他們的老公、老爸死了，能不哭？你要是覺得不用哭，就去死看看，要不讓你的兒子去當一下烈士，你不哭算你狠！

褚裒一聽這話，霎時臉上無光。他原以為，打了這個敗仗，中央不怪罪，他少了一點戰績，然後就什麼事也沒有了。哪知，原來在民間還有這

麼多的哭聲，而且這些哭聲都夾帶著濃厚的怨恨，這些怨恨都百分之百地潑灑到他那自以為清高的身上。

褚裒一呆，他的自尊終於徹底受傷。

褚裒這樣的人最受不得自尊受傷。沒幾天，這傷口越來越擴大，最後成了不治之症，於十二月七日死去。

這樣的人再死幾個，對晉國而言，絕對算不上什麼巨大的損失。

第六節　石閔，石閔！

石鑒繼續鬱悶。蒲洪不把他當老大看，石閔更是在他的面前把專橫的態度表現得淋漓盡致。

石鑒雖然是石虎的兒子，但身上的血性比石虎遜色多了，不過，還沒有徹底消失。

他在極度鬱悶中爆發了起來，把石苞、李松、張才叫過來，命令他們帶著部隊去搞定石閔。

這幾個傢伙這時辦事倒很乾脆，效率很高，用最快的速度做好決定之後，就用最快的速度組織軍隊。

這時，石閔和李農正在琨華殿裡，一點沒有想到石鑒會有行動。幸虧石閔不是一般人，警惕性很高，在自己的辦公處布置了一些軍事力量。

石閔最拿手的好戲就是對部屬的訓練很到位──完全可以說是**魔鬼訓練**。據說，他的部隊每個士兵都得在很冷的天氣裡用冰淋浴，不但戰鬥力強大，而且意志力也堅定。

第五章　後趙的衰敗

他後來能夠在歷史舞臺表現得那麼耀眼、那麼令人膽寒，就是與他手下擁有一支訓練有素的部隊有關。

石苞以為他們的突襲肯定能解決石閔。哪知，石閔的衛隊強悍得超出他們的想像。雙方將戰鬥打到最激烈的程度，「突襲」方卻一點也沒有進展，反而讓皇宮「突然」亂成一團，到處是大喊大叫的聲音。

石鑒本來坐在那裡準備大喝慶功酒，好讓鬱悶的心情放鬆一下，哪知現在好消息還沒有傳出一點，喊叫聲卻越來越大。他那個脆弱的心志受不了這些聲音的折磨，最後也怕了起來。

他這麼一怕，那幾個在前線衝鋒而不能陷陣的人命運就悲慘了起來。

那幾個傢伙正拚著老命，與石閔的部隊硬碰硬，他們知道石閔的部隊雖然厲害，但人數不多，再打下去，勝利不是沒有可能的。哪知，石鑒的承受能力太差了。如果他躲到一邊，用手捂著耳朵，什麼事也不管，那也沒什麼。可這傢伙不但心裡脆弱，而且還是個怕死兼賣友求榮之輩。

石鑒別的能耐少得可憐，但背後插一刀、殺人滅口倒很專業。

石鑒的這個決定——殺人滅口，比他向石閔發難的決定還要果斷。

他裝著什麼事也不知道，在夜裡來到西中華門，先把李松和張才殺掉，接著又要了他的兄弟石苞的腦袋。

他以為，搞定了這三個與他密謀的人，就可以騙一下石閔，讓石閔以為自己是他的同路人。

這當然只是他的想法，這個想法不管怎麼看都是很傻很天真的——如果這樣就能矇騙石閔，那石閔還有什麼好怕的？

石虎的另一個兒子石祇這時也覺得，石家受石閔這個外來戶這樣欺負，實在太窩囊了，不能再繼續窩囊下去了。他這時鎮守在襄國，便聯繫姚仲弋和蒲洪，聯合起來共同與石閔戰鬥到底。而且還到處號召趙國人民

第六節　石閔，石閔！

反抗石閔。

石閔當然不會被動地等著這幾個傢伙組織力量打上門來。

他命令中領軍石琨、太尉張舉等幾個帶著七萬部隊過去，攻打襄國，給這個石祇一點顏色看看。

可討伐大軍才出發，石祇還遠遠沒有看到顏色，石成卻先看到了。

石成本來是想給石閔顏色看的。他跟石啟、石暉說，我們玩個陰謀，讓石閔在這個陰謀裡死去！

這幾個人一聽說玩陰謀，精神馬上來了，說好！老子其他的玩膩了，還沒有玩過這玩藝呢！

沒幾天，他們就知道，他們可以玩其他遊戲，但絕對不是玩陰謀的料——連廢料都不是。他們的陰謀還沒有實施，石閔就知道了全部的內容，派了幾個武士過去，把他們一一抓來，一個不留地處死——想玩陰謀，去跟閻羅王玩去吧！

本來，石閔和李農以為處死了這三個人後，會發揮一點威懾作用。

但孫伏都說，威懾不了我們。

孫伏都現在的官位很漂亮，叫龍驤將軍。

龍驤將軍孫伏都也找了個幫手劉銖。這兩個人不光有陰謀，手下還有部隊。他們密謀之後，就帶著三千名純正的石勒同族人——羯族武士，在胡天布了個埋伏圈，想等石閔和他的老搭檔李農過來時，一聲令下，亂刀砍死。

孫伏都大概也知道石鑒這個老大有些靠不住，但又得依靠他來釋出命令，因此就劫持石鑒，強迫他下令搞定石閔。

石鑒當然沒有發覺孫伏都的陰謀。他這時正在銅雀臺上玩耍，看到孫伏都帶著很多人在那裡拆除閣道。石鑒雖然窩囊，但也還知道，這幾天並

第五章　後趙的衰敗

沒有安排這項工作啊！他就過去問孫伏都，你們這是在做什麼？誰讓你們做的？

孫伏都答，李農他們正在造反，現在已經攻到東掖門，我正打算帶部隊與他們戰鬥到底。

石鑒一聽，哇塞！居然還有同盟者，不由熱淚盈眶起來，拉著孫伏都的手說，好好好。你是大大的忠臣，我相信你。老子現在就到臺上去當觀眾，親自看你把李農石閔搞定。

孫伏都一聽，老大的臉色這麼堅定，口氣這麼強硬，這事不成功沒有道理。

他跟劉銖的底氣馬上就足了起來。可他們哪裡知道，從石鑒那裡獲得的底氣，不管多少，到頭都會是泡沫。他們這時就帶著這些泡沫般的底氣，去攻打石閔和李農。

石閔自上次被石苞他們突襲後，警惕性比以前更加提高。孫伏都這樣的廢材哪能把他攻下？

孫伏都帶著大軍衝鋒了好幾次，每次除了丟下同袍的屍體外，沒有別的進展，知道再打下去，帶來的兄弟都消耗完畢，也拿石閔沒辦法。他馬上改變思維，緊急叫停進攻，在鳳陽門搶修工事，布起防線，要跟石閔來個持久戰，比一比耐心。

可石鑒卻沒有耐心了。

石鑒的智商雖然不怎麼高，但也知道孫伏都的耐心肯定比不過石閔的戰鬥力。

石閔不是傻瓜，會像老頑童那樣上這種小兒科的當。孫伏都一停止進攻之後，他和李農就帶著部隊幾千人衝進皇宮——他們認定石鑒是這次事件的幕後主導。石鑒看到石閔和李農帶兵闖進來，幾千張臉，沒有一張

是善良的，馬上慌了手腳。這傢伙怕死的特長再一次表現出來 —— 為了表明自己仍然是石閔堅定的粉絲，馬上打開宮門，陪著笑臉迎接一臉寒霜的石閔和李農。

石鑒在石閔還沒有開口前就搶先說，呵呵，你們來了就好了，孫伏都在造反啊！你們趕快去搞定他。

石勒石虎在陰間聽到這話，不吐血再死一次才怪。

在石鑒宣布孫伏都為造反派之後，孫伏都就什麼市場也沒有了。石閔、李農代表朝廷，輕輕鬆鬆地判了他死刑。

也就是這個時候，石閔徹底地憤怒了。

他在斬殺孫伏都時，突然覺得腦子裡一片沸騰。大家知道，他本來是漢人，後來奉石勒之命，做了石虎的兒子。這些年來，為石虎的天下拚死賣力，為趙國的江山立下了豐功偉業。按他的邏輯，石虎的這些兒子，除了有自相殘殺的本領外，就是那副變態樣，早就沒有資格當這個家了。這個家應該由他來把關。可就只因他是漢人的血統，這些人不管怎麼樣也把他當外來人，堅決不同意他當皇上！你們胡人難道就比我們漢人強了？你們以為把漢人稱為奴僕下才，我們就只有當奴僕的命運、當奴僕的能力了？

你們欺壓漢人這麼多年，我們也受夠了，現在老子就向你們討還血債！

石閔在這一刻突然魔鬼附體一般，大吼一聲：殺！

石閔和李農手下的部隊都是漢人，一聽到這聲殺，全都高聲大叫，拚命狂砍，從鳳陽門一路殺來。

羯族的士兵們雖然都是久經戰場的軍人，但從沒看到過這種氣勢：這些原來是他們同個戰壕裡的漢族子弟兵在石閔的帶領下，刀槍並舉，動作瘋狂，大街上人頭滾滾，血比河水流得還急。一時氣為之奪，突然都老實地站著，連逃跑的想法也沒有了。

第五章　後趙的衰敗

　　石閔部隊對羯族的憤怒屠殺，從鳳陽門開始，一直到琨華殿前，這才做了個中場休息。史載這次屠殺的現場是：自鳳陽至琨華，橫屍相枕，流血成渠。

　　石閔覺得還不夠，他認為，這些羯族讓他們漢人當了這麼多年貧苦人民，現在也該讓他們吃一吃這個苦頭，就下令：「六夷敢稱兵仗者斬。」所有少數民族，誰還膽敢拿著兵器，就判死刑！

　　這個命令一釋出，所有的少數民族都覺得災難馬上就要來臨：手中沒有武器，結果將是什麼樣子的？他們在中原一帶欺負漢人這麼多年了，現在是漢人突然翻身當主人，不跟他們盤點債務、結清帳面才怪啊！

　　恐懼像病毒一樣蔓延開來，大家都想著早日離開這個地方，衝出城門。城門太窄，一時容不下很多人，有些身體狀況好的，就乾脆跳牆出去，只怕慢了半拍，吃飯的傢伙就沒有了。

　　雖然石鑒多次玩賣友求榮的老套，但只能騙得了他自己，卻一點也騙不了石閔——朋友出賣了一批又一批，自己的好處卻一點也沒有撈到。石閔對石鑒這個傀儡現在也一點不客氣了。他叫王簡和王鬱帶幾千個士兵過去，把石鑒包圍在御友觀裡，斷絕他跟外界的所有往來，連飯都是用繩子吊進觀裡的。

　　當然，石閔這時還沒有徹底發狂，他還想爭取一下少數民族的民心，下達了個命令，公布了孫伏都他們的罪狀，並特意說明，這都是孫伏都他們個人的行為，跟其他胡人無關。所以，胡人如果願意在這裡共同建設的，都可以留下來，不願意的就走，愛往哪個地方就往哪個地方。

　　這個命令一下發，漢人們馬上就知道自己的好日子要來到了，都從邊遠地區冒了出來，向鄴城狂奔，要當首都公民，從牛馬不如的生活向小康生活大步前進。

第六節　石閔，石閔！

　　胡人們一看，這麼多漢人進來，以後他們這些胡人注定會成為京城裡的最下等公民、從此之後過著牛馬不如的生活，就都急著搶出城外，要逃回自己的老家，弄得城門的人群擁擠異常。

　　石閔聽說之後，覺得原來這些胡人都不想做老子的人民，都不擁護自己。還留下他們做什麼？只有蠢材才讓這麼多不擁護自己的人留在這個世界上。

　　石閔在狂怒之下，釋出了一個足以讓歷史震顫的命令：斬一胡首送鳳陽門者，文官進位三等，武職悉拜牙門。

　　這個命令只兩句話，簡潔得不能再簡潔了，但這簡潔的兩句話，是史上最血腥的屠殺令。這個屠殺令，史稱〈滅胡令〉。

　　一場史上最慘絕的屠殺終於展開。

　　此前，石勒和石虎也奉行屠殺政策，攻城破寨，常常一氣之下，為了達到目的，滿足一下那份還沒有進化的動物本質，屠盡城中居民的事也做過，但那都是士兵們出手的。而石閔的這一次屠殺，不但是號召全民參與 —— 每個漢人都是殺手，而且是一場席捲全趙國的大規模運動。

　　開始的第一天，胡人就死了幾萬人。

　　石閔親自帶著士兵到處找胡人砍頭，而且只看民族，不分男女老幼、家庭出身，一概排頭砍去。胡人們雖然身體很強狀，肌肉遠比漢人發達，但現在個個手無寸鐵，哪能對抗得了石閔的長矛大刀？石閔又是個殺人魔王，一路衝鋒在前，大刀飛舞，血光蔽天，只一天就殺死二十萬人。之後把所有的屍體全都拖到城外，成為野生動物們的速食。

　　石閔這時對胡人的痛恨已經到了極點，徹底清除了鄴城內的所有胡人之後，還向全國各地的漢人將領下達命令，要求將軍中的胡人全都就地處死 —— 如果一定要理由，那個理由的就是：因為他們是胡人！

第五章　後趙的衰敗

　　各地漢人將領在執行這個命令時，不但沒有打一點折扣，反而做得比石閔還過頭 —— 連身分也不驗證一下，只憑著一眼目測，誰的眼睛輪廓深一點、鼻子高一點、鬍子多一點的，不管你如何申辯，如何要求驗一下DNA也沒用，他們只相信自己那雙凶狠的眼睛，一旦認定之後就一律斬殺，毫不留情。

　　石閔還沒有收手！他這次發火，不但沒有想辦法清涼散熱，反而決定把自己變成滅絕師太。

第六章
血性男兒

第六章　血性男兒

第一節　冉閔血腥登場

石閔是在大砍大殺中讓時間過渡到永和六年的春天的。

這年的正月，連呼吸都帶著濃烈血腥的石閔還玩了個迷信的手法——石閔不知從哪本破書裡找到「繼趙李」這三字讖文。這三個字的組合，跟所有歷史上的其他讖文一樣，誰也說不出它的具體內容。

但石閔宣布，他讀出來了。這三個字的意思就是說，由李家繼承趙國的全部遺產！

很多姓李的人一聽，覺得我們李家的機會來了。都盼望石閔那雙眼睛能發現自己。

可希望很快破滅。

因為石閔接下來的做法，讓所有的人都差點吐血。石閔的做法，用他自己的話來說是，順天應人，用現在的話來說是，適應形勢的發展，或者乾脆就是「與時俱進」。

他宣布，石勒建立的趙國成為過去，以後誰想找趙國，請去歷史的垃圾裡翻翻。現在這個國家的國號是衛！為什麼國號叫衛，而不叫別的。

石閔沒有說明。

他改了國號之後，接著便改自己的姓。他把自己的姓改為李！

大部分原趙國的高官看到這個情況後，知道石閔更大的行動就要展開——尤其是那些原來石家的死黨們，知道還留在這個地方，這個死黨就名副其實了，便紛紛選擇了逃亡：太宰趙庶、太尉張舉、中軍將軍張春、光祿大夫石嶽、撫軍將軍石寧、武衛將軍張季等原趙國的貴族們大約一萬人都夾帶行李逃到襄國，投奔現在石家最有實力的石祇。

第一節　冉閔血腥登場

還有一批原趙國的強人也都散逃到周邊的城裡，各守一地，武裝割據。

現在看來，這些原趙帝國的高官們，都在短時間內淪為弱勢群體。其實，真正算起來，石閔的勢力並沒有多少，只是鄴城一個地方而已。這些割據在周邊的強人們，已經在事實上形成了對他的全面包圍。這也成為他後來失敗的客觀原因之一。

這時，石閔周邊的形勢是：南邊是蒲洪的勢力，北邊是襄國的石祇、冀州的石琨、灄頭的姚弋仲，直到東北慕容氏，全是石閔的死對頭。雖然這些勢力各有自己的算盤，絕不是鐵板一塊，時常製造摩擦，不斷地出現流血事件，但在面對石閔的立場上，卻是保持高度一致的。

石閔能控制的地方強人，只有麻秋。

麻秋本來和王朗一起在長安共事，可接到石閔的〈滅胡令〉之後，麻秋迅速以「民族大義」為重，把王朗手下的一千胡人全部搞定。王朗跑得快，這才留下性命，逃到襄國。

麻秋完成殺胡任務後，也不敢在長安停留，帶著他的漢族子弟兵向鄴城退卻。哪知，才到半路，卻被蒲洪的兒子蒲雄攔截，一頓痛毆，連麻秋也被抓獲。

蒲洪並不殺麻秋，反而讓他當了軍師將軍。

從這個動作來看，就可以看得出蒲洪的政治野心──只要他覺得是人才，不管你是哪個民族的人，只要願意跟他合作，他都加以重用。他的這個政策一直讓他的後代繼承下去，最後造就了一段歷史佳話──可惜的是，跟很多佳話一樣，延續的時間太短了。

麻秋部隊一玩完，石閔就只有孤軍作戰了。

他現在不止在軍隊數量上遠比人家少，更要命的是，他沒有一點可持續發展的資源和政策。

第六章　血性男兒

石閔實際上已經陷入了絕境！

所有的敵人也都知道石閔已經陷入了絕境，認為收拾他的機會就在眼前。

首先向他發難的是石琨。

他與張舉和王朗一起，帶著七萬人向鄴城發起進攻。

石閔顯然沒有把這三個敵人放在眼裡，更沒有被七萬大軍嚇倒。

他只是冷冷一笑，拿起他的兵器：兩把雙刃長矛。這個兵器估計是他的專利──大框架是鐵矛，但兩邊都加了刀刃。

他拿起武器，跨上戰馬，只帶著一千騎兵，就打開北門。

石閔演講能力估計不怎麼樣，因此出發時也沒慷慨激昂一番，而是實事求是，大吼一聲，帶頭衝出。

歷史記住這一刻。

這是他首次帶著純正的漢族軍人與有著強悍性格的胡人決戰，而且是一千對七萬！光從數字上的對比看，就足以讓人感到微血管在那一刻緊縮。

這絕對是一場有史以來，絕對僅有的以少對多的戰鬥。石閔的一千騎兵旋風似地出了城門，向潮水般衝上來的敵人殺過去。

石閔衝在最前頭，向歷史表現他的武力指數。最先領略到他恐怖的殺人手段的是趙國前排士兵。只見他一馬當先衝到眼前，雙矛起處，風聲颯然，旁邊幾個同袍的頭顱在毫無預警的情況下，飛到了天上，然後重重地落了下來。

在石閔的眼裡，這些無邊無際擁動而來的人頭，跟南瓜沒有區別，一路狂砍，嘎嘎有聲，神擋神亡，人擋人死。

石琨帶來的士兵雖然都是有著實戰經驗的老戰士，但從沒看到這樣瘋狂的殺手，心頭都充滿了無限的恐懼，馬上就向後退去。

第一節　冉閔血腥登場

　　石閔帶來的一千人，看到老大的這個表現，也都豁了出去，只求殺人，不管生死——集體到了一個瘋狂的境界，誰還能擋得住？

　　只片刻之間，極度的恐懼占據了石琨全軍，大家都亂哄哄地大喊大叫，忙著逃跑——其實，如果按實力而言，七萬人就是排隊在那裡被石閔的部隊砍殺，讓他全部砍完，不累得四肢疲軟，也得來個中場休息之後才重新上場。可怕死的念頭一狂冒出來，大家的陣腳就亂得沒法收拾，死了三千之人後，全軍潰敗而去。

　　這實在是一次讓大家都跌破眼鏡的戰鬥。如果說，石閔在這次戰鬥中，像那些陰謀家一樣，耍了些花招、做了些手腳，或者像周瑜那樣，藉助了其他力量，以少勝多，那是很有理由的。可石閔只是按常規打法，你衝上來，老子迎上去，完全是硬碰硬，最後居然以一千人之眾，全靠血勇之氣，把敵人雄糾糾而來的七萬大軍打得大敗，像趕鴨子一樣，把他們徹底淘汰出戰場。

　　石閔取得首場勝利後，並沒有休整一下，就跟李農帶三萬騎兵去攻擊那個張賀度。這個張賀度是石家的死忠部下，當年雖然差點因為多嘴被石苞殺了，但後來石虎保了他，他就繼續為石家賣命。此時，他駐紮在石瀆。

　　石瀆離鄴只有四十里路。

　　石閔當然不能容忍張賀度就在自己的鼻子底下，徘徊來徘徊去，難受得很。

　　還記得那個石鑒吧？這傢伙去年還是個皇帝——當然，這個皇帝之前還得再加「傀儡」兩個字。他覺得這兩個字實在太難聽，就想脫掉這個帽子，折騰了幾下，結果，傀儡帽是脫了，可自由也全部失去，成了一個囚犯皇帝。不過，囚犯也好，到底仍然是皇帝。

第六章　血性男兒

他雖然被關了禁閉，但滅亡石閔之心依然不死，兩隻眼睛還在不安分地尋找機會。這時聽說石閔和李農一起帶著全軍去找張賀度的麻煩。你們去找人家的麻煩，老子就找你們的麻煩。這傢伙很會把握機會，雖然連抓了幾次機會，最後把自己抓成了個囚犯。可他仍然不放棄，這時覺得機會來了，而且覺得這個機會比以前的好多了，馬上寫了一封信，派個太監帶出去，說是送到滏口那裡，當面交給張沈。信的主要內容就是，現在鄴城空虛得要命，連個保全人員也找不到了，這時你要是帶兵過來，奪取鄴城，容易得像吃豆腐一樣。

他的想法很不錯。

可這個想法才一實施，就出現了差錯。這個太監早就不看好他了，早想向他學習「賣友求榮」的可恥行徑，只是找不到機會。現在他把這個機會雙手送給了這個太監。

太監一出門，馬上就告訴了石閔和李農。

兩人一聽，差點後院起火了。這個石鑒也太不安分了，留下他就等於留下麻煩。

兩人馬上撤軍。

石鑒把信送過去後，就在那裡微笑著等待好消息。聽說城外有大軍來到，還以為是張沈的大軍來了，現代社會，辦事效率就是高。才半天功夫，大軍就來了。成功了，一定要好好地提拔張沈。不過，讓他當個什麼職務才合適呢？總不能再讓他坐大成石閔這樣的人吧？

他還在為如何表彰大功臣而苦惱著，石閔已經大步來到他的面前。

石鑒抬頭一看，不是眼花了吧？你就是張沈？怎麼長得這麼像石閔？

直到石閔宣布免去他皇帝職務時，他這才知道，他的眼睛一點也不花，花掉的是他的腦袋。

第一節　冉閔血腥登場

　　石閔拉下石鑒之後，就把這個從皇帝變成平民的傢伙殺掉——石鑒頂著皇帝的帽子總共有一百零三天。這一百零三天，是他官當得最大的一百零三天，可也是他人生中最鬱悶的一百零三天。

　　石閔殺死石鑒之後，對石家最後的一絲客氣也丟掉了，把石虎的二十八個孫兒也一齊處死，城中所有姓石的貴族不管健康與否、年齡大小通通集中起來，全部屠滅，不留一個種子。

　　這時，石虎以前最寄予厚望的兩個強人姚仲弋和蒲洪也展開了競賽。

　　本來，在石閔搞定石鑒之後，姚仲弋的兩個兒子姚益和姚若，也覺得此地不宜久留，就乘著石閔還沒有拿他們開刀，帶著幾千人強行砍開城門，去投奔他們的老爸。

　　他們的老爸現在在灄頭。

　　灄頭其實離石琨的駐地不遠，本來完全可以跟石琨一起出征，但姚仲弋卻聰明得很，硬是抱著什麼也不管的投機態度，讓石琨先去玩玩，不管玩的結果怎麼樣，他都絕對是有利無弊。哪想到，石琨這個傢伙實在太菜，一支七萬人口的大軍，居然被石閔一千部隊就打得遍地找牙。對這樣的人，只有兩個字：

　　窩囊！

　　姚弋仲覺得再靠這些姓石的傢伙去消耗，恐怕到地老天荒也消耗不了石閔的一根汗毛。把希望寄託在別人的身上，永遠是辦不成事的。

　　他決定親自出馬。

　　一路上很順利地開到了鄴城東北的混橋，只要用力深呼吸一下，就能聞到城中做菜的氣味。

　　可石閔卻一點不當一回事。

　　他還在和李農發揚互謙互讓的優良傳統，把第一把手的位子讓給對方。

第六章　血性男兒

先是那個司徒申鍾等幾個人，覺得沒個皇帝，自己這個官好像就不大合法，心頭很不踏實，想來想去，就向石閔勸進，老大，那個石世、石遵、石鑒都可以當皇帝，老大這麼英雄，早就應該當這個皇帝了。

石閔對權力的欲望是眾人都知道的，這個情節發展到現在，導火線就是他公開向石遵提出當實際最高領導人的要求，石遵不答應，最後他一生氣起來，命案就接二連三地上演，而且案子越來越大，最後擴大成滅族的大屠殺。可這時，他居然也扭捏一下，說，應該讓李農來啊！李農德才兼備啊！

李農是什麼人？哪敢把石閔的話當真？一臉堅定地表示拒絕。

後來，石閔又找了個推託的理由，說本來我們都是晉國遵紀守法的良民。現在司馬氏的旗號還在飄揚，我的意思是，我們仍然打著他們的旗號，只自稱地方強人，然後請司馬氏把首都遷回洛陽。到時，我們仍然是天下最強悍的。—— 如果他真的照這個方案實施下去，像朱元璋那樣，來個廣積糧、緩稱霸，利用大晉的政治價值，以大晉帝國的江南人力、物力為後援，歷史的面貌將是另外嶄新的一頁。

可他的這話全是禮節性的推託。

等到人家再勸的時候，他就爽快地接受了勸進，大聲宣布，老子稱帝了，國號魏，年號永興。歷史上稱為魏閔。

於是，冉閔這個名字正式閃亮出場，也照亮了很多民族情緒濃厚的漢族人士。

而他在過這個皇帝癮的時候，也堵住了最後的希望。

第二節　亂世對英雄都是機會

晉國高層一直在關注著北方事態的發展。大家一致認為，中原亂到這個樣子了，再不出手，以後永遠沒有出手的機會了。

於是決定：北伐！

北伐的決定絕對是正確的，時機也是抓得一點沒有錯。

可錯就錯在，又用錯了人。

本來，晉國現在是有人才的，這個人才就是桓溫。可因為高層都怕桓溫變成王敦，因此，一來就把他涼在一邊，你愛喝酒就盡量喝、愛把妹就盡量泡，泡到身體全部垮掉也沒誰怪你──反正北伐沒你的份，不用你操這個心。

晉國現在任命的總指揮就是那個殷浩！這傢伙靠玩隱居出名，而且出名到被稱為「諸葛亮第二」的程度。現在讓「諸葛亮第二」領導北伐，有什麼錯？哪位還敢提出反對意見？

沒有意見，那就執行！

於是，殷浩這個多少年來把辭退委任狀當作人生第一要務的傢伙，也像冉閔爽快地當上皇帝一樣，很爽快地接受了中軍將軍、假節、都督揚豫徐兗青諸軍事的職務，負責全權指揮北伐的軍事行動。

在他的認知裡，別人叫他諸葛亮，他就真的就是諸葛亮了。

晉國在重用殷浩的同時，還把希望寄託在那個蒲洪的身上。

蒲洪於去年表示向晉國投降，可那時晉國高層都用懷疑的眼光看著那份投降書，硬是拖著不理不睬，沒有回覆。現在蒲洪自立的意思已經很明顯了，他們這才表示相信蒲洪的投降，派人拿著公文過去，隆重宣布任命

第六章　血性男兒

蒲洪為使持節、征北大將軍、都督河北諸軍事、冀州刺史，封廣州公。連他的兒子蒲健也是假節、右將軍、監河北征討前鋒諸軍事，封襄國公。

你想想，有個好好的人才，硬是讓他靠邊站，卻重用一個只會玩名士風度的廢材掛帥，還把重任放到一個原本一點不信任少數民族的老大身上，晉國的決策層也算是極品了。

而這時，蒲洪的心裡根本沒有晉國的一點位置。他現在最想做的事情，就是帶著部眾回到關右（函谷關以西），那裡才是他的根本所在，是他的老根據地。

可姚弋仲也是這個想法。

黃金地段只有一塊，但想霸占的人卻有兩個，偏偏又沒有仲裁委員會。

於是，就只有打，誰狠地皮就歸誰。

姚戈仲開始時不太重視蒲洪，只派他的兒子姚襄帶著五萬部隊找蒲洪對決，哪知，蒲洪卻親自出馬，一戰就把姚家的部隊殺了三萬多，把姚襄打得一點面子也沒有。

蒲洪取得了這場勝利之後，知道關右這個黃金地段誰也搶不走了，馬上就表明立場，把晉國的委任狀丟到洗手間裡去，然後對自己頒發了個任命書：大都督、大將軍、大單于、三秦王。他越看這「三大一王」的名片越覺得痛快。然後也跟冉閔一樣，把自己的姓也改了。他改姓的原因也跟冉閔第一次改姓李的原因一樣——有一天無聊，蒲洪翻了一本預言書，看到上面有這麼一行字：「草付應王」。如果光從字面上看，誰也不知道這四個字的意思是什麼。可蒲洪的靈感卻突然閃了一下，硬是無緣無故地把那個「草」字和「付」加起來。

草付相加，得出符！

於是這四個字的含義，連學齡前的小朋友也可以理解了：就是姓符的

第二節　亂世對英雄都是機會

人可以當皇帝！

他怕別人搶了先，馬上就把自己的姓改成「符」，從此那個筆畫多得煩人的蒲字與他們無關了。也不知是不是預言真靈驗，不久這個符字就在中國歷史上狠狠地閃亮了一回。

在中原大亂得誰是敵人誰是朋友都難分的時候，東北的燕國終於大軍南下。

這些年來，稱帝當老大的人為數不少，做強做大的也有幾個，但都是第一代領導人強悍，下一代領導人不是菜鳥，就是混帳人物，沒有幾個能把前輩的事業繼續做大下去。倒是慕容氏的後代全是有用人才。雖然也曾發生過兄弟殘殺，上演了一場規模宏大的流血事件，但因為領導人有能力，最後能帶著燕國人民戰勝困難，開創安定團結的新局面，最終統一全東北，做出了一翻成績。

這個勢力的出現，導致了冉閔最後的失敗。

當然，現在慕容儁現實得很，只是把目標鎖定在趙國的殘餘勢力上。

慕容儁兵分三路：慕容霸帶兩萬人出徒河；慕輿部則出居庸關；慕容儁親率主力出盧龍，命慕容恪、鮮于亮為先鋒，世子慕容曄留守後方。

這時，趙國的實力已經消耗得差不多了，離宣布破產也沒有幾公尺遠了。

在這樣的情況下，英勇善戰的燕國子弟兵進展很迅速。

慕容霸的部隊抵達三陘時，連進攻的準備都還沒有做好，趙國這一帶的第一把手征東將軍鄧恆就怕得要命，命令大家趕快燒掉倉庫，然後就棄城逃到薊城——藉口是集中力量與王午一起保衛地方政府。

慕容霸手下的孫泳急忙帶兵進城，撲滅大火，搶回不少糧食。慕容霸當時在樂安、北平一帶，大量徵集糧草，然後到臨渠與慕容儁會師。

整個會師過程一點波折也沒有。

第六章　血性男兒

　　這時，大趙帝國的幽州刺史王午也跟鄧恆一樣，覺得燕國的部隊不可阻擋，還是盡量不跟他們發生肢體接觸為妙，就對王佗說，現在薊就交給你了，從今天開始，全城的大大小小的事務都是你說了算，老子去完成更為艱鉅的策略任務。王佗也是個傻瓜，聽王午這麼一說，好啊！工作了這麼多年，終於當上一把手了。哈哈，以前是王午的話算話，現在是老子的屁最香！你快去完成更艱鉅的策略任務吧，這個地方交給我。

　　三月五日，慕容儁向薊城發動總攻，只有幾千兵馬的王佗哪能守得住？慕容儁不費什麼力氣，就把王佗活捉過來，也不問王陀願不願投降，就處死了。

　　慕容儁這時顯然還不很成熟，取得第一場勝利之後，馬上就發揚北方少數民族的凶殘傳統，要把一千多名戰俘全部坑殺。

　　慕容霸說，老大，殺不得。殺一千個戰俘，我們除了過一把殺人癮外，什麼收穫也沒有啊！可負面影響卻大得很。趙國之所以走到這個地步，就是因為政權太過殘暴，從沒有以人為本的思想，讓人民陷於水深火熱之中，才為我們製造了這個機會。可我們才得到一個城市，馬上就大開殺戒，老百姓就會把我們也看成趙國第二。以後在中原還有什麼市場？

　　慕容儁一聽，你這話說得太對太及時了。

　　他看到薊城比他們原來的首都大多了，也繁榮多了，就宣布將燕國的首都改為薊城。

　　這樣一來，那些被趙國折騰得喘不過氣來的人看到慕容儁還真的講一點人權，都跑到這裡來投奔。

　　燕國的部隊繼續南下，抵達范陽。

　　范陽內史李產對石家倒是很忠心，也不怕死，決心與燕國拚死到底。哪知，他這麼一宣布之後，部下沒一個出來支持老大的話，磚塊倒是劈啪

第二節　亂世對英雄都是機會

亂砸過來，都說，老大你要抵抗侵略軍，我佩服你，但我不抵抗──你有決心有能耐你去抵抗。

李產左看右看，再也找不到一個跟自己保持一致的人，那股氣馬上洩了下來──他一個人再怎麼厲害，硬著頭皮出去孤軍作戰，估計不到半秒鐘就成為烈士了──關鍵是到頭來，恐怕也沒誰追認他為烈士啊！

李產放棄了抵抗，選擇投降，把自己的轄區奉獻出去。不過，慕容儁仍然讓他官復原職，管理原來的轄區。

慕容儁用很短的時間，把幽州一帶擺平，然後親自帶軍去攻打鄧恆據守的魯口。

他習慣性地認為，這回鄧恆會跑得比上次更快。

這個想法的結果是成為麻痺的直接根源。

事實上，這次鄧恆不但沒有逃跑，反而讓他的部下鹿勃早──這個名字很多人會覺得有點奇怪，鹿勃是姓，早是他的名字──來個主動出擊。鹿勃早當然不是看到敵人來就直接衝過去，而是很狡猾地把出擊的時間定在夜裡。

他的夜襲行動幾乎取得勝利──幾乎取得，就是沒有取得。

鹿勃早的行動，前半部大獲成功。

他帶著幾千部隊在夜間突然衝進燕軍的大營。

燕軍全體士兵正跟他們的老大一樣，都沉浸在一片大意之中，睡得很放心。

鹿勃早只喊叫幾聲就衝到燕軍先鋒慕容霸的帳下。

慕容霸這時也正在睡覺，突然聽到帳下殺聲連天，似乎不是在做夢，馬上跳了起來，果然是敵人衝了上來。

這傢伙的能力實在不錯，雖然睡眼還沒有完全睜開，還穿著睡衣，但

295

第六章　血性男兒

抓起枕邊的大刀直接就進入工作狀態，一連砍殺了十幾個敵人，這才阻住了敵人的進攻。

鹿勃早帶著大軍向慕容霸的大營再次發起進攻。

慕容霸再次守住大營。

再進攻，再守住。

……，……

燕軍就利用這個時間差，把全軍組織了起來。

這是慕容儁入關以來遇到的首次惡戰，而且情況很危險，打了一夜，差點連慕容霸的命都要丟了，心裡就有點怕起來，想暫時躲避一下，等天亮了再收拾他們。

慕容輿一聽，馬上板起面孔，說老大這是最站不住的藉口。現在雖然是夜裡，可這個形勢也是看得很清楚的：他們人少，我們人多。他們知道不是我們的對手，才採取夜戰，想混一場勝利。我們這些天不是天天要找敵人來扁嗎？現在敵人送上門來，為什麼要怕他們？老大你只管放心，我們出去打敗敵人。

李洪把慕容儁帶出大營，在幾里外的一座大墳墓上住下來。

慕輿帶著一批敢死隊，直接向鹿勃早發起攻擊。

李洪把慕容儁安頓好了之後，也帶著騎兵過來助戰。

鹿勃早人手本來就不多，取得這個進展，完全是靠敵人的疏忽大意，這種打法靠的是速戰速決，現在時間拖到這個時候，戰機已經全盤皆失，除非有後續部隊猛衝上來，也許能擴大一下戰果。可鄧恆會衝上來嗎？

鄧恆沒有帶部隊再衝上來，鹿勃早就只好決定撤退了。

衝進來很容易，但撤出就不那麼順利了。燕兵貼著他們的屁股狂追了四十多里。結果，除了鹿勃早之外，其他士兵都犧牲。

第二節　亂世對英雄都是機會

慕容儁雖然反敗為勝，但對夜裡的危險卻越想越怕，最後連理由也不找，帶著部隊撤回新首都——薊！

還記得那個麻秋吧？他被苻洪抓住，被動地成為苻洪手下的軍師將軍，可他的內心並沒有投降，還想為冉閔做點貢獻。

他怕苻洪去攻打冉閔，就向苻洪提了個建議，現在冉閔和石祗正在打得不可開交——他們打得再努力，再沒命，也不關我們的事。我們現在的首要任務，就是把關中牢牢地拿到手中。等把關中的基礎打得堅實之後，再向東發展，到時誰是我們的對手？這個發展策略，就是當年秦始皇統一中國的方向啊！

這話正中苻洪的心窩——幸虧不殺這個麻秋。殺了他，誰能向老子提出這個有策略意義的建議？

於是，苻洪迅速把麻秋劃到自己最得力的死黨名單中。

哪知，麻秋的這個建議，是一個圈套的鋪陳。這傢伙此前是個常敗將軍——以前跟燕國打仗時被只有十幾歲的慕容恪扁得只剩腦袋回去。後來石虎覺得他不宜在東北發展，就調他到西北主持對付張重華的軍事行動。可沒用的人不管到哪裡都沒有用。麻秋在場面占優的情況下，硬是被謝艾連打了幾個大敗仗——而且謝艾也只有二十來歲，嫩得皮膚都可以壓出水來。

可這一次他的圈套卻很成功。

苻洪對他完全信任，沒有半點懷疑。

麻秋確認苻洪完全相信自己之後，就對苻洪說，老大，我剛弄到了個保育動物的野味，能不能來喝幾杯？

苻洪哈哈大笑，當然可以啊，誰怕誰啊！

麻秋陰險地笑了笑，在苻洪入席之後，又陰險地把一杯酒敬給苻洪。

第六章　血性男兒

符洪這時那雙老眼，一點也看不出麻秋一臉的陰險，接過酒就乾了，老子還行吧？一口就乾了啊！你們怎麼不給點掌聲鼓勵？

可人家的掌聲還沒有開始，他的肚子卻痛了起來，開始是小痛，然後發展成大痛，最後痛得滿地打滾。

他確信他喝了傳說中的毒酒。

這個老傢伙的生命力還是強悍的，大痛之後，馬上爬起來跑回自己的家裡。

麻秋的想法是把符洪一把毒死之後，將他所有部隊都變成自己的下屬，然後帶著這批人馬浩浩蕩蕩地投奔冉閔。可不知是符洪耐毒能力特別高，還是毒藥的量不夠、甚至是毒藥過了保存期限，硬是沒有在預期時間內把老傢伙毒死，而且讓他脫身回去。

麻秋呆了！

呆了的麻秋，經歷了最後的失敗後，被符洪的兒子符健惡狠狠地抓住，然後斬殺。

這個麻秋在歷史上算不上什麼人物，很多人都不知道歷史上曾經出現過這號人物。可有個傳卻跟他有關。這個傳說是個神仙傳說。

據說他就是那個美女神仙麻姑的老爸。他的女兒之所以成為神仙，主要是因為他的殘暴。他能成為石虎手下的核心成員，並不是因為能打仗，而是因為他的殘暴性格跟石虎很像，被石虎看好。他在修麻城時，要求民工們一定要工作到雞叫的時候才能休息，誰提前收工，他就收誰的腦袋。他的女兒麻姑也就是在這個時候出場。麻姑絕對是個善良的好人。她看到那麼多貧苦人民被老爸逼成這個樣子，心裡的同情心就氾濫起來，很想幫那些貧苦人民一把。她知道她的老爸是不聽勸的。

於是，她苦練口技，最後把公雞叫的聲音學得維妙維肖，天黑不久，

第二節　亂世對英雄都是機會

她就來到雞窩邊,喔喔地叫了起來。周邊的雞一聽覺得奇怪,這就到上班時間了?可也不甘落後,難道你可以提前叫,我就不能?於是,這個提前的雞叫聲像豬瘟一樣,迅速傳遍了這一帶。監工的聽到雞叫了,宣布收工。

麻秋在戰場上很菜,但他智商並不低,幾天之後,馬上就發現這個地方的雞怎麼叫得這麼早?難道這裡的公雞在執行夏令時——就是夏令時也不該提前這麼多啊?他不信邪,就派人調查,馬上知道是他女兒搞的鬼。

麻秋的憤怒當場爆發,這種吃裡扒外的女兒留著做什麼?

麻姑知道老爸要追究她的責任後,馬上就逃到附近的五腦山躲起來,餓了就吃野果,渴了就喝礦泉水,睏了就睡在冬暖夏涼的山洞裡——反正全是過著綠色環保的生活。她的這一切,天上的神仙都看在眼裡,覺得這樣好心的人不幫她一把,實在太對不起神仙的良心。於是,就派神仙下去點化,讓她成了神仙,編制在八仙裡——對於神仙的這種做法,我是執不同意見的。覺得這些神仙很不厚道,既然這麼有同情心,又有無所不能的本領,為什麼只解救一個美女?卻放著天下這麼多貧苦人民不管,而讓他們一代又一代地生活在「三座大山」的壓迫下——這三座大山剛剛推翻,那三座大山又壓了上來——總之,廣大人民的後面有無數的三座大山在排隊著,不管你如何推翻,也推不完。

估計這個麻姑對自己的老爸也憤怒到了極點,現在他被符健抓住殺掉,她什麼也沒表示。

符洪死前,也像電影裡的烈士們一樣,握著兒子們的手,把該說的話都說完後才死的。他的話無非就是勸兒子們趕快入關。場面跟電影裡一樣:他說完「入關」兩個字之後,頭一歪,就去世了。享年六十六歲。

符健接過老爸的班。他覺得自己的政治資本還淺薄得很,因此就取消了以前他老爸自己封的那些稱號,向晉國靠攏,恢復晉國給他的職務:右

第六章　血性男兒

將軍、假節、監河北征討前鋒諸軍事,而且派他的叔叔苻安到建康向晉國報告他的老爸已死,請晉國提拔他一下。

在苻洪死後,他的死對頭姚弋仲卻得到趙帝國的再一次重用。這時石祗已經宣布自己是大趙帝國的元首。現在石祗手中其實也沒有什麼力量,因此就任命姚弋仲為右丞相,封為親趙王——其實是想讓這個老傢伙為自己賣命,至於是否能賣命到底,那就只有走一步算一步了。而且還任命姚弋仲的兒子姚襄為車騎將軍、豫州刺史。更誇張的是,居然還對姚弋仲的死敵、早已甘當晉國連鎖店的苻健也發了個委任狀:都督河南諸軍事、鎮南大將軍、開府儀同三司、兗州牧。

第三節　苻健的崛起

然後,石祗下令討伐冉閔。

這時,由於冉閔堅決執行滅胡政策,因此遠近的胡人都緊急歸附到石祗那裡去,使得石祗的力量突然膨脹起來,讓他的信心也狂漲,覺得完全可以出兵把冉閔解決了。在這些自信的支撐下,石祗於這年的四月,派石琨帶十萬人去攻滅冉閔。

而冉閔這時又做了一個讓後來很多歷史學家都摸不著頭緒的動作,也不講什麼理由,突然把他的親密同袍李農以及他的所有直系親屬都抓起來,一律處死。冉閔本來心腹就不多,只有李農還在跟他拚死拚活,可他居然突然對李農下毒手。很多學者研究到這裡的時候,就產生了不同的看法。

有的說,本來李農就是石虎的親信,是冉閔用武力強迫他入夥起事的,

第三節　苻健的崛起

心裡肯定不服，現在石祗的大軍開了過來，為了解除後患，就先下手。

也有人說，是冉閔的頭腦突然發暈，起了殺心，一揮手就把李農解決了 —— 完全是心情不美麗造成的惡果。

日本早稻田大學的一位副教授乾脆獨闢研究的蹊徑，說李農的死是晉國人下的手。情節如下：

冉閔想跟晉國聯繫，一起對付北方胡人，派親密同袍李農出使晉國。除了桓溫認為可行之外，其他晉國高層都把冉閔當成叛亂分子的頭目，一致拒絕跟他合作，因此就把李農關起來。李農在大牢裡氣急敗壞，不到一個月就氣死了。

當然，不管是什麼原因，李家就是這個時候丟了腦袋。如果李農真的不跟冉閔一條心，這時冉閔殺他，絕對沒有殺錯；如果是因為頭腦發暈而下的毒手，冉閔的這一刀在殺死李農的同時，也在距離自己頸脖不遠的地方狠狠地砍了一刀 —— 到了這個時候還在殘殺自己的同袍，後果可想而知。

冉閔也知道自己的力量有限，要獨立面對這些胡人的圍攻，勝利實在無望，因此就寫了一封信給晉國，表示希望與晉國合作。

應該說，他的這個建議，對他和晉國來說，絕對是個雙贏的提案。

晉國高層那幾個靠清談升官的人一看，都認為，我們大晉是正統，他冉閔是什麼東西？以前是石虎的走狗，現在是一個不知天高地厚的亂賊頭子，跟誰合作也不能跟他合作。就把他的信扔到一邊，然後繼續聊天清談，千萬不要讓這封信影響情緒。因此連個回覆也沒有。

名士執政，結果就是誤國之後，接著誤國！他們拿手的好戲，除了清談，就是誤國，除了誤國就是清談。

如果只是不理冉閔，也還罷了，偏偏邊關有的將領看到冉閔生存的環

第六章　血性男兒

境越來越惡劣，被胡人逼得越來越吃力，覺得敲詐他的機會來了，就派兵攻打冉閔的地盤。做得最出色的是那個袁真，一戰就攻破合肥，把全城的居民全都趕回江南。這傢伙當了多年的邊關守將，以前從不見他有過出擊的表現，這回終於出手了。只可惜，這一手並沒有給晉國帶來根本的好處。

當然，晉國高層的頭頭們一點也看不出。他們不但看不出這個關鍵問題，而且連北方現在的形勢也看不透。

這時北方亂得像一鍋八寶粥。各種勢力紛紛抬頭，個個的眼睛都四處亂轉，只要看到一點利益，馬上就把手伸得長長的，管他是哪一部分的，先搶到手再說。

先說說苻健的故事。

苻健是苻家第二代領導人，可在玩政治方面，比苻洪老練了好幾倍。他現在的目光緊緊盯著長安！

而現在長安卻牢牢地控制在杜洪的手裡。杜洪原來是王朗的手下，王朗逃跑後，杜洪自己就自立了起來。可後來覺得自己的旗號不管怎麼打，都不夠響亮，吸引不了目光，就借用了晉國的旗號——這面旗號雖然有點不夠強勢，但歷史悠久，是幾十年的老字號，多少還有點廣告效應。因此，他就自稱晉國征北將軍、雍州刺史。

這個旗號一扯出來，倒是能夠矇騙不少人，周邊的漢人都表示團結在他的周圍。

這時苻健正帶部隊向長安狂奔，看到這個情況後，馬上叫停了前進的步伐。

苻健這時手裡有兩張任命書，一張是晉國的，一張是趙國的——反正都沒有用，但留著也不會增加什麼負擔。他考慮到如果他打著晉國的招

第三節　符健的崛起

牌，杜洪就會不甘心 —— 因為符健的職務還要大，而且是中央正式任命的，公文蓋的可是皇帝的大印，而杜洪手中連一份詔書也沒有，這官是純粹的假冒品。

水貨碰到了真貨，就會心虛到底，怕被揭穿，因此會加倍提防。

他一提防起來，符健的麻煩可就大了 —— 雖然符健有打敗他的把握，可才回到西北，就大打一場，總是消耗。因此，要把戰爭的消耗降到最低點。

為了讓杜洪不設防，他就翻出趙國給他的任命書，說自己是趙國的官員，負責枋頭這個地區的軍事事務。為了表示自己要永續經營枋頭這地方，就公開透明地選拔了一批官員 —— 名單太多，反正這些人物都是小菜一碟，對歷史沒有一丁點影響，因此也就不一一列出了。接著，還在這年大興基礎建設，而且全是豪華宮室，跟皇宮有得比。然後要求大力發展農村經濟，推進農業產業結構調整，做得像模像樣。

不過，還是有人知道他這麼做是在作秀。

於是，大家就開始磨洋工。如果光偷懶一下，到某個角落抽幾支菸拖時間也無所謂，可他們的手腳停工，嘴巴卻不停，到處八卦，說符老大的這些安排全是用來騙長安城裡的那幾個蠢材，大家全是符老大矇騙敵人的工具。

符健一聽，這話要是八卦到杜洪那裡，符家的事業還有什麼前途？馬上把這幾個多嘴的傢伙找來，亂塞一個罪名殺掉！而且是以公審的方式進行的。

沒多久，一切準備就緒，符健便又砸爛趙國的招牌 —— 這時，趙國的牌子已沒什麼效應了，沿途的人都看好晉國的大旗 —— 不過，符健這一次並不老老實實地用司馬氏的任命書上給他的官，而是也來個自作主

第六章　血性男兒

張，稱自己是征西大將軍、雍州刺史。

這個官位已經明確了他的任務，就是拿下長安！

公司重新註冊，手下員工當然也都變更職務，雖然手續簡單，但名單太多，而且這些人員對情節的影響幾乎等於零，因此我也就不再一一公布了。

完成變更流程後，苻健下令：全體人員，不分性別、年齡，都向西移民，移民到長安去，從此做大都市的居民。

到達孟津後，苻健兵分兩路，一路是老弟苻雄帶領，從潼關向西，一路由他的姪兒苻菁帶領，從軹關向西。兩支人馬的兵力都不多，苻雄五千，苻菁七千。

在下達分兵命令之後，苻健握著苻菁的手，一臉悲壯地說，成功了，什麼都好辦；要是不成功，那麼，你就死在河北，我死在河南。別的就不說了。

從八王之亂到現在，亂子像滾雪球一樣，越滾越大，老大們建立的政權也越來越多，這裡大赦一下，那裡大赦一下，但出現的英雄人物卻不多，很長一段時期，中國大地上變成一群菜鳥角鬥的場地──即使偶然有某個腦袋靈光的人物出現，可沒施展幾下就玩完，而且最驚人的就是，第二代領導人幾乎都是廢材。直到現在，終於有幾個像樣的歷史人物出現。

一個是苻家子弟，還有一個是燕國的那幾個慕容兄弟。另一個是桓溫。當然冉閔也算是一條好漢。

於是，兩晉最精采的片段從這一刻開始上演。

苻菁肯定是苻家下一代的菁英，否則苻健是不會讓他獨當一面的。

苻健最後下令燒掉孟津渡口的浮橋，然後隨苻雄西進。

第三節　苻健的崛起

這時，杜洪也聽到苻健軍前來奪取長安的消息。這傢伙不但是個豬頭，而且是個狂妄的豬頭。

明明知道人家要來痛扁他，居然沒有做戰鬥準備，卻關起門、拿起筆來，披閱一夜、增刪幾次，寫了一封信，派人交給苻健。把自己用文字罵人的本事著實地表現了一番。然後才派張先為征虜將軍，帶兵一萬三千人去抵擋敵人。

如果他只是叫張先扼住潼關，然後在關上看著苻健軍在關外的表演，估計問題也不大。可杜洪覺得自己兵多，對方兵少，不打一下，先贏一場，吸引一下人們目光，實在有點窩囊，因此就在潼關之北，與苻健打了一仗，大敗。這才知道有時人數眾多，也是不能保證勝利的。

張先大敗之後，也不管潼關是策略要地了，拚命逃回長安，說敵人不是一般的厲害，個個都能以一擋十啊！我軍人數才是他的兩倍多不到三倍，哪拚得過人家？我還能跑回來，全是平時苦練的結果啊！

杜洪一聽，那就只有多召部隊了。馬上下令徵召附近的部隊前來保衛長安，部隊人數跟敵人之比至少要十一比一，這才有勝算的可能。

杜洪的老弟杜鬱的眼光厲害得很，知道就他哥哥這樣的統帥、外加張先這樣的廢材部下，力量就是敵人的二十倍也是玩不過人家的，因此就勸哥哥不要玩下去了，派人過去對苻老大的到來，表示熱烈的歡迎，從此做苻老大的員工──反正以前也是王朗的員工，王朗並不長得比苻老大帥啊！我們這面相，從頭到尾就是做員工的料。

杜洪一聽，大怒起來，做員工的料？那是你的面相，不是我的面相。你想投降自己去投，不要在這裡破壞我的情緒。

杜鬱一聽，這個哥哥已經不可救藥了。帶著自己的部下投降了苻健。

苻健並不急著進攻長安，而是派他的部下把周邊地區的零星武裝全部

第六章　血性男兒

收服。苻健本來就是少數民族的老大，這一帶本來就是他們的傳統勢力，這時大家看到苻健又回來了，那些少數民族都成了苻健的部下，而苻健又打著大晉的旗號，其他漢人早就不看好杜洪這個豬頭，因此也都願意從今之後在苻健的領導下過日子。苻菁那一路部隊，入關之後，連一點象徵性的抵抗都沒有遇到，一路下來，全是在接受投降。

杜洪一看，全反了。這讓人怎麼活啊！但還得堅持下去，他現在怕得要命，但更不敢投降。他雖然豬頭，但知道自己那封信已經斷了投降的路了。

杜洪手下的員工，現在只剩下張先一個人在死硬拚著。可也硬不下去了。張先帶著杜洪的所有家當在渭北跟苻菁大戰，結果連張先也跑不掉，成了苻菁的戰俘。於是，長安周邊地區的郡縣都集體舉起了白旗。

杜洪一看，長安城外到處是白旗飄飄，簡直成了一片白色恐怖，心頭就一片慌亂。一慌亂，膽氣就全部從體內蒸發，最後覺得只有逃離這個地方，性命才可以保障。

他跟另一個同袍張琚逃出了長安，投奔司竹。

苻健順利取得了長安，為苻家的迅速崛起打下了堅實的基礎——一個強大的前帝國，已初步形成。

第四節　重振旗鼓

這時，冉閔下決心把趙國的最後力量消滅。他帶著十萬大軍圍攻襄國。

冉閔這時的腦袋突然拐了個大彎，在大力執行滅胡令之後，居然又想對胡人進行攏絡。不用想就知道，冉閔能成功嗎？

第四節　重振旗鼓

　　而且他的攏絡做得也太不高明了，既不發表什麼政策，也不拉幾個在胡人中德高望重的人來當高官，而是讓他的兒子冉胤當大單于——這是胡人的官名，然後，把投降過來的一千匈奴人編到冉胤的手下，表示自己既尊重了胡人的文化，也不排斥胡人的參軍。

　　如果這兩個做法能產生效果，那收買人心就太容易了，胡人也太容易哄騙了。

　　韋謏勸冉閔不要做這樣的蠢事。我們跟胡人的仇是結定了，現在這些人投降，都是為了保命，是一點誠意也沒有的。只怕事情一有什麼變化，這些人就會製造麻煩。而且這個單于明顯是胡人文化，不宜採用。

　　本來，這個建議也是不錯的。

　　可冉閔在納諫方面，不但完全繼承了石虎的性格，而且更加變態，對別人的話向來覺得很煩，聽了韋謏的話，馬上就生氣起來，老子正在大力收買人心，你卻來攪和，肯定是活得不耐煩了。就把韋謏斬了。

　　這樣，就到了永和七年。

　　苻健已經在西北一帶完全站穩了腳跟。

　　苻健望著三秦大地，越看越覺得風景這邊獨好。那個左長史賈玄碩看到老大的心情不錯，想拍個馬屁，讓老大的愉悅更上一層樓，就堆著笑臉說，老大，以我們現在的實力，完全可向中央要求，任老大為都督關中諸軍事、大將軍、大單于，外加一個秦王的封號。

　　他這話說出口之後，就等著符健的表揚。哪知，等來的卻是苻健的大怒：「吾豈堪為秦王邪……」你看看老子的相貌、走路的姿態，難道只能做個秦王？

　　賈碩絕對是個老實人，聽了這話之後，還不明白苻健的意思，只抬著那張臉，呆看著老大的憤怒。

第六章　血性男兒

　　苻健看到賈碩還沒有反應過來，就派右長史梁安去告訴賈碩，叫他們一起聯名勸進。

　　賈碩這才明白過來，老大憤怒的原因是自己馬屁拍得不到位，還差那麼幾公分啊！得到這個指示後，賈碩馬上就積極行動，到處串連，逢人就遊說，就差到田間地頭找農民談心了，然後帶著大家去找苻健，說老大要是不當皇帝，我們不答應，秦國人民更不答應。

　　苻健當即高興得差點暈倒，但還是假裝一下，我的這個面相、走路的姿態、這個能力能當皇帝嗎？

　　大家繼續勸進。

　　苻健繼續假裝推辭。

　　大家又加大力度，說老大不當皇帝，我們今天就不吃飯不拉屎地在這裡勸，勸到老大當皇帝為止。總之，生命不息，勸進不止！老大你看著辦吧！

　　苻健最後說，我拗不過你們了，當就當唄！

　　大家這才笑了起來。苻健也笑了起來。

　　永和七年正月二十日，苻健正式丟掉晉國的旗號，宣布自立，正式登極，稱天王、大單于。國號大秦，年號為皇始元年。這傢伙估計是秦始皇的超級粉絲，不但國號跟秦一樣，就是年號也照抄了「皇始」兩個字——嬴政是始皇，而他只把兩個字換了個位置，也算是繼承了。

　　接下來，就是組建內閣，任命了一大批官員，走的也是別人的老路，重要部門全是姓苻的掌管。也有幾個陪襯的，只是級別雖高，薪資不低，但發言權就那麼一點，根本算不得數。就連接班人的指定也是嚴格按照傳統的，讓長子苻萇為太子。

　　最後，號召秦國的人民團結起來，把大秦事業做強做大。

　　當然，現在最強大的還是冉閔。他繼續圍攻襄國。

第四節　重振旗鼓

石祇被他包圍得煩了起來，可又沒有別的辦法。打出去已經沒有一點可能，就是死守下去也已經前途無望。只有在那裡罵他的老爸，什麼人不好收，硬收這樣的人當養子。有精力多養幾隻寵物啊！

但就是把老爸罵死罵爛，也罵不走冉閔，更救不了自己的命。

石祇最後把所有的失敗歸結於自己貪圖當這個皇帝，就決定丟掉這個帽子，把自己的身分降低一等，只當趙王，然後以趙王的身分派張舉出使燕國，請燕國過來救命，回報是那顆傳國玉璽。還派張春到灄頭向姚弋仲請援。

姚弋仲雖然平時嘴臭，對石虎向來都不客氣，但這傢伙內心還是很厚道的，見了張春之後，馬上就派他的兒子姚襄帶兵出發，並下令要求姚襄一定要生擒冉閔，否則，就不要回來了。

這傢伙口頭說自己的兒子比冉閔強大十倍以上。其實他說姚襄比冉閔強大，只不過是為兒子打氣而已，他內心知道要擺平冉閔，絕對不是件容易的事，稍一不小心，被冉閔修理的可能性還比較大。因此，他也展開了外交活動，請燕國派兵來支援。

慕容儁早就想找機會南下，看到姚弋仲的請求，當然不會放過這個機會，馬上派御難將軍悅綰帶三萬人馬去跟姚襄會師，一同去跟冉閔對決。

冉閔知道燕國要插手這個事務，也派大司馬從事中郎常煒去燕國，請燕國保持中立。

但慕容儁好不容易找到這個機會，哪會聽常煒的？常煒跟燕國高層激辯多日，把一個優秀外交官的口才表現得很好，但慕容儁早就打定不接受，不管他說得如何有理有利，慕容儁就是不聽。最後，燕國的很多人覺得常煒那張嘴太過出色，就勸老大把這種只會說大話的人殺了。

可慕容儁認為，常煒如此為自己的老闆賣命，死都不怕。這是什麼精

第六章　血性男兒

神？這是忠於國家、不怕犧牲的精神。有這種精神的人是不能殺死的。但也不能放回去，就把他關在龍城。

永和七年的三月，姚襄和石琨的大軍分別急奔而來，援救襄國。

冉閔派車騎將軍胡睦在長蘆迎戰姚襄；派孫威在黃丘迎戰石琨。

大家知道，冉閔是個超級強悍的硬仗能手，可他的這兩個手下卻菜得要命，帶著大部隊鬥志昂揚地過去，最後卻只剩下兩個人回來，敗得一點沒有脾氣。

冉閔大怒，看來老子不親自出馬，這幾個敵人還真的囂張得沒有譜。

衛將軍王泰勸他說，老大不要衝動。現在該是認真分析的時候了。我們現在連襄國都還沒有拿下，可敵人的援兵卻不斷地來到。如果現在出戰，馬上就要兩面受敵。這是很危險的。不如先堅守，讓他們的銳氣受挫後，再找個機會搞定他們。而且老大親自出戰，要是搞不定，以後麻煩就大了。

這個意見顯然十分正確。

可有時正確的意見就是最不受到重視的意見。

本來，冉閔也覺得王泰的話有理，那就先守住再說，看誰比誰有精力磨、有時間等。

哪知歷史往往在這個時候出現轉折。跟往日一樣，這次讓歷史拐了一次彎的，並不是在歷史上聲音響亮的人物，而是一個從沒有在歷史舞臺上出現的小人物──是一個既想過好日子又追求長生不老的道士──法饒。

法饒到底什麼時候成為冉閔的手下，歷史沒有記載，但他現在確實是冉閔很信得過的部下。他對冉閔說：「老大，你圍攻襄國一年多了，一點進展也沒有，這已經是丟臉了。現在敵人前來，又玩躲貓貓，不但臉面繼

第四節　重振旗鼓

續丟，而且士氣也會大幅下降。我這幾天努力研究天象，看到太白星犯昴星。這是能直接殺死敵人老大的天象。只要出戰，不管怎麼打都能打贏。老大啊，這是老天給的機會。」

只要有點腦子的人一聽這話，就會覺得這是百分之百的屁話。

可冉閔覺得這話才是最正確的。帶著全軍出動。

這時悅綰的軍隊正狂奔而來，突然看到前面冉閔的大營，急忙叫停行軍的步伐。這個悅綰看到冉閔的大營就在前面，也知道冉閔是不好惹的，如果跟他硬碰硬，比蠻力，肯定會敗得很無辜。他一拍腦袋，就玩了個小陰謀。

這個陰謀的原創就是張飛。

具體做法就是把樹枝綁在馬尾上，然後讓騎兵們騎馬到處亂跑，製造一場人工沙塵暴，當成疑軍。這個陰謀算起來，實在是陰謀詞典裡的小兒科。

小兒科往往騙得過大人物。

張飛騙過曹操。

悅綰又拿來騙冉閔。

曹操上當了。

冉閔也上當。

冉閔的部隊長期以來都是打勝仗，不管敵人有多少，都敢打敢拚。可從來沒看到這麼大規模的沙塵暴，心裡就怕了起來。

這時，姚襄和石琨以及悅綰三路齊出，向冉閔全力夾攻。而襄國城裡的石祗，這時也突然振奮起來，派部隊出城攻擊。

冉閔部隊的士氣已經下跌到幾乎探底，哪能再戰？結果，曾經戰無不勝的冉家軍被一場沙塵暴搞定。冉閔只帶著十多個貼身保鏢衝了出來，逃

第六章　血性男兒

回鄴城。

哪知，還沒有完。

留守鄴城的那支匈奴部隊這時果然像韋護預料的一樣，不再買冉閔的帳，一點不給冉閔面子，馬上抓住這個機會舉行兵變，宣布全面控制鄴城，並執行大規模的報復性屠殺行動。大殺之後，抓住冉閔的長子冉胤以及左僕射劉琦，向石祇投降。

石祇看都不看一眼，下令把這兩個連鄴城也守不住的菜鳥斬首。

據相關部門後事統計，這次被匈奴兵屠殺的人數有十多萬，跟當初石閔滅胡時的屠殺幾乎有得一比。

如果是別人，到了這個時候，肯定宣布徹底破產，以後就躲到某個角落，老實做人，平安過日子了。

可冉閔不是別人。

他在徹底破產之後，並沒有宣布退出賽場，而是找了個機會，又混進城裡來。也不知他用了什麼辦法，居然在亂哄哄的城裡，又找到了他的那幾個得力手下。

這時，城裡的胡人早已被殺光，剩下的都是純正的漢人。這些漢人是冉閔執行滅胡政策的既得利益者，現在冉閔一失敗，保護傘就消失了，大家的心裡已亂成一團。可才過不久，又有小道消息傳出，說冉閔已經死了。

小道消息一傳播，就成了大消息，比新聞聯播還有影響力。

於是，所有的人都覺得世界末日離他們已經沒有幾公尺遠了。

張清認為，如果冉閔再把潛伏戲演下去，事情就到此結束了，大家以後就永遠潛伏了，因此，就請冉閔出面擊破這個謠言。

冉閔果斷地出現在大家的面前。

大家看到冉閔一臉的憤怒。

第四節　重振旗鼓

他現在的憤怒是針對法饒的。他把這個天文能力低劣、看天象看得眼花的傢伙以及他的兒子通通找來。

法饒看到冉閔的臉色，這才知道，有的專業是可以害死人的——比如這個看天象的專業，人家可以做，但他不能做。他想求冉閔饒他一命，給他個重新做人的機會，以後一定努力學習，提升專業，可冉閔是個心軟的老大嗎？

他的名字叫法饒，但冉閔的法卻饒不了他。

冉閔對他處罰是很嚴厲的，他把法饒父子都押過來，然後五馬分屍。

法饒因為亂出主意，死得很慘。

冉閔因為亂聽這個主意，後來也失敗得很慘。

歷史就是在這正確或不正確的主意的玩弄中前進。

石祗這時威風了起來，以為冉閔已經單薄得像一張紙了，隨便誰都可以玩他一把，便派劉顯帶著七萬大軍再去攻打鄴城，要一次把冉閔扁死。

劉顯帶著大軍來到明光宮下營。這個地方離鄴城只有二十三里。

冉閔很快就知道了。他這時剛剛復出，什麼準備都沒有做好，看到敵人這麼快就來了，而且數量也太多了，再加上吃了一次史無前例的慘敗，心裡有陰影，膽子也虛了起來。

他想起前一陣子王泰的話來，覺得這傢伙的主意很不錯，就派人去把王泰找來，想跟他商量一下，如何應對這個緊急局勢。

王泰的腦子不錯，思路也開闊，對戰爭的判斷能力也高，可卻是個記恨的人。

人一記恨就容易賭氣，一賭氣就容易走進死胡同。

王泰記恨，因此也向死胡同裡走著。他因冉閔上次不聽他的主意，一直記恨到現在。這時就說身上的傷太重，行動不了，不能去見老大，請老

第六章　血性男兒

大另請高明吧！誰是高明？就是法饒之類的人物，嘿嘿。

冉閔這時是真的有誠意的，聽說王泰身上有刀傷來不了，就親自跑到王泰家中，很真誠地向他徵求意見。

這算是給足了王泰面子。

哪知，王泰只記恨，不要面子，仍然說我傷得太重，腦子已經發暈，神經有障礙，思維系統正處於重灌階段，想不出主意了，即使強迫想出來，也是餿主意，誰採納誰完蛋。

冉閔大怒，你以為你是誰？沒有你老子就沒法活了？老子先打敗胡人，再來收拾你。

冉閔什麼主意也不去想了，帶著所有的部隊出城，以最後賭徒的姿態紅著眼殺進敵人的陣地。

這回輪到劉顯的部隊傻了──他們想不到冉閔居然還敢出戰，而且還這麼鬥志昂揚。

劉顯根本無法組織力量進行反擊，只得往後退。冉閔在後面猛追，一直追到陽平，殲敵三萬。

最後，劉顯怕了起來，偷偷派出使者，向冉閔投降。

對這場戰鬥，所有的人都跌破眼鏡，剛剛輸得連短褲都不剩的冉閔，竟然在這麼短的時間內，對比自己多了好幾倍的敵人，上演了一次史無前例的絕地大反擊，而且取得完勝。

完勝得毫無理由，毫無理論基礎。

這就是冉閔！在他看來，勝利是不須理由的，是不須理論基礎的。

劉顯投降的條件是，請冉老大放他回去，他就可以殺死石祇，以後永遠做冉老大的員工。

冉閔相信了。

第四節　重振旗鼓

冉閔班師回到鄴城。順便處置了王泰。處置王泰比打仗順利多了：有人（這個有人，估計是冉閔安排的）告發王泰要叛國投敵。於是，冉閔說，在他叛國投敵之前，抓住他，滅他三族。

在冉閔處決王泰時，苻健也搞定了那個賈碩。賈碩死得比王泰還冤，只是當初揣摩不透老大的野心程度，提的建議還差一公分就到位，但出發點絕對是忠心的，可硬是被苻健記在心頭，而且越想越憤怒，最後也向冉閔學習，讓人製造了個叛國投敵罪，然後免費贈送給賈碩，把他以及所有的兒子都抓起來，全部處死。

劉顯回去後，還真的兌現了諾言，把石祗以及石祗的死黨十多人全部殺死，並把人頭都送到鄴城，讓冉閔驗收──呵呵，老子夠意思了吧？

石祗一死，石勒建立的大趙帝國正式宣布倒閉。統計得到的資料是，這個史上最嗜殺的帝國一共存在了三十三年，前後產生了七任領導人，是晉室南渡後，第三個宣布自立的集團，而巧的是，也是第三個垮掉的政權。

冉閔對石家實在是痛恨到了極點，得了石祗的腦袋之後，派人拿到最繁華的大街上，用火燒著石祗的頭。然後任命劉顯為大將軍、大單于、冀州牧。

局勢似乎對冉閔很有利。可是似乎有利，其實是沒有利的。

因為，現在各方勢力都把冉閔當作頭號目標，都在尋找機會不斷地挖他的牆腳：燕國的封奕連騙帶打、一手軟一手硬，逼得渤海第一把手逢約歸順，把渤海全部劃歸燕國的版圖；劉顯在經過一段時間的休整之後，也跳了出來，向冉閔宣戰，從襄國出兵，再次攻打鄴城。結果再次複製上一次大戰的結果。不過，這次劉顯沒有投降，而是逃了回去。

這傢伙很搞笑，人家打敗仗之後，回去都少不了總結一下經驗教訓，

第六章　血性男兒

劉顯卻在大敗之後，突然腦子發熱，宣布自己當上皇帝。而且更為搞笑的是，歷史對他無情得不能再無情，居然連他的年號和國號都捨不得替他記載一下，使得我們至今不知他打的是什麼招牌、註冊的是什麼公司。

不過，即使他有招牌，這樣的招牌也是臭招牌；即使他有個響亮的公司名，也只是個空殼公司。

最讓後來漢人痛心的是連晉國也在挖冉閔的牆腳。

永和七年的八月，原本屬於冉閔的徐州刺史魏統、荊州刺史樂弘、豫州牧張遇都集體跳槽，投降晉國。平南將軍高崇、征虜將軍呂護沒有地盤作為資本，乾脆就把洛州刺史鄭系抓起來，獻出鄭系的地盤，投降晉國。

冉閔的勢力範圍終於大打折扣。這同時也說明，冉閔只是個項羽式的戰鬥英雄，但絕對不是一個玩政治的高手。這樣的人永遠不適合當最高領袖，尤其不宜在亂世中當一方老大。

他在戰場上的衝擊力是史上最強的，衝到哪裡，那裡就崩潰，但在政治面前，他軟弱得像個病中的林黛玉。

冉閔還有一個軟肋，手下沒有一個上得了臺面的心腹——有能力的人誰也不會看好一個動不動就拿人命開玩笑的老大。

因此，當燕國向他發動進攻的時候，沒幾個人能夠幫他擋上一陣。

慕容儁決定跟冉閔直接攤牌。他一來就打出手中的王牌——慕容恪和慕容評。

兩路大軍同時南下，進展很順利，先後奪取中山、南安。

冉閔的實力再度縮水。

第五節　機會，機會……

這時，似乎最鬱悶的還不是實力不斷縮水的冉閔，而是晉國的頭號強人桓溫。桓溫以前是個有志青年，老早就把恢復中原當作自己這輩子的任務，到了成為強人之後，仍然沒有放下這個任務。

兩年前，石虎的後代們專拿自家兄弟亂砍的時候，他就明確地指出，北伐時機已經史無前例地到來。然後向中央請示，允許他北伐。

可中央卻把他的請示晾在一邊，然後派那個殷浩出師。

殷浩折騰到現在，這個被稱為諸葛亮再世的人物，一直生活在一個響亮的虛名中，到現在也沒做出什麼成績來，但大家硬是相信他會做出個豐功偉業。

桓溫看到機會像流水一樣不斷地在眼前流走，而中央高層卻一點不在意，只是麻木地坐在決策位子上，一點也沒有作為，就有點氣憤了。

他知道，如果他不折騰一下，那幾個清談高手根本忘記了他的存在 —— 其實那幾個人哪能忘了桓溫，正因為怕他的存在感越來越強，這才一點不搭理他，讓他在那裡生氣 —— 最好氣得像那些不得志的忠臣一樣鬱悶而死，那就天下太平了。

這就是昏庸的當權者的邏輯。

其實，桓溫清楚地知道，現在中央對付他的唯一資本就是殷浩，只要把殷浩搞得沒有面子，讓殷浩重操舊業 —— 再回去重溫隱士生活，他的出頭之日就來了。

當然，桓溫是不硬來的，那不是他的風格。

他仍然從北伐這件事著手。

第六章　血性男兒

十二月二十一日，他再上書，請求中央批准他北伐，而且信差前腳一走，他就在當天採取行動，帶著五萬人順長江而下，浩浩蕩蕩，到武昌駐紮。

跟他預想的一樣，中央高層一聽說桓溫大軍南下，馬上就慌亂了起來，個個腦海裡就浮現了王敦的影子。

中央高層的腦袋一進水，殷浩就感到了無限沉重的壓力。

這傢伙雖然與諸葛亮差得很遠，但也不是個弱智人士，也知道桓溫的這個行動，跟本不是什麼北伐──按最起碼的常識，桓溫的北伐路線應該從襄陽出兵才對，可現在卻橫兵南下，矛頭指向的明顯是自己。殷浩身上最多的就是炒作的細胞，最缺乏的就是血性，看到桓溫一腔怒火全衝自己而來，就怕了起來，想來想去，覺得自己肯定打不過桓溫，不如提前辭職，高調回家，這個面子還有地方擺一下，但又覺得這個官位實在來之不易──這可是在墳墓堆中過了那麼多年的日子才熬出來的，現在做得正有感覺，這樣丟掉那不太可惜了？殷浩就想派人高舉「騶虞幡」過去停止桓溫的行動。

殷浩一時猶豫不決。

在桓溫大軍壓境、殷浩進退不決、中央不知所措時，吏部尚史王彪之對執政的司馬昱說：「這幾個傢伙都是在為自己打算的，一點也不為國家考慮，更不為老大著想。如果殷浩這時辭職，人心就會動搖，以後形勢就不妙了。問責起來，誰來擔當這個責任？只有老大吃不了兜著走。」然後又跑過去對殷浩說：「如果桓溫真的問罪起來，你肯定是排名第一的。到時估計連性命也保不住了，哪還能再到墳堆裡當什麼隱士？只怕直接就塞進墳墓裡去了。現在最好的辦法，就是什麼也不做，請司馬昱寫信給桓溫，叫他帶兵回去。如果他不回去，再請皇帝下詔讓他回去。如果他仍然不回，我們就採取制裁行動。」

第五節 機會，機會……

殷浩同意王彪的意見。

撫軍司馬高崧這時也幫了司馬昱一個大忙，為司馬昱起草了一封信，送給桓溫，為中央一直沒有批准北伐作了一番辯護，然後指責了他的做法，要求他趕快撤軍。

桓溫本來只是想嚇一嚇殷浩，讓朝廷知道他還是最強的，殷浩想跟他比，還嫩得很。這時效果達到，面子賺足，也就不想再折騰下去了，因此寫了一封回信給中央，然後撤軍。

這就是晉國的政壇現狀──在北伐時機已經熟透的時候，決策層卻還在內部玩權力平衡，強人們想到的都是自己的利益，讓大好機會白白浪費。

永和八年正月初一，居然發生日食。

而在這個時候，那個史上資歷最短的皇帝劉顯出鏡了。

他這次是帶著部隊去攻打冉閔的常山。這傢伙跟冉閔連續交手，連續大敗，但就是不肯認輸，發揚屢敗屢戰的精神，又來找冉閔的麻煩。他可能認為，以前直接跟冉閔交手，吃了大虧，現在就先找個小蝦米來練練，不會有事吧？這傢伙的腦袋到現在還是學齡前兒童的水準，他以為他不直接找冉閔，冉閔就不會跟他面對面了。冉閔不跟他對戰，他就什麼都不怕了。哪知，冉閔不是根木頭，而且是個機動性強大得很的敵人，是一個到處與人對戰的猛男。

冉閔讓他的太子冉智留守鄴城，自己帶著八千人狂奔到常山迎戰。

劉顯很想勝利一場，可他的手下早被冉閔打怕了，看到冉閔的部隊旋風似地開到，就額頭出汗，手腳發冷。連他的大司馬劉寧也抵抗不住這個恐懼，在冉閔還沒有吹響衝鋒號的時候，就渾身是汗地向冉閔投降。

冉閔什麼招呼也不打，帶著他的漢族子弟兵在曠野上發起凌厲的攻擊。

第六章　血性男兒

劉顯大敗，敗得毫無新意。

劉顯拚命往回跑，冉閔拚命在後面追擊。

眼看就到了襄國。劉顯大叫快快開門，再晚了老子可就全部完蛋了。

留守襄國的是劉顯的大將軍曹伏駒。曹伏駒很快就把城門打開，讓劉顯渾身臭汗地跑進了城，但也讓冉閔的追擊部隊進了城。

劉顯這才知道這個曹伏駒原來不可靠，這才知道自己進城是在進入死胡同。

進入死胡同的結果就是死。

冉閔殺人的時候是很捨得下手的，他斬劉顯之後，把劉顯手下的高層一百多人都抓了過來，集體押赴刑場，同時執行死刑，然後還一把火燒完襄國的宮殿——從這個行為上看，冉閔還真得到項羽的真傳。

那個石琨帶著他的家小跑到晉國那裡，申請避難。這傢伙以為，石家好多年來已不曾跟晉國有過大的邊界衝突，晉國應該會批准他的要求。哪知，他對晉國的文化太不了解了。

晉人現在把自己被迫南渡的罪過全記在前後兩趙的頭上——那個劉曜死了，沒辦法找他們算帳，石虎也玩完了，同樣找不到算帳的對象，但心裡卻還在憤怒。現在石琨來了，正好發洩一下這股歷史悠久的怒火。

石琨那雙尋求避難的腳一踏上晉國的土地，就被抓了起來，直接綁送建康，然後在鬧市中高調處決——算是報了一丁點國仇——如果這傢伙不這麼很傻很天真地送上門，晉國就沒有一點報仇的機會了。石琨的頭一斷，石勒家族就宣布全部滅絕。

殷浩感受到桓溫的壓力之後，覺得再這麼吃喝拉撒過著幸福生活，而不做出點成績來，桓溫仍然看衰他，他以後在這個世界上仍然沒有臉見人，因此也下決心——北伐！在這個年代，誰掌握北伐的大權，誰才是

第五節　機會，機會……

真正的老大！

北伐是個筐，什麼都可以裝！

比起桓溫來，殷浩的北伐申請就容易多了，他早上一申請，中央下午就蓋上大印——決策層的效率高得很。

殷浩命令大軍從許昌、洛陽出發，任命謝尚、荀羨一起擔任督統，當他最得力的助手。

陣勢看過去很強大，可殷浩內部協調能力卻菜得很。他重用的謝尚，絕對不是塊好料。這傢伙也是一副名士派頭，自以為人氣高、名望大，看不起很多人。

如果在菜市裡看不起人，什麼事也不會發生。

可這一次謝尚把高傲的目光對準了張遇。

張遇現在是大晉帝國豫州第一把手，而且是投奔過來的。這種人，說好聽點是起義，其實是標準的投降，歷來被人看不起，從投降過來的那一天起，就承受著沉重的心理壓力，最怕聽到別人的冷笑，撞著別人的冷眼。

張遇一被謝尚看不起，神經就被高度刺激，馬上就發飆：你是什麼人？敢看老子不起？老子不跟你做同事也還能活下去的。

這種人別的經驗不多，但跳槽造反的事做得很專業，也做得最乾脆，只要有一點點理由，他們馬上就宣布跳槽。

張遇先是關起許昌城門，然後派上宮恩占領洛陽，另外一個跟他一起投奔過來的樂弘看到他做出這個舉動，也趕緊宣布不跟晉國合作了，而且還在倉垣一帶布防，設立關卡，明確表示不能讓戴施的部隊經過。

這兩個人在前線這麼一折騰，前進的路被嚴重堵死，北伐大軍就得停下腳步。

第六章　血性男兒

殷浩那個被稱為「諸葛亮第二」的腦袋一點沒有想出辦法來，只是呆呆地看著大軍原地不動，身上的汗水倒是源源不斷，急得臉面都變成蘭州拉麵，越拉越長起來。

在殷浩鬱悶得差不多要跳河的時候，有一件事又讓他露出了笑臉。

這件事就是姚襄的到來。

本來，在前幾個月（即去年十月），石氏完蛋之後，姚弋仲就向晉國表示歸順。晉國當然愉快地接納了他，很快就加授他「使持節」，六夷大都督、車騎大將軍、開府儀同三司、大單于，封高陵郡公；任姚襄為「持節」、平北將軍、都督并州諸軍事、并州刺史，封平鄉縣公。也算是晉國的高級官員了。

可是，他們仍然在北方，完全跟中央保持脫節的關係。

沒幾天，姚弋仲病了起來。他知道自己這次生病肯定沒希望了，馬上就把兒子們叫了過來——這傢伙的生育能力很強，這輩子居然生了四十二個兒子——對他們說：「石家本來對我們很好，我們應該為他們奉獻到底。可我們還沒有到底他們就已經先到底了。現在中原誰也不能算是真正的老大。所以，我死後，你們唯一要做的就是趕快到晉國去，當他們的高級員工。千萬不要再犯錯。」然後就死了，終年七十三歲，也算是長壽的強人了。

姚襄這時還是百分之百地服從老爸這個安排的。他沒有對外釋出老爸與世長辭的消息，只帶著本族六萬戶南下，決心回到大晉的懷抱，做晉國的公民。

行程一開始還是很順利的，先後攻破了陽平、元城、發乾。

可接下來卻碰上了硬骨頭——新興的秦國軍隊。

姚、苻兩家現在已經成為死對頭，這時相遇，雙方都拚命硬碰硬，最

後，姚襄敵不過秦軍，以損失三萬多戶的戰績輸了這場比賽。

姚襄繼續南下。

到了滎陽，離晉國的邊界不算遠了，姚襄以為安全係數已經很高了，就決定為老爸發喪。

可秦軍滅姚之心不死，又派劉昌、李歷追了上來。雙方在洛陽東的麻田開闢新的競賽場地。

這一場比上一次更加驚險。

姚襄的馬也被箭射死。

姚襄的老弟姚萇馬上發揚先人後己的精神，把自己的馬轉讓給哥哥。

在這個關鍵時刻，沒有馬就等於沒有命。

姚襄說，老弟，你怎麼辦？

姚萇很有大局觀地說，只要有哥哥在，誰也不敢對我怎麼樣的。

正好這時，晉國的救兵趕到，救出了頻臨滅絕的姚家兄弟。

姚襄這時內心世界的真正想法，誰也無法知道了，但他為了表示自己當晉國員工的誠意，還是送了他的一個兄弟到晉國的建康當人質——以後我要是立場不堅定，你們就拿走我這兄弟的腦袋吧！

晉國的中央對姚襄的做法高度讚賞，讓他把自己的部眾安置在譙城。

姚襄雖然是少數民族的老大，不光打仗勇於拚命，在戰場上向來被老爸看好，而且肚子裡也裝了很多學問。他的這些學問，以前在北方那群剽悍的猛男人士裡，一點作用也沒有，可到了江南，市場前景卻廣闊得很。

姚襄知道他的這個價值，因此在安置部眾之後，馬上就玩了一把名士動作：自己一個人渡河南下，到壽春去拜見當時江南名士中的菁英分子謝尚。

第六章　血性男兒

謝尚這傢伙別的能耐沒有多少，但對有學問的人的敏感度比狗還厲害，老早就知道姚襄的學歷很高，教育程度完全可以當選中研院的院士，放到清談場上，絕對是個高手。這時看到他主動跑來看自己，笑得臉都歪了，馬上把身邊的人叫到一邊去，然後脫掉官服，恢復名士打扮，跟姚襄喝酒聊天，一整天都泡在愉悅的心情裡。

姚襄一征服了謝尚，名氣馬上就在江南狂漲起來，立刻在江南站穩了腳跟。

第六節　冉閔啊冉閔！

這時冉閔的腳跟越來越搖晃。這傢伙以前還當石家大將軍時，為了收買民心，曾經偷偷地打開糧倉，把戰備存糧全部發放，人心倒是收買了不少，可到他當家時，馬上就碰到了要斷炊的難題——在部隊裡，斷手、斷腳甚至斷頭也不是什麼大事，但一斷炊可就不好辦了。而且這些年來，幾乎月月打仗，天天兵荒馬亂，農民連種地的機會也沒有，因此，民間也是糧食緊張。

冉閔沒有辦法，就帶著部隊到處去找吃的。這樣，全國戰鬥力最強悍的部隊就成了一支流動丐幫。

慕容儁認為，收拾冉閔的機會已經到來。

他把這個任務交給慕容恪。

時間，永和八年四月五日！

慕容恪下令向冉閔發動總攻。

燕國軍隊狂喊而來。

第六節　冉閔啊冉閔！

冉閔咬牙切齒，決定親自出戰。

懂闓和張溫勸他不要衝動。現在鮮卑部隊的銳氣正在最高點，而且他們人數眾多，我們部隊人員很少，最好的辦法就是堅守，等他們挑戰挑得沒有精神了，而我們的援軍也到了，再扁他們不遲。

這個建議如果碰上一個稍微冷靜一點的上級，就會被全盤採納。可冉閔絕對不是一個冷靜的領導者。

這個建議不但沒有使他冷靜下來，反而像觸及了他的某個痛處一樣，當場就跳了起來，大叫：「老子現在正想搞定慕容儁那小子，統一全東北。現在才一個慕容恪過來就怕得頭不敢出了？老子這張臉還算是臉嗎？」

他這時完全變成了一個為了臉面奮鬥的人了。

所有的人看到他這個態度，誰還敢再做聲？

司徒劉茂和郎豈看到冉閔這個樣子，一致認為，冉閔這次出戰，肯定不能活著回來了。兩人突然覺得這個世界太殘酷了，老大都要死了，他們還有活下去的理由嗎？

於是，他們自殺！

冉閔帶著大軍來到安喜。

慕容恪也尾追而來。

距離已經很近，但誰也不出招。

冉閔再到常山，慕容恪再貼身跟進。

戰鬥終於發生。

一共打了十場，冉閔取得了十連勝。

燕軍都被冉閔打怕了，全軍盡帶懼色！

可慕容恪卻一點都不怕。

第六章　血性男兒

　　他對形勢看得透澈，在巡視陣地時，大聲對大家說：「冉閔是什麼人？四個字：有勇無謀。世界上最不可怕的人就是這樣的人。他們的部隊雖然裝備不錯，打仗起來，攻擊力沒誰比得上，可現在都已經睏了累了。我們只要再堅持一下，就可以把他們消滅！」

　　冉閔的部隊都是步兵，而燕國的卻全是騎兵。冉閔的腦袋雖然經常發熱，做事衝動，但也知道揚長避短的道理：如果在平原地區對打，步兵永遠是吃虧的，因此，他把部隊向森林地帶轉移。

　　慕容恪的參軍高升覺得不大對勁，馬上對慕容恪說，老大，我們的騎兵要是進山，可就沒有搞頭了。趕快派部隊前去堵截他們，然後假裝失敗，把他們騙到平地來，然後扁死他們。

　　慕容恪這才清醒過來，依計照辦，派小股輕騎不斷地騷擾冉閔。冉閔最受不得這種騷擾。每次敵人前來，他都帶頭打過去，狠狠地把對方痛扁一頓。可對方卻十分經得起他的痛扁，一波又一波地送上來。

　　如果他的腦子稍微拐點彎，逆向思考——能被你這麼毫無理由地痛扁著，不是腦殘人士的傻子做法，就是背後有什麼陰謀，慕容恪絕對不是腦子進水的人，而是燕國王牌人物中的王牌，現在這麼積極送部隊過來被痛打，肯定是有不可告人的目的。這時就應該堅持自己的路線，繼續往山裡開路。

　　冉閔向來是只愛動手腳，勇於衝鋒陷陣而不愛動腦子的人，看到敵人不斷地前來送死，覺得打得真過癮，卻一點也沒有發現，自己每勝一場，部隊就又離開有利地形一段，最後完全暴露到平原之上。

　　在這個一馬平川的曠野上，慕容恪笑了。史上最強戰將的命運已牢牢的控制在他的手裡。

　　他把部隊重新進行了一次部署：全軍分成三個部分，然後進行了戰鬥

第六節　冉閔啊冉閔！

總動員。這傢伙絕對是個優秀的戰地指揮官。

他深知冉閔這個傢伙打起仗來，有如神助，雖然帶的都是步兵，但卻多次取得對精銳騎兵的完勝，其戰場攻擊力之強大無與倫比。他知道，如果光以傳統的騎兵作戰方式，仍然擋不住冉閔這些精銳步兵的衝鋒。他當時想了個辦法──挑選特級射手五千人，用鐵鏈連環鎖住戰馬，結成方陣，然後向冉閔的步兵發動攻擊。

冉閔這時還一點不在意這個慕容恪，仍然發揚他奮不顧身的拚死精神，舞著他的兵器，出手如電，大砍大殺，一口氣殺了三百個敵人。

燕國的部隊紛紛後退。

冉閔再次看到勝利。但他卻看不到陰謀。

他看到中軍那面大旗上，帥字亂翻，就認定那是敵人最高長官。他盤算著來一次擒賊先擒王，便把目標鎖定在那面大旗上。

這正是慕容恪的預謀。

冉閔大吼著向前衝殺──其實是在雄壯地衝進敵人專門為他製造的圈套。

他渾身血跡、一臉殺氣的衝到那裡時，等待他的是無窮無盡的伏兵。當他和他的戰士們衝到之時，伏兵四起，終於打了個大敗仗。

他上當了。但他憑著空前的勇猛，仗著手中的兵器和坐下的駿馬，殺出了重圍，把英雄本色表現得前無古人後無來者。

他座下的戰馬叫「朱龍」，是可以與關羽的赤兔馬一比高下的戰馬──如果按照往時，他衝出重圍之後，憑著這匹豪華坐駕，當場加速，完全可以一騎絕塵，呼嘯而去，誰也別想追上他──憑他在漢人心目中的地位，要東山再起，也不是沒有可能的。但可以肯定，即使他能夠捲土重來，到頭只不過是替歷史製造了幾個精采的殺戮片段而已，最終注定仍然會

第六章　血性男兒

失敗。

可不幸得很，才跑了不到二十里，朱龍寶馬卻突然死在工作崗位上。

燕國的部隊追了上來——一代戰將冉閔終於成了鮮卑人的俘虜。

沒有哪件事比活捉冉閔更讓燕國值得慶賀了。

四月二十日，特級戰俘冉閔被押到薊。

慕容儁馬上舉行慶祝大會，宣布大赦。這傢伙覺得今天可是歷史上最有意義的一天，他把戰無不勝，滅掉整個石勒一族的戰神或者戰場魔王一把抓住，這個戰果的級別，幾乎可以跟當年漢兵搞定項羽的級別差不多。

他滿臉得意地大笑之後，指著冉閔說：「你算什麼東西？怎麼看也只看出個奴才樣，居然也敢當皇帝？」他的原話是：「汝奴僕下才，何得妄稱帝？」他以為，冉閔在戰場上的表現很強悍，但口才肯定不怎麼樣，因此就想在這方面占一下上風。

哪知，冉閔的聲音比他還要洪亮：「你們這些還沒有完成進化的蠻族都還敢稱王稱帝，老子堂堂大漢英雄，有什麼不可以？」

慕容儁的臉馬上脹紅得差點吐血——他雖然敢稱王稱霸，但內心卻很自卑。他們這些人雖然作風強悍，覺得自己了不起，也很想做出一番事業來，但心裡仍然丟不掉那個萬惡的正統觀念。以前他們寧願得罪石勒和石虎這樣強暴而凶殘的老大，也要跟隔山隔水的晉國保持從屬關係，冒著被石氏消滅的危險，堅持打司馬氏的旗號，就是這種心態的具體表現——他們除了在晉國那裡獲得一些空洞的職位外，什麼好處都沒有。

冉閔的這幾句話，正好狠狠地砍在慕容儁心頭最痛的地方。

慕容儁憤怒了，當場在冉閔身上猛刷了三百鞭，然後送到龍城監獄勞動。

冉閔一玩完，他所締造的大魏帝國就沒什麼可怕了。

第六節　冉閔啊冉閔！

四月二十五日，慕容儁派慕容評跟中尉侯龕帶精銳部隊一萬人向鄴城發動攻擊，務必把冉魏最後的力量消滅乾淨。

這時，守在鄴城中的領頭人物是冉閔的兒子冉智，但冉閔的這個繼承人比他的老爸差了好幾倍，現在大權掌握在大將軍蔣幹的手中。

這個蔣幹跟曹操手下那個蔣幹一點關係也沒有。他對冉家忠心得很，這時面對強敵，還堅決擁護冉智，緊閉城門，決心抵抗到底。

局勢跟他們預想的沒有什麼兩樣——就是越來越嚴重，城外的人都排著隊向燕國的軍隊投降。

而這時，城中又出現了百年不遇的大饑荒。

城中只有人，沒有糧。於是，人類最慘絕的人食人在鄴城中出現了。前幾年，石虎大量徵集的美女們，現在還在鄴城裡。這批世界上最不幸的美女，首先成為那些餓得發瘋者的口糧。沒幾天，這些美女都被那些吃人不吐骨頭的士兵吃光了。

大家毫無人性的眼睛又布滿了飢餓。

蔣幹最後覺得只有晉國可以救他們，就派劉猗帶著奏章去向晉國請求投降。並直接就近向謝尚請求出兵支援。

在鄴城無限恐懼的時候，慕容儁還在派部隊前來支援。

五月三日，慕容儁下令處死冉閔。可冉閔的頭落地之後，突然發生大旱，方圓七里的花草樹木突然全部枯死，蝗蟲多得遮蔽天空，而且旱情越來越嚴重，從五月開始，一直到十二月，天天都是好天氣，最適合洗床單曬棉被，一滴雨也沒有落下，據百歲老人說，他們這一輩子還沒見過這樣的大旱啊！

慕容儁一看，也怕了起來，懷疑是冉閔在陰間搞的鬼，馬上派人準備豐盛的祭品，祭祀冉閔，並像追認烈士一樣追認冉閔為悼武天王。

第六章　血性男兒

據說，儀式一結束，人員還沒有退場，天上馬上就下起大雪來。慕容儁這才鬆了一口氣。

冉閔這個人，確實是恐怖的戰場指揮官。在他看來，打仗憑的全是一不怕苦二不怕死的精神，一見到敵人，根本不去掐著手指算一算力量對比，就鼓足全部的勇氣，衝殺過去，不但是以步兵對騎兵，而且是以少對多，數次以幾千人的兵力，硬是把敵人幾萬騎兵扁得大敗而逃。這在中國乃至世界戰爭史都是少有的。但他永遠算不上一個高超的策略家。在他控制著大面積的國土時，從沒有進行過一次像樣的休整，補充一下實力，以致部隊越打越少，物資越打越短缺，終於讓全中原最精銳之師過著游擊隊的流浪生活。而直接導致他徹底失敗的是他的性格。他只相信自己的武力指數，不聽別人的意見，暴力傾向布滿全身的每個細胞，在他的詞典裡，只有一個殺字，並且從不研究改進戰術，以致那些勝利也勝得毫無新意。最後碰上連環枴子馬這種先進的戰術，除了拚死之外，沒有其他辦法。

很多人都主觀地認為，如果他只是一個負責衝鋒陷陣的戰將，歸屬於一個曹操式的高明統帥，那肯定是一組黃金搭檔，在當時的中國大地上，縱橫捭闔，要統一中國那是易於反掌。這個假設當然不錯，但想想，以冉閔的性格，他能老老實實地聽從阿瞞的安排嗎？只怕沒幾天，他就衝進曹操的大帳中，一把扭下曹操的頭，要不就中了曹操一個陰險毒辣的詭計，被冷冷地殺掉。

如果硬要在中國歷史上替他找一個上司，估計只有項羽才適合。可項羽和冉閔的組合，除了讓歷史的頁面上多幾滴猩紅的鮮血外，仍然是失敗的結局。

攤上這麼一個人，連所有的假設都無效！

當然，他到最後仍然讓他的敵人感到恐怖。

慕容儁不得不在他死後放下身段，向一個靈魂低頭。

但他仍然不放過冉閔的兒子。

這時，他已把鄴城圍得緊緊的。

冉智和蔣幹別的辦法一點也想不出了，只得拚命向晉國呼救。他們向晉國求救，是唯一正確的方針。可向他們伸出援手的人，卻是個菜鳥。

第七節　名士的北伐

這個菜鳥就是謝尚。

謝尚現在是安西將軍，他的部將戴施現在正守在枋頭。戴施最先得知蔣幹尋求援助。這傢伙腦袋還算靈光，馬上把部隊開到棘津。不過，他並不是要救出冉智，而是包藏著一個巨大的私心。他把魏國的使者截留下來，然後提出要求，要鄴城方面交出那顆傳國玉璽——這東西本來只是一個大印，不小心搞丟了，可以再刻一個，然後發文宣布，原印作廢，就什麼事也沒有。可當時的人並不是這個想法，他們覺得只有拿了這個傳國玉璽，這個皇帝才正統，政權才是合法的，底氣才足。否則一切都是胡扯。司馬氏南渡之後，因為手中缺了這個東西，一直被人家稱為「白版天子」，弄得很沒有面子。

所以，在戴施看來，得到這個東西，比得到一個鄴城強得多了。

面對戴施的這個要求，蔣幹的眼睛眨了幾下，卻做不出決定，他當然不在乎這個大印，而是怕謝尚沒有救他出去的能力。

在蔣幹猶豫不決的時候，戴施等不住了。

這傢伙立功心切，馬上來個孤膽英雄，親自帶著一百多個敢死隊，衝進城裡，說是前來保衛的——不用腦袋也能想得出，這話肯定是騙人的鬼

第六章　血性男兒

話，一百個人要是能幫他們守住鄴城，鄴城還有這麼危險嗎？

可蔣幹已經被燕軍圍得腦袋糊塗，一點也無法運轉了，一見到晉軍，雖然只是零零落落的一百個人，連糧食也不多帶一點，現在到城裡，除了增加城中的負擔之外，別的幫助幾乎等於零，但仍然激動得熱淚盈眶，哪還去想那麼多？

戴施接著說：「現在鄴城被包圍得太嚴重了，你就是給我玉璽，我也不敢帶著衝出去。這樣吧，你先把玉璽拿來，存放在我這裡，我馬上派人去向中央報告。中央知道玉璽真的在這裡，肯定會派大軍前來的。」

蔣幹一點也不懷疑，馬上把玉璽拿了過來，做完交接儀式，就什麼也不管了——即使他再怎麼懷疑，但到了這個時候，所有的希望只能押在晉國身上了。要是晉國不派部隊前來救援，他也是死路一條，這個玉璽仍然不是他的，倒不如先交出去，多讓人家看出點誠意就多一點希望。

戴施拿到玉璽後，就把督護何融叫來，說你趕快把這個東西帶回枋頭，交給謝老大。這是政治任務，死也要完成。當然，他對外卻高調宣布，何融是到城外迎接糧草、解決城中人肚子問題的。

蔣幹在死守這麼多天後，一來覺得老這麼下去，也太沉悶無聊了，應該做點事來活躍一下氣氛，二來也應該打個勝仗來鼓舞一下城中的士氣，就帶著五千精銳部隊出城，向燕軍叫板——當然，如果是冉閔出城，這肯定又是個以少勝多的大勝仗，但蔣幹不是冉閔。

慕容評一點不給蔣幹面子，看見蔣幹的部隊從城裡冒出來，馬上就迎頭痛擊。蔣幹連高呼口號的機會都沒有，四千個本來生龍活虎的手下就全變成了屍體。蔣幹拚了老命，才帶著剩下的一千人回到城裡。

而這時，謝尚卻一點不管鄴城的死活，他對張遇氣憤到了極點——張遇跳槽之後，現在已經變成秦國的員工，秦國任命他為豫州刺史，仍然在原地辦公。謝尚本來就看不起張遇，這時看到張遇居然敢投降秦國，以

第七節　名士的北伐

前是同一戰壕裡的同袍，雖然看你不順眼，但看在同事的份上，沒拿你怎麼樣，現在你是我們的敵人，正好讓我有了攻打的理由。

他主觀地認為，張遇一點都不名士——不名士就等於一點沒有能力，只要有個小學學歷就可以把他死扁一頓，何況自己這麼一個大名士？搞定一個文盲，根本不需要什麼技術。

六月二十六日，他帶著他最佩服的姚襄向許昌進軍。

然而，他忘記了，現在他不是跟張遇一個人戰鬥，而是面對整個大秦帝國。

這時，秦帝國的第二號實權人物苻雄和苻菁正在關東一帶發展，得到晉軍出動的消息，馬上帶著部隊前來支援張遇。

六月二十九日，雙方在潁水橋展開決戰。

大名士的學問在戰場上沒一點作用，被打了個大敗，士兵死亡一萬五千人。謝尚的逃跑功夫還算到家，拚命逃了回來。最無辜的是那個姚襄，本來能力不低，可跟著這樣的統帥出戰，也受到了連累，敗得沒有商量，最後把所有的物資全都丟下，這才把他的上級謝尚安全護送到芍陂。

雖然逃得了性命，但謝尚的恐懼感卻無法消失，什麼話也不說，把所有的善後工作都交給姚襄全權處理。姚襄看到晉軍的高級將領就這個窩囊樣，心裡就開始滋生鄙視的情緒來了。

當然，打擊最大的不是謝尚，也不是姚襄，而是殷浩。他本來希望謝尚能把叛國投敵的張遇生擒回來，讓他扳回一點面子，哪知，這個面子實在太難扳回來了。北伐的大規模行動還沒有全面啟動，就遭到這麼嚴重的失敗。他的雄心馬上嚴重挫折，宣布暫停北伐，大軍全部撤回壽春。

一次高調的北伐就這樣草草了事，除了損失士兵、丟掉臉面之外，沒有一點其他收穫——當然，名士們是不在乎戰場上的臉面的，他們在乎

第六章　血性男兒

的是清淡榜上的人氣——因此對朝廷連個起碼的交待也沒有。

朝廷對殷浩客氣得很，對他的失敗像不知情一樣，連個指責也沒有，更不用說處分了。

不過，身為直接負責人的謝尚也只被降了個級別，從安西將軍變成建威將軍。

謝尚受這個處分，一點也不覺得臉面無光，反而靠那顆傳國玉璽又成功地讓自己狠狠地風光了起來——他到這時才把那顆東西送到建康，大家打開一看，從褚蒜子到一般員工，個個眼睛放亮，大聲地祝賀，老天有眼啊，我們皇上終於告別了「白版天子」的稱號了。

於是，本來的罪人，又成了大功臣。

其實真正的功臣是戴施。而這時戴施正在拚命逃跑的路上。

本來，他正和蔣幹他們堅守在鄴城裡，等著他的上級帶兵前來救援。哪知，他的上級卻早已被人家打得夾著尾巴逃跑了。不但沒了救兵，城中還出了內奸——長水校尉馬願等幾個傢伙對形勢已經看透，為了保命，打開城門，對敵人說，我們撐不住了。

燕軍衝進鄴城。

蔣幹和戴施一看，連逃跑的後門都沒有了，兩人看著滿城奔跑的燕軍，實在不願當俘虜，就找了幾根品質上乘的繩子，從城牆上放下，然後順著繩子滑下去，逃回倉垣。

冉閔集團的最後一個據點也劃歸燕國的版圖。史上的冉魏政權正式退出歷史舞臺。這個政權只存在了三年。

殷浩並不甘心失敗，撤軍回去之後，又籌劃著下一次北伐的事宜。

這傢伙在這個時候，還做了一件讓大家跌破眼鏡之事，說北伐時需要大量開支軍費，為了治軍，下令撤銷了太學，叫所有的學生從哪裡來到哪

裡去，想當官的，就請自學成材。國家沒有能力出學費了。殷浩原來也是知識分子出身的——只是他的家庭出身上不了臺面，是從底層冒出頭的，後來雖然透過不懈的努力，既刻苦讀書，又跑到墳墓堆裡進行大肆炒作，才搞到今天這個模樣，也算是一腳跳進了貴族的行列裡了。這傢伙一過上幸福生活，馬上就徹底改變，在本質上脫離了原來的階層，然後就回過頭來，看不起這個階層，不想讓底層的人用國家的錢上學，也像他一樣成為新興的貴族。因此乾脆就封了學校——說是把教育市場化——學校教給你知識，你就得付高昂的學費，不拿出相當於一家人不吃不喝十幾年的收入交給學校，就只有睜著眼睛看著學校牌匾的份，沒有邁進校園一步的資格。

底層上來的當權派，經常有這個變態的心理。當時的太學跟現在的大學完全不同，只有不到一千個學生。這一千個學生的學費能增加多少軍費？

殷浩這一招，其實就是想堵住後來者的貴族之路，讓他們這些既得利益者繼續既得利益下去——什麼為國培養人才，那是說給人家聽的屁話，誰信誰就是傻瓜。

不過，這時謝尚派他的部下王俠攻許昌，竟然把許昌拿了下來——如果是謝尚親自出馬，估計這個勝利是不屬於晉國的。

謝尚又大大地贏了一回面子——連打了個大敗仗，朝廷都捨不得處分，現在打了勝仗，哪有不大大提拔的道理？

他還沒有在許昌露臉，中央的提拔文書就已經釋出：任命他為經事中，從今天起，駐防石頭，是首都的屏障。

司馬氏這個軟弱的政權很堅定地認為，只有把重要部門交給這樣的人才放心。至於實際能力如何，請看人氣排行榜。要相信大家的眼睛是雪亮的。

你要是不相信，那是你的事，不能代表人民的看法。

晉朝權謀錄——名士、叛軍與梟雄的時代：

外戚庾亮當政 ✕ 陶侃討伐叛亂 ✕ 石閔孤軍抗胡，從蘇峻之亂到後趙內訌，家族興衰與王朝危局的壯闊史詩

作　　　者：譚自安	
發　行　人：黃振庭	
出　版　者：崧燁文化事業有限公司	
發　行　者：崧燁文化事業有限公司	
E-mail：sonbookservice@gmail.com	
粉　絲　頁：https://www.facebook.com/sonbookss/	
網　　　址：https://sonbook.net/	
地　　　址：台北市中正區重慶南路一段 61 號 8 樓	

8F., No.61, Sec. 1, Chongqing S. Rd., Zhongzheng Dist., Taipei City 100, Taiwan

電　　　話：(02)2370-3310
傳　　　真：(02)2388-1990

印　　　刷：京峯數位服務有限公司
律師顧問：廣華律師事務所 張珮琦律師

-版權聲明-

本書版權為淞博數字科技所有授權崧燁文化事業有限公司獨家發行電子書及紙本書。若有其他相關權利及授權需求請與本公司聯繫。

未經書面許可，不得複製、發行。

定　　　價：450 元
發行日期：2024 年 12 月第一版
◎本書以 POD 印製

Design Assets from Freepik.com

國家圖書館出版品預行編目資料

晉朝權謀錄——名士、叛軍與梟雄的時代：外戚庾亮當政 ✕ 陶侃討伐叛亂 ✕ 石閔孤軍抗胡，從蘇峻之亂到後趙內訌，家族興衰與王朝危局的壯闊史詩 / 譚自安 著 . -- 第一版. -- 臺北市：崧燁文化事業有限公司，2024.12
面；　公分
POD 版
ISBN 978-626-416-172-5(平裝)
1.CST: 魏晉南北朝史 2.CST: 通俗史話
623　　113018039

電子書購買

爽讀 APP　　　　臉書